클라우드 네이티브 스프링

클라우드 플랫폼을 위한 자바 마이크로서비스

아제이 마하잔 · 무니쉬 쿠마르 굽타 · 시암 순다르 지음

박규태 옮김

Packt> i!i
에이콘

이 책을 쓰는 동안 수많은 주말과 공휴일을 참아준
나의 아들 아누라그와 나의 아내 라슈미에게 바친다.

– 아제이 마하잔

나의 아버지 스리 R P 굽타에게 바친다.

– 무니쉬 쿠마르 굽타

참고 이해해 준 나의 딸 아디티와 아내 니티야에게 바친다.

– 시암 순다르

배포 다이어그램을 보면 방화벽 외부의 인터넷은 구름 모양으로 그려져 있다. 나는 니콜라스 카^{Nicholas G. Carr}가 쓴 『Big Switch』(W. W. Norton & Company, 2013)를 읽고 난 후에야 비로소 클라우드의 잠재력과 앞으로 올 것이 무엇인지 깨달았다. 지난 10년을 빠르게 보낸 지금에 와서는 두 번 생각할 필요도 없이 클라우드가 어디에나 있다는 것을 표현하기 위해 전체 시스템을 감싸는 구름 모양을 그리게 됐다. 클라우드 네이티브는 스타트업에서 익숙하지만, 많은 기업에서는 여전히 미지의 영역이다. 대부분의 대기업이 데이터 센터 비용을 줄이거나 임대를 연장하지 않기 위해 가장 먼저 하는 일이지만, 리프트 앤 시프트를 수행하는 것만으로 클라우드를 올바르게 사용할 수는 없다. 클라우드의 강점은 비즈니스에 중요한 역할을 하는 클라우드 네이티브 애플리케이션을 구축해서 혁신적인 가치를 창출할 수 있을 때 확인할 수 있다. 따라서 나는 우리 팀이 더 똑똑한 클라우드 애플리케이션을 설계하고 구축하기 위한 연구를 하도록 격려해 왔다.

무니쉬^{Munish}, 아제이^{Ajay}, 시암^{Shyam}은 비즈니스 문제를 해결하기 위한 신기술을 항상 연구하고 개발해온 핵심 팀의 일원이다. 이들은 마이크로서비스를 사용하는 분산 시스템, 리액티브 프레임워크, 오픈소스, 컨테이너 기술(도커와 쿠버네티스) 등의 신기술에 초점을 맞춰 엔터프라이즈 트랜스포메이션 분야를 선도하는 전문가 및 컨설턴트다. 따라서 나는 다음 세대의 개발자들이 클라우드 네이티브 애플리케이션 개발을 빠르게 시작할 수 있도록 이 책의 저술을 권했다.

이 책은 클라우드용 애플리케이션을 이해하고 설계하고 만드는 데 필요한 단계별 접근 방법을 사용한다. 저자들은 개념부터 시작해서 작은 REST 서비스를 구축하고, 이어서 클라우드 네이티브로 서비스를 개선하는 점진적인 방식으로 독자들을 이끈다.

분산 아키텍처에서 서비스를 검색하는 방법이나 서비스 검색 도구가 수행하는 역할과 같은 클라우드 특유의 다양한 측면을 다룬다. 애플리케이션을 AWS나 Azure 같은 공개 클라우드로 마이그레이션하는 방법을 배우고, AWS Lamda 및 Google Cloud Functions 같은 서버리스 컴퓨팅 모델도 다룬다.

이 책을 최대한 활용해 클라우드 환경에서의 애플리케이션 개발을 선도하길 바란다.

하리 키산 부를리 Hari Kishan Burle

위프로 리미티드Wipro Limited의 부사장 겸 아키텍처 서비스 글로벌 책임자

| 지은이 소개 |

아제이 마하잔^{Ajay Mahajan}

위프로 테크놀로지의 특별 기술 위원^{Distinguished Member of Technical Staff}이며, 현재 소매 부문 수석 기술자로 활동 중이다. 최근에는 고객이 차세대 소매 애플리케이션을 위해 클라우드 네이티브와 디지털 아키텍처를 도입할 수 있게 지원하는 일을 하고 있다. 유럽과 미국의 소매 및 금융 분야 고객들과 대규모 미션 크리티컬 시스템에서 일했으며, 19년간 자바 플랫폼을 사용하면서 넷스케이프 애플리케이션 서버부터 서블릿/JSP, JEE, 스프링, 최근의 클라우드 마이크로서비스에 이르기까지 엔터프라이즈 자바의 발전상을 지켜봤다.

이 책의 많은 아이디어와 모범 사례, 패턴은 아라빈드 아자드 야라^{Aravind Ajad Yarra}가 이끄는 이머징 테크놀로지^{Emerging Technologies} 그룹에서 함께 진행한 작업의 결과다. 내가 만나본 중 가장 재능 있는 기술자인 공저자 시암^{Shyam}에게 특별한 감사를 전한다. 책의 구조와 내용을 함께 브레인스토밍한 무니쉬^{Munish}에게 크게 감사드린다. 집필에 집중할 수 있게 격려의 말과 가르침으로 도움을 준 하리 헐^{Hari Hurle}에게 감사의 말씀을 드린다.

8

무니쉬 쿠마르 굽타^{Munish Kumar Gupta}

비자^{Visa}의 수석 시스템 설계자다. 인도 뱅갈루루에서 살며, 일상 업무는 엄격한 비기능 요구 사항이 있는 애플리케이션을 위한 솔루션 아키텍처 설계, 성능 엔지니어링, 애플리케이션 인프라 관리, 엔터프라이즈에 도입하기 위한 최신 오픈소스 기술을 조사하는 것이다. 『Akka Essentials』(packt, 2012)의 저자며, 소프트웨어 프로그래밍과 장인 정신에 매우 열정적이다. 기술 동향, 애플리케이션 성능 엔지니어링, Akka에 대한 블로그를 운영 중이다.

아내 콤팔^{Kompal}에게 먼저 감사를 전한다. 내가 글을 계속 쓰도록 그녀가 격려했기 때문에 두 번째 책을 내게 됐다. 내게 많은 도움을 준 팩트출판사의 모든 분께 감사드린다. 지얀^{Zeeyan}, 니틴^{Nitin}, 로미^{Romy}에게 특별한 감사를 전한다.

시암 순다르^{Shyam Sundar}

벵갈루루에 있는 위프로 테크놀로지의 수석 아키텍트로, 위프로의 이머징 테크놀로지 아키텍처^{Emerging Technologies Architecture} 그룹에 속해 있다. 팀이 프로젝트에 새로운 기술을 도입할 수 있게 돕는 일을 한다. 주로 클라이언트 측과 클라우드 기술에 중점을 두며, 소프트웨어 장인 정신에 깊은 관심을 가진 평생 학습자다. 더 나은 개발 경험을 위해 끊임없이 새로운 도구와 기술을 실험하고 있다.

나를 이 놀라운 여정에 동참시켜준 동료 아제이와 무니쉬에게 먼저 감사를 전한다. 단어보다는 코드로 자신을 표현하는 것에 더 익숙한 누군가를 위해 아제이와 무니쉬는 내용을 구조화하고 개념을 단순화하는 방법에 대해 사려 깊은 많은 조언을 해줬다. 또한 상사인 아라빈드 아자드 야라의 지속적인 지지와 격려에 감사의 말씀을 드린다.

10

| 기술 감수자 소개 |

안드레아스 올손 Andreas Olsson

클라우드 네이티브 솔루션을 전문으로 하는 자바와 스프링 강사다. 2001년부터 자바 개발자였으며, 2004년부터 스프링을 사용하기 시작했다. 애플리케이션 아키텍처를 설계할 때 보통 스프링 생태계에서 해결책을 찾는다. 클라우드 기반 플랫폼이 등장하기 시작한 2011년에 자신의 회사를 설립했고, 그 이후로 클라우드 네이티브의 열렬한 팬이 됐다. 스웨덴에 살고 있으며, 국제적인 강사로 일하고 있다. 공인된 자바, 스프링 전문가며, 매일 새로운 것을 배우는 것을 즐긴다.

| 옮긴이 소개 |

박규태(kyutae.park@live.co.kr)

엔터프라이즈 자바 환경에서 오랫동안 일했다. 콘텐츠 관리 시스템, 웹 오피스, 스마트 TV용 앱, 소셜 미디어 플랫폼을 개발했으며, 최근 몇 년간은 클라우드 솔루션과 GPU 관리 플랫폼을 개발 중이다. 많은 부분을 코드로 자동화할 수 있어서 클라우드 환경을 무척 좋아한다. 자바월드(javaworld.co.kr)라는 블로그를 운영 중이다.

| 옮긴이의 말 |

우리나라의 클라우드 도입 속도는 상대적으로 느린 편이었지만, 최근에는 클라우드라는 단어의 울림이 점점 커지고 있다. 빠른 비즈니스 환경의 변화는 국내에서도 클라우드의 도입을 필수적인 것으로 만들고 있으며, 클라우드 네이티브 애플리케이션을 개발할 수 있는 능력이 개발자의 필수 덕목이 될 날도 머지않았다.

이 책은 클라우드 애플리케이션 개발에 관해서만 설명하는 책이 아니다. 클라우드 네이티브 애플리케이션이 왜 필요한지부터 구축, 테스트, 배포, 모니터링, 디지털 트랜스포메이션에 이르기까지 필요한 모든 영역을 다룬다. 각 영역에서 가치 있는 정보를 최대한 눌러 담고 있어서, 이 책을 정독한 후에는 생각보다 많은 것을 얻었음에 놀랄지도 모르겠다. 클라우드 네이티브 애플리케이션을 개발하기 위한 기반 지식을 얻고 싶은 개발자에게는 이 책 한 권으로 충분하다. 일독한 후 깊이를 더하고 싶은 주제가 있다면 관련된 전문서를 독서 목록에 더하길 바란다.

원서가 나온 지 오래되지 않았지만, AWS와 Azure의 서비스 및 UI가 개편된 관계로 8장과 9장은 옮긴이가 일부 내용을 새로 썼기 때문에 원서와는 조금 달라졌다. 최대한 원서의 내용을 해치지 않는 선에서 수정했으니 이점 양해 부탁드린다.

사랑하는 아내의 빈틈없는 내조에 감사한다. 아내의 격려와 도움이 없었다면 이 책을 번역하는 작업은 무척이나 험난했을 것이다. 언제나 사랑과 헌신으로 보살펴주신 부모님께 감사드린다.

| 차례 |

6장   클라우드 네이티브 애플리케이션 배포   217

| 들어가며 |

오늘날의 비즈니스 환경은 매우 빠르게 변하고 있기 때문에 기업들은 확장성이 뛰어난 애플리케이션을 만들고 배포할 수 있도록 클라우드의 탄력성을 활용한 플랫폼을 구축하고 있다. 다시 말해 개발자는 기본적으로 클라우드에 적합한 애플리케이션을 만들어야 하는 어려운 문제를 마주하고 있는 것이다. 이 문제를 해결하려면 개발자는 개발을 진행할 환경과 도구, 자원에 대해 알아야 한다.

이 책은 클라우드 도입의 핵심 요인을 설명하고, 클라우드 배포가 일반 애플리케이션을 표준 데이터 센터에 배포하는 것과 어떻게 다른지 보여준다. 클라우드에서 실행 중인 애플리케이션의 디자인 패턴을 배우고, 자바와 스프링으로 REST API를 제공하는 마이크로서비스를 구축하는 방법을 알아본다.

그다음으로는 배포 주기를 단축하기 위해 애플리케이션을 구축, 테스트, 배포하는 생명주기를 최대한 자동화하는 방법을 심층적으로 파악한다. AWS, Azure 플랫폼을 차례로 구성하고, 각 플랫폼의 API를 이용해 애플리케이션을 배포한다. 마지막으로 API 디자인 관련 문제와 모범 사례를 살펴보고, 기존 일체형 애플리케이션을 분산형 클라우드 네이티브 애플리케이션으로 마이그레이션하는 방법을 알아본다.

이 책을 마치면 가용성, 내결함성, 확장성, 복원력이 있는 강력한 클라우드 네이티브 애플리케이션을 구축하고 모니터링하는 방법을 이해하게 될 것이다.

▌ 이 책의 구성

1장. 클라우드 네이티브 소개에서는 클라우드 네이티브 애플리케이션이 필요한 이유를 설명한다. 클라우드 플랫폼으로 이동하는 이유는 무엇인가? 클라우드 개발 및 배포가 일반 애플리케이션과 다른 이유는 무엇인가? 클라우드 애플리케이션의 12가지 요소는 무엇인가?

2장. 첫 번째 클라우드 네이티브 애플리케이션에서는 애플리케이션을 마이크로서비스 방식으로 설계할 때의 핵심 개념을 설명한 후 이 책을 진행하면서 점점 살을 붙여 나갈 예제 프로젝트를 소개한다. 또한 마이크로서비스 애플리케이션 개발을 위해 스프링 부트를 사용하는 방법과 클라우드 네이티브 애플리케이션을 개발할 때 사용하는 마이크로서비스 원칙을 알아본다.

3장. 클라우드 네이티브 애플리케이션 설계에서는 클라우드 네이티브 애플리케이션을 설계할 때 고려할 몇 가지 고급 아키텍처 문제를 다룬다. 여기에는 이벤트 기반 아키텍처, 코레오그래피를 이용한 디커플링, 경계가 있는 컨텍스트와 같은 도메인 주도 설계^{DDD} 개념 등이 포함된다. 시스템 중심의 서비스 정의 대신, 클라우드에서 개발하고 고객 중심 API를 제공하는 데 필요한 아키텍처 패턴과 고려할 사항을 알아본다.

4장. 클라우드 네이티브 애플리케이션 확장에서는 다양한 스택, 원칙, 지원 컴포넌트를 사용해 애플리케이션을 만드는 방법을 자세히 알아본다. 서비스 구현에 필요한 패턴을 다루며, 클라우드 개발에 상당한 영향을 미치는 오류 처리, CQRS, 캐싱 등의 다양한 측면을 설명한다.

5장. 클라우드 네이티브 애플리케이션 테스트에서는 마이크로서비스를 테스트하는 방법과 행위 주도 개발에서의 테스트 작성 방법을 알아본다.

6장. 클라우드 네이티브 애플리케이션 배포에서는 도커 컨테이너 배포를 위한 애플리케이션 패키징 방법, CI/CD 파이프라인을 설정하는 방법을 비롯한 마이크로서비스 배포 모델을 자세히 살펴본다.

7장. 클라우드 네이티브 애플리케이션 런타임에서는 서비스 런타임을 다룬다. 구성 서버를 이용해 구성을 외부화하는 방법과 주울을 프론트엔드로 배치하는 방법을 알아보며, 피보탈 클라우드 파운드리에 관해 설명하고, PCF Dev에 서비스를 배포하는 방법을 알아본다. 컨테이너 오케스트레이션 또한 다룬다.

8장. AWS 플랫폼에 배포에서는 AWS 환경을 설명하고, 이전 장에서 설명한 개념(레지스트리, 구성, 로그 집계, 비동기 메시징)을 바탕으로 클라우드 개발을 하기 위한 AWS 고유의 도구를 설명한다.

9장. Azure 플랫폼에 배포에서는 Azure 환경을 설명하고, 클라우드 개발을 하기 위한 Azure Service Fabric, Azure Functions 등의 Azure 고유의 도구를 설명한다.

10장. 서비스 통합에서는 IaaS, PaaS, iPaaS, DBaaS를 비롯한 다양한 유형의 XaaS를 설명하고, 인프라 요소를 서비스로 노출하는 방법을 알아본다. 클라우드 네이티브 모드에서는 애플리케이션을 소셜 미디어 API나 PaaS API와 통합하거나 다른 애플리케이션에서 사용할 서비스로 호스팅할 수 있는데, 10장에서는 다른 외부 서비스를 연결해서 사용하거나 직접 서비스를 제공하는 방법을 설명한다.

11장. API 디자인 모범 사례에서는 기능 지향적이고 세분화된 사용자 중심의 API를 설계하는 방법을 설명한다. 또한 API 수준이나 서비스에서의 오케스트레이션 수행 여부, 무료 API 모델을 만드는 방법, 서비스가 채널에 구애받지 않도록 API 계층에서 채널과 관련된 문제를 해결하는 방법, 보안을 고려한 API 설계 등 API 설계에 대한 다양한 모범 사례를 설명한다.

12장. 디지털 트랜스포메이션에서는 클라우드 개발이 기존 기업 환경에 미치는 영향과 클라우드를 이용해 디지털 엔터프라이즈로 성공적으로 전환하는 방법을 설명한다.

▌ 이 책의 활용법

1. 이 책은 소개로 시작해서 각 장을 거치면서 간단한 서비스를 단계별로 구축한다. 따라서 특정 주제를 찾는 것이 아니라면 책의 흐름을 따라가는 것이 좋다.

2. 코드를 다운로드해서 실행하고 싶겠지만 코드를 직접 입력해야 더 많은 것을 얻을 수 있다. 책의 앞부분을 진행할 때는 더욱 그렇다. 이 책은 소스코드를 보러 되돌아갈 필요가 없게 한 장 안에 중요한 개념과 코드를 같이 두는 방식을 사용한다.

3. 코드 샘플을 테스트하고 실행해보면 원리를 구체화하고 이해하기 쉽다.

4. 좋은 데스크톱/노트북에 투자하기 바란다. 리소스를 많이 소모하는 컨테이너와 VM을 실행하려면 강력한 장비를 갖추는 게 좋다.

5. 이 책에 설명한 프레임워크와 기술에 대해 더 알고 싶으면 각 장에서 언급하는 문서 링크를 참조한다.

6. 클라우드는 매우 빠르게 변화하는 기술이므로, 이 책은 개념을 강조하고 코드로 증명한다. 예를 들면 CQRS는 중요한 개념이기 때문에 MongoDB와 일래스틱서치를 이용한 구현을 보여준다. 하지만 다른 데이터베이스로도 이 패턴을 구현할 수 있다.

▌ 이 책의 대상 독자

클라우드 기반 환경에 배포하기 위한 복원력 있고 견고하며, 확장성 있는 애플리케이션을 구축하려는 자바 개발자에게 유용하다. 자바, 스프링, 웹 프로그래밍, AWS 및 Azure 같은 공개 클라우드 플랫폼을 경험해봤다면 이 책을 충분히 이해할 수 있다.

▌ 예제 코드 다운로드

이 책에 사용된 예제 코드는 http://www.packtpub.com의 계정을 통해 다운로드할 수 있다. 다른 곳에서 구매한 경우에는 http://www.packtpub.com/support를 방문해 등록하면 파일을 이메일로 직접 받을 수 있다.

코드를 다운로드하려면 다음과 같이 한다.

1. 팩트출판사 웹사이트(http://www.packtpub.com)에서 이메일 주소와 암호를 이용해 로그인하거나 계정을 등록한다.
2. 맨 위에 있는 SUPPORT 탭으로 마우스 포인터를 이동한다.
3. Code Downloads & Errata 항목을 클릭한다.
4. Search 입력란에 책 이름을 입력한다.
5. 코드 파일을 다운로드하려는 책을 선택한다.
6. 드롭다운 메뉴에서 이 책을 구매한 위치를 선택한다.
7. Code Download 항목을 클릭한다.

또한 팩트출판사 웹 사이트에서 책의 웹페이지에 있는 Code Files 버튼을 클릭해 코드 파일을 다운로드할 수도 있다. 이 페이지는 검색 박스에서 책 이름을 입력해 접근할 수 있다. 팩트 계정으로 로그인돼 있어야 함을 기억하자.

파일을 다운로드한 후에는 다음과 같은 압축 프로그램의 최신 버전을 이용해 파일의 압축을 해제한다.

- **윈도우** WinRAR, 7-Zip
- **맥** Zipeg, iZip, UnRarX
- **리눅스** 7-Zip, PeaZip

코드 파일은 https://github.com/PacktPublishing/Cloud-Native-Applications-in-Java 에서도 다운로드할 수 있다.

다음 주소에서 팩트출판사의 다른 책과 동영상 강좌의 코드도 다운로드할 수 있다.

https://github.com/PacktPublishing/

에이콘출판사의 도서정보 페이지 http://www.acornpub.co.kr/book/cloud-native-java에서도 예제 코드를 다운로드할 수 있다.

▋ 컬러 이미지 다운로드

책에서 사용한 스크린샷과 다이어그램의 컬러 이미지를 담고 있는 PDF 파일을 제공한다. 컬러 이미지를 보면 출력 결과의 변화를 더 쉽게 이해할 수 있다. https://www.packtpub.com/sites/default/files/downloads/CloudNativeApplicationsinJava_ColorImages.pdf에서 파일을 다운로드할 수 있다.

에이콘출판사의 도서정보 페이지 http://www.acornpub.co.kr/book/cloud-native-java에서도 컬러 이미지를 다운로드할 수 있다.

▋ 편집 규약

이 책에서는 독자의 이해를 돕고자 다루는 정보에 따라 글꼴 스타일을 다르게 적용했다. 이러한 스타일의 예제와 의미는 다음과 같다.

텍스트에서 코드 단어와 데이터베이스 테이블 이름, 폴더 이름, 파일 이름, 파일 확장자, 경로, 더미 URL, 사용자 입력, 트위터 핸들은 다음과 같이 표시한다.

"CrudRepository 인터페이스는 가장 일반적인 연산을 구현한 기본 메소드 집합을 갖고 있다."

코드 블록은 다음과 같이 표시한다.

```
-- Adding a few initial products
insert into product(id, name, cat_Id) values (1, 'Apples', 1)
insert into product(id, name, cat_Id) values (2, 'Oranges', 1)
insert into   product(id, name, cat_Id) values (3, 'Bananas', 1)
insert into   product(id, name, cat_Id) values (4, 'Carrot', 2)
```

코드 블록에서 좀 더 유심히 볼 필요가 있는 줄이나 항목에는 굵은체를 사용한다.

```
public class Product implements Serializable {
```

커맨드라인 입력이나 출력은 다음과 같이 표시한다.

```
mongoimport --db masterdb --collection product --drop --file
D:/data/mongo/scripts/products.json
```

새로운 용어나 중요한 키워드는 고딕체로 표시한다. 애플리케이션의 메뉴나 대화상자에 나오는 텍스트는 다음과 같이 표시한다.

"이제 왼쪽 메뉴에서 배포 자격증명 링크를 클릭한다."

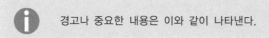 경고나 중요한 내용은 이와 같이 나타낸다.

 팁이나 요령은 이와 같이 나타낸다.

▌ 독자 의견

독자의 의견은 언제나 환영이다.

일반적인 의견: 이 책의 제목을 메일 제목에 넣어 feedback@packtpub.com으로 이메일을 보내면 된다. 이 책의 내용에 대한 질문이 있다면 questions@packtpub.com으로 이메일을 보내면 된다.

한국어판에 관한 질문은 이 책의 옮긴이나 에이콘 출판사 편집 팀(editor@acornpub.co.kr)으로 문의해주길 바란다.

오탈자: 정확한 내용을 전달하기 위해 모든 노력을 기울였지만, 실수가 있을 수 있다. 책에서 발견한 오류를 알려준다면 감사하겠다. www.packtpub.com/submit-errata 에 방문해서 이 책을 선택한 후 Errata Submission Form 링크를 클릭하고 자세한 내용을 넣어주길 바란다.

한국어판은 에이콘출판사의 도서정보 페이지 http://www.acornpub.co.kr/book/cloud-native-java에서 찾아볼 수 있다.

저작권 침해: 인터넷에서 어떤 형태로든 팩트 책의 불법 복제본을 발견한다면 주소나 웹사이트 이름을 알려주면 감사하겠다. 불법 복제본의 링크를 copyright@packtpub.com으로 보내주길 바란다.

01

클라우드 네이티브 소개

클라우드 컴퓨팅의 출현과 모바일 기기의 보편화로 인해 고객 경험을 새롭게 재정의한 아마존, 넷플릭스, 우버, 구글, Airbnb 등의 고객 대면 기업^{consumer-facing company}이 등장했다. 이런 기업들은 클라우드 플랫폼의 장점인 수요에 따른 스케일업^{scale up}이나 스케일다운^{scale down}, 고가용성, 전반적인 장애 대응 등의 기능을 이용해 웹과 모바일 애플리케이션을 구축한다.

전통적인 기업들은 이런 고객 대면 기업들에 주목하고 있으며, 이들의 일부 모범 사례를 도입하고 있다. 모범 사례를 좇아 클라우드의 유연성과 확장성을 활용하면 빠르게 발전하는 엔터프라이즈 애플리케이션을 확장할 수 있다.

클라우드 네이티브^{cloud-native}에 깊이 들어가기 전에 1장이 무엇을 담고 있는지 알아보자. 1장에서 다루는 내용은 다음과 같다.

- 클라우드 네이티브가 필요한 이유
- 클라우드 네이티브란?
- 클라우드 애플리케이션의 12가지 요소 소개
- 일체형^{monolithic} 애플리케이션에서 분산형 마이크로서비스 기반 애플리케이션으로 전환해야 하는 이유
- 분산형 마이크로서비스 기반 애플리케이션 구축의 이점

▌ 클라우드 네이티브가 필요한 이유

클라우드 네이티브가 필요한 이유를 알아보기 위해 다음을 살펴보자.

- 기업에서 클라우드를 처음으로 사용하기 시작한 이유는 비용 절감과 비즈니스 민첩성 때문이었다. 특히 인프라 프로비저닝^{infrastructure provisioning}과 저렴한 스토리지^{storage}를 장점으로 여겼다. 클라우드에 더 익숙해지자 기업들은 클라우드 고유의 결함을 수용하면서 서비스로서의 인프라^{IaaS, Infrastructure as a Service}와 서비스로서의 플랫폼^{PaaS, Platform as a Service}을 도입하고, 클라우드의 유연성과 확장성을 활용하는 애플리케이션을 구축하기 시작했다.
- 많은 기업이 디지털 전략 목표를 달성하기 위해서 완전히 새로운 설계와 마이크로서비스 개발을 도입하고 있다. 기업들은 사물인터넷^{IoT, Internet of Things}, 모바일 기기, SaaS 통합, 온라인 비즈니스 모델을 다룰 때 틈새시장을 노리는 업체들과 협업하고 있다. 이런 새로운 비즈니스 모델은 기업의 혁신 시스템으로 설계 및 개발되고 있으며, 고객의 요구와 선호도 및 효율적인 방식을 파악해 반영하기 위해 빠르게 반복된다.
- 또한 기업들은 자사의 제품군을 기반으로 한 디지털 서비스를 개발하고 있다. IoT를 이용해 제품의 성능 데이터를 내보낼 수 있도록 제품을 향상시키며, 데이터는 예측 유지 보수, 사용 방식, 외부 요인 등과 같은 패턴 파악을 위해

수집 및 분석된다. 또한 제품 개선과 새로운 기능을 위한 모델을 구축하기 위해 고객의 데이터를 수집 및 집계한다. 이런 새로운 디지털 서비스 중 다수가 클라우드 네이티브 모델을 사용한다.

- 이런 최신 디지털 솔루션은 위치 정보를 위해 구글 지도^{Google Maps}를 사용하지만 인증은 페이스북이나 구글을 사용하고, 소셜 협업^{social collaborations}은 페이스북과 트위터^{Twitter}를 사용하는 등 다양한 제공자의 API를 사용한다. 이런 API를 엔터프라이즈 비즈니스의 기능과 함께 조합하면 사용자를 위한 독특한 기획이 가능하며, API 수준에서 모든 것을 통합할 수 있다. 모바일 애플리케이션은 수십만의 사용자를 대상으로 한 것이 아니라 수천만의 사용자를 대상으로 한 것이다. 즉, 부하가 증가하더라도 고객에게 원활한 환경을 제공하려면 애플리케이션의 기본 기능을 스케일업할 수 있어야 한다.

- 로드가 증가하거나 장애가 발생하는 상황에서 기업의 리소스^{resource}를 확장하려면 서비스 및 환경을 프로비저닝하는 모든 힘든 작업을 직접 수행해야 한다. 이런 상황을 피하려면 하부 서비스에서 수행해야 하는 힘든 부분을 클라우드 플랫폼 제공자에게 넘기면 된다. 확장성에 관련된 주요 영역을 클라우드 제공자의 플랫폼 서비스에 넘기면 기업은 가치 창출에 집중할 수 있으며, 이것이 클라우드 네이티브 애플리케이션을 구축해서 얻는 장점이다.

▌ 클라우드 네이티브란?

클라우드 컴퓨팅 플랫폼에서 지원하는 기본 IaaS 및 PaaS 서비스의 장점을 활용하게 디자인 및 설계된 애플리케이션을 클라우드 네이티브 애플리케이션이라고 한다.

즉, 99.9%의 신뢰성을 가진 인프라와 애플리케이션 컴포넌트를 갖고 99.999%의 신뢰성을 가진 시스템 애플리케이션을 구축하는 것을 의미한다. 우리는 장애에 대응할 수 있는 애플리케이션 컴포넌트를 설계해야 한다. 장애의 해결을 위해서는 확장성과 가용성에 대한 구조화된 접근 방식이 필요하며, 애플리케이션 전체를 지원하기 위해 모든 부분을 자동화해야 한다.

클라우드를 도입하기 위해 거치는 일련의 과정이 있는데, 기업은 서비스를 먼저 검토한 후 클라우드 네이티브 애플리케이션 구축을 시작한다. 도입 과정은 개발 및 테스트 환경을 클라우드로 이동하면서 시작되는데, 이 단계에서는 신속한 프로비저닝이 비즈니스 및 개발자 커뮤니티의 주요 관심사다. 기업이 환경 프로비저닝 단계를 마치면 다음 단계는 기업 애플리케이션을 클라우드 네이티브 모델로 전환하는 것이다. 이는 다음 절에서 설명한다.

클라우드 플랫폼으로 이동

전통적으로 기업은 클라우드 컴퓨팅을 IaaS 서비스에서 시작한다. 기업들은 비즈니스 애플리케이션의 작업 부하workload를 사내 데이터 센터에서 클라우드 컴퓨팅 플랫폼으로 옮긴다. 이는 기업이 자본 지출 모델에서 운영 지출 모델로 전환하는 것을 의미하며, 클라우드 컴퓨팅 플랫폼 도입의 첫 번째 단계다.

IaaS는 그 이름에서 알 수 있듯이 컴퓨팅 노드, 네트워크, 스토리지 등의 인프라에 중점을 둔다. 이 모델에서 기업은 사용자의 요청이나 작업 부하에 따라 컴퓨팅 노드가 추가되거나 제거되는 클라우드의 탄력성을 활용한다. 가상 머신VM, virtual machine은 기반 하드웨어를 추상화하고, 단 몇 번의 클릭만으로 VM의 수를 확장하거나 축소할 수 있는 기능을 제공한다.

일반적으로 기업은 다음과 같은 이유로 첫 단계에서 IaaS를 사용한다.

- **자원의 가변성:** 자원을 자유롭게 추가/제거할 수 있으므로 비즈니스 민첩성이 향상된다.
- **실용적인 모델:** IaaS는 시간 단위로 임대할 수 있는 기본 리소스를 제공해 예측 가능성과 운영비용 모델을 개선한다.

38

클라우드 네이티브로 이동

기업이 IaaS에 익숙해지면서 애플리케이션 작업 부하의 일정 부분을 PaaS로 대체하는 새로운 추세가 나타난다. 이 단계에서 기업은 다음과 같은 서비스를 사용한다.

- **플랫폼 서비스 교체:** 기업에서 사용하는 플랫폼 기능을 파악하고 동등한 클라우드 플랫폼 서비스로 작업 부하와 기능을 대체하는 작업이다. 예를 들면 다음과 같다.
  - 애플리케이션 메시징messaging 시스템을 클라우드 제공자의 대기열queue 시스템(예: AWS SQS[1])으로 교체
  - 데이터 스토리지 또는 관계형 데이터베이스 관리 시스템RDMBS을 동등한 관리형 데이터 서비스(예: AWS RDS[2])로 교체
  - 보안이나 디렉터리 서비스를 관리형 디렉터리 서비스나 관리형 보안 서비스(예: AWS Directory[3], AWS IAM[4])로 교체
  - 데이터 저장소 백업, 가용성, 확장성 및 이중화와 같은 모든 운영 작업을 이런 기능을 제공하는 관리형 서비스로 대체
- **애플리케이션 서비스 교체:** 기업은 자체 플랫폼이나 유틸리티 서비스를 대체할 수 있는 새로운 서비스를 찾는다. 예를 들면 다음과 같다.
  - 빌드 및 배포 서비스나 제품을 클라우드 제공자의 데브옵스DevOps 서비스(예: AWS CodePipeline, AWS CodeCommit, AWS CodeDeploy)로 교체

---

1. AWS SQS: Amazon Simple Queue Service(SQS). AWS에서 제공하는 완전 관리형 메시지 대기열 서비스 – 옮긴이
2. AWS RDS: Amazon Relational Database Service(RDS). AWS에서 제공하는 관리형 관계형 데이터베이스 서비스 – 옮긴이
3. AWS Directory: AWS에서 제공하는 Amazon Cloud Directory 및 Microsoft Active Directory용 관리형 디렉터리 서비스 – 옮긴이
4. AWS IAM: AWS Identity and Access Management(IAM). AWS에서 제공하는 AWS 서비스 및 리소스에 대한 접근 관리 서비스 – 옮긴이

- 애플리케이션 서비스 또는 제품을 동등한 애플리케이션 플랫폼 서비스 (예: AWS API Gateway, AWS SWF, AWS SES)로 교체
- 분석 작업을 실행하는 서비스를 동등한 애플리케이션 분석 서비스 (예: AWS Data Pipeline, AWS EMR)로 교체

일단 애플리케이션에 플랫폼 서비스를 적용하기 시작하면 애플리케이션은 메시징, 워크플로, API 게이트웨이 등의 **상용 제품**COTS, commercial off-the-shelf이 제공하는 특성이나 기능을 추상화해서 이에 상응하는 기능을 가진 플랫폼 서비스로 대체한다. 예를 들면 메시징 서버를 IaaS에서 직접 호스팅하고 실행하는 대신 동등한 플랫폼 서비스로 바꾸는데, 이것은 추가적인 운영비용을 없애고 전송한 메시지 수만큼만 지급하는 모델로 이동하는 것을 의미한다. 제품을 임대해서 직접 운영하는 방식에서 실제 사용 시간만큼만 임대하는 모델로 전환하는 것은 상당한 비용 절감 효과가 있다.

서버리스로 이동

기업이 애플리케이션 구축을 위해 PaaS를 채택한 다음에는 애플리케이션 로직을 일련의 작은 함수로 추상화하고 배포하는 단계로 이동한다. 이런 함수는 사용자나 에이전트의 이벤트에 반응해서 호출되며, 들어온 이벤트를 처리하고 결과를 반환하는 기능을 제공한다. 이는 가장 높은 수준의 추상화로, 애플리케이션을 일련의 함수로 나눈 후 각 함수를 서로 독립적으로 배치하는 방식이다. 함수들은 비동기 통신 모델을 사용해 서로 통신한다. 이런 서버리스serverless 모델로의 이동을 지원하기 위해 클라우드 컴퓨팅 플랫폼에서는 AWS Lambda나 Azure Functions 같은 서비스를 제공하고 있다.

클라우드 네이티브와 마이크로서비스

IaaS 및 PaaS 서비스를 도입하고 사용하려면 애플리케이션의 설계와 구성 방식을 변경해야 한다.

기업 애플리케이션을 기본 플랫폼(애플리케이션 서버) 기반으로 설계하는 모델에서는, 애플리케이션의 확장성 및 가용성 유지 등의 어려운 문제를 플랫폼에서 전담했다. 기업 개발자는 잘 동작하고 트랜잭션을 보장하는 애플리케이션을 구축하기 위해서 표준화된 JEE 패턴을 사용한 컴포넌트(프레젠테이션, 비즈니스, 데이터, 통합)의 개발에 집중한다. 애플리케이션의 확장 범위는 노드 클러스터링이나 분산 캐시 등의 기본 플랫폼 기능에 의해 제한된다.

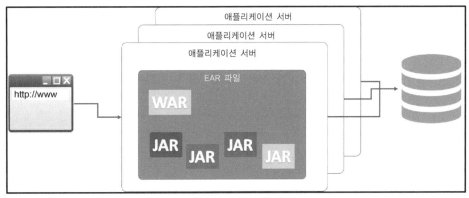

일체형 애플리케이션

일체형 애플리케이션으로 구축한 비즈니스 애플리케이션의 일반적인 특징은 다음과 같다.

- 전체 애플리케이션 로직은 하나의 EAR 파일로 패키징된다.
- JAR 파일을 공유하는 방식으로 애플리케이션을 재사용한다.
- 애플리케이션의 변경은 몇 달 전부터 계획되며, 보통 분기에 한 번 대규모의 변경 반영 작업을 한다.
- 전체 애플리케이션 스키마^{schema}가 포함된 하나의 데이터베이스가 있다.

- 많은 양의 회귀^{regression} 테스트를 포함한 수천 개의 테스트 케이스가 있다.
- 애플리케이션을 설계, 개발, 배포하려면 여러 팀 간의 조정과 특별한 관리가 필요하다.

소셜 네트워크와 모바일 사용자가 늘어나면서 애플리케이션 사용자와 데이터의 규모는 기하급수적으로 증가하기 시작했으며, 기업들은 다음과 같은 문제 때문에 플랫폼이 병목 지점이 되고 있다는 것을 알게 됐다.

- **비즈니스 민첩성:** 애플리케이션 플랫폼을 관리하거나, 지속적으로 기능이나 세부 동작을 변경하기 위한 운영비용이 일체형 애플리케이션 고유의 특성 때문에 제한되고 있다. 사소한 기능 변경에도 회귀 테스트 및 전체 배포 주기가 서버 클러스터 전반에 걸쳐 진행되며, 이는 전체적인 혁신의 속도를 늦추고 있다.

  모바일 혁명은 이 문제가 단지 채널 계층^{channel layer}에만 있는 것이 아니라 통합^{integration} 계층과 기록^{record} 계층의 시스템에도 퍼져있다는 것을 의미한다. 기업들이 이런 전체 계층에 걸친 문제를 해결하지 못한다면 시장에서 기술 혁신을 이루고 경쟁력을 갖추는 데 위협이 될 것이다.

- **비용:** IT 운영 팀은 증가하는 요청에 따른 부하를 처리하기 위해 새 서버 인스턴스를 추가한다. 하지만 새 인스턴스에는 복잡성의 증가와 코어 수에 따라 달라지는 라이선스 비용도 발생한다. 페이스북과는 다르게 기업의 사용자당 비용은 사용자가 증가할 때마다 증가하는 것이다.

이제 기업들은 오픈소스 제품을 살피고, 클라우드에 배포돼서 수백만 명의 사용자를 대상으로 페타바이트 단위의 데이터를 처리하는 고객 대면 기업들의 최신 애플리케이션은 어떻게 구축되는지 알아보기 시작했다.

고객 대면 기업들은 사업 초기에 이런 어려움에 직면했으며, 이를 극복하기 위한 많은 혁신을 바탕으로 클라우드 컴퓨팅 디자인 패턴^{design pattern}뿐만 아니라 새 오픈소스 제품을 설계하고 개발했다.

이런 맥락에서 기업들은 서비스지향 아키텍처^{SOA, service-oriented architectures}의 모든 전제를 검토해 자율적^{autonomous} 서비스라는 설계 원칙을 세웠는데, 이는 격리되고 개별적이며 다른 서비스와 통합 및 조합될 수 있는 서비스를 의미한다. 애플리케이션 아키텍처에 이 원칙을 어떻게 적용할지 조사한 결과, 클라우드 서비스 모델에 적합하게 쉽게 통합할 수 있고 모든 것을 HTTP 엔드포인트^{endpoint} 기반의 서비스로 사용할 수 있는 마이크로서비스 모델이 등장한다.

> 마이크로서비스는 유연하고 독립적인 배포형 소프트웨어 시스템을 구축하는 데 사용하는 서비스지향 아키텍처의 특화된 구현 접근 방법이다.
>
> – 위키피디아

마이크로서비스는 서비스를 조합해 비즈니스 애플리케이션을 구축하는 방식으로 설계 및 개발한다. 마이크로서비스는 다음과 같은 원칙에 따라 설계한다.

- **단일 책임 원칙:** 각 마이크로서비스는 경계 도메인 컨텍스트에서 하나의 업무만 담당하게 구현한다. 소프트웨어 관점에서 보면 시스템은 여러 개의 컴포넌트로 분리되며, 각 컴포넌트가 마이크로서비스가 된다. 마이크로서비스는 메모리를 적게 사용하고 빨리 시작해야 하므로 가벼워야 한다.
- **아무것도 공유하지 않음:** 마이크로서비스는 자율적, 독립적이고 상태 정보를 저장하지 않으며, 컨테이너 기반의 캡슐화 모델을 사용해서 서비스 상태(메모리/스토리지)를 관리한다. 또한 서비스가 자체 데이터를 관리하고 다른 서비스의 데이터에 대한 경합이 없다. 상태가 없는 마이크로서비스는 종료 시 백업하거나 시작 시에 활성화할 상태가 없으므로, 상태가 있는 서비스에 비해 확장성이 뛰어나고 시작 시간이 빠르다.
- **리액티브**^{reactive}**:** 동시 부하나 긴 응답 시간을 갖는 마이크로서비스에 적용한다. 비동기 통신과 콜백 모델로 리소스를 최적으로 활용할 수 있기 때문에

마이크로서비스의 가용성과 처리량이 향상된다.

- **구성 외부화:** 구성 정보를 컨피그 서버$^{\text{config server}}$로 외부화해 환경별 구성 정보를 계층 구조로 관리할 수 있다.

- **일관성:** 서비스는 코딩 표준 및 명명 규칙에 따라 일관된 방식으로 구현돼야 한다.

- **복원력:** 서비스는 기술적인 이유(예: 연결과 런타임 문제)와 업무상 이유(예: 잘못된 입력)로 인해 발생하는 예외를 처리해야 하고 중단되면 안 된다. 서킷 브레이커$^{\text{circuit breaker}}$, 격벽^{bulkhead} 등의 패턴이 장애의 분리 및 억제에 도움이 된다.

- **원격 측정**$^{\text{Good Citizens}}$: 마이크로서비스는 JMX API나 HTTP API를 이용해 사용 통계, 접속 횟수, 평균 응답 시간 등을 보고해야 한다.

- **버전 관리:** 마이크로서비스는 모든 클라이언트가 상위 버전으로 전환할 때까지는 여러 가지 버전의 다양한 클라이언트를 지원해야 한다. 따라서 새로운 기능과 버그 수정을 지원하려면 명확한 버전 관리 전략이 필요하다.

- **독립적인 배포:** 각 마이크로서비스는 애플리케이션의 무결성을 손상하지 않으면서 독립적으로 배포할 수 있어야 한다.

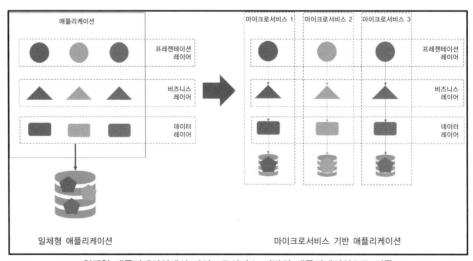

일체형 애플리케이션에서 마이크로서비스 기반의 애플리케이션으로 이동

마이크로서비스의 설계와 개발, 배포 시에 고려할 사항은 다음 장들에서 자세히 설명하겠다. 2장에서는 전자상거래 서비스를 개발해본다. 대부분의 독자가 전자상거래에 익숙하기 때문에 개발 요구 사항을 쉽게 이해할 수 있을 것이다.

▌ 클라우드 애플리케이션의 12가지 요소

허로쿠^{Heroku}는 클라우드 플랫폼에 배포할 수 있는 분산형 마이크로서비스 기반 애플리케이션을 구축하기 위해 모던 클라우드 네이티브 애플리케이션이 구현해야 하는 12가지 요소를 발표했다.

- **단일 코드베이스**: 애플리케이션은 하나의 코드베이스가 있어야 하며, 여러 번 배포할 필요가 있는 모든 마이크로서비스 애플리케이션은 리비전을 관리해서 추적할 수 있어야 한다. 이는 개발, 테스트, 스테이징, 운영 환경에 모두 적용된다. 두 개의 마이크로서비스는 같은 코드베이스를 공유하지 않는다. 이 모델은 애플리케이션의 다른 부분에 영향을 주지 않고도 서비스를 변경하고 배포할 수 있는 유연성을 제공한다.

- **의존성**: 애플리케이션이나 마이크로서비스는 명시적으로 코드 의존성을 선언해야 한다. 의존성은 마이크로서비스 JAR/WAR 파일의 일부로 패키지된다. 이렇게 하면 마이크로서비스 간의 의존성을 없애고 동일한 JAR 파일의 버전이 여러 개일 경우에 발생하는 부작용을 줄일 수 있다.

- **구성**: 애플리케이션 구성 데이터는 구성 관리 도구를 이용해서 애플리케이션이나 마이크로서비스 외부로 옮겨야 한다. 애플리케이션이나 마이크로서비스는 실행 중인 환경에 따라 구성 정보를 선택하므로 같은 배포 단위를 모든 환경에 전파할 수 있다.

- **후방 지원 서비스**^{backing service}: 모든 외부 자원과 접속점은 주소 지정이 가능한 URL이어야 한다. 예를 들면 SMTP URL, 데이터베이스 URL, 서비스의 HTTP

URL, 대기열 URL, TCP URL 등이다. 이렇게 하면 URL을 외부 구성 정보로 정의해 환경별로 관리할 수 있다.

- **빌드, 출시, 실행:** 빌드, 출시, 실행의 전체 프로세스는 세 가지 단계로 구분한다. 빌드 단계에서 애플리케이션은 불변 개체로 빌드되고, 이 불변 개체는 환경(개발, 테스트, 스테이징, 운영)에 알맞은 구성을 선택해 프로세스를 시작한다.

- **프로세스:** 마이크로서비스는 비공유 모델을 기반으로 구축한다. 즉, 서비스는 상태가 없고, 상태는 캐시나 데이터 저장소로 외부화된다. 이로써 완벽한 확장성을 갖추게 되고, 로드 밸런서$^{load\ balancer}$나 프록시^{proxy}를 사용해 서비스의 어떤 인스턴스로도 요청을 보낼 수 있게 된다.

- **포트 바인딩:** 마이크로서비스는 컨테이너 안에 구축된다. 서비스는 포트를 통해 모든 인터페이스를 내보내고 바인드한다.

- **동시성:** 마이크로서비스 프로세스는 스케일아웃$^{scale\ out}$을 할 수 있는데, 이는 트래픽이 증가하면 이를 처리하기 위해 더 많은 마이크로서비스 프로세스를 환경에 추가하는 것을 의미한다. 마이크로서비스 프로세스 안에서는 리액티브 모델을 사용해 자원 사용을 최적화할 수 있다.

- **폐기 가능성^{disposability}:** 마이크로서비스를 하나의 책임만 지는 불변 개체로 구축하면 시동 시간이 빨라지고 견고성을 극대화할 수 있다. 또한 불변성은 서비스의 폐기 가능성을 높인다.

- **개발과 운영의 짝 맞춤$^{Dev/prod\ parity}$:** 애플리케이션 생명주기 전반의 환경(개발, 테스트, 스테이징, 운영)은 이후의 의도치 않은 상황을 피할 수 있게 최대한 비슷하게 유지돼야 한다.

- **로그:** 불변성을 가진 마이크로서비스 내부에서 서비스 처리 중에 생성된 로그는 애플리케이션 상태에 대한 단서가 된다. 이런 로그는 이벤트 스트림으로 처리해서 로그 수집 인프라로 보낸다.

- **관리자 프로세스:** 마이크로서비스 인스턴스는 종료하거나 새 버전으로 대체하지 않는 한 계속해서 실행되는 장기 실행 프로세스다. 다른 모든 관리 및 운영

작업은 일회성 프로세스로 처리한다.

클라우드 애플리케이션의 12가지 요소

12가지 요소를 따르는 애플리케이션은 외부 환경에 대한 가정을 하지 않기 때문에 어떤 클라우드 제공자의 플랫폼에도 배포할 수 있다. 이러한 특징 때문에 동일한 도구/프로세스/스크립트를 모든 환경에서 실행할 수 있고, 일관된 방식으로 분산형 마이크로서비스 애플리케이션을 배포할 수 있다.

마이크로서비스 실행을 위한 서비스 생태계

마이크로서비스를 성공적으로 실행하기 위해서는 지원 컴포넌트와 서비스가 필요하다. 이런 지원 서비스를 PaaS라고 할 수 있는데, PaaS는 마이크로서비스의 구축, 출시, 배포, 실행을 지원하는 데 필요하다.

클라우드 네이티브 모델의 경우에는 클라우드 제공자의 PaaS에서 다음과 같은 서비스를 사용할 수 있다.

- **서비스 탐색:** 애플리케이션이 마이크로서비스 모델로 분해될 경우 전형적인 애플리케이션은 수백 개의 마이크로서비스로 구성될 수도 있으며, 각 마이크로서비스가 여러 개의 인스턴스를 실행하는 상황이 되면 금세 수천 개의 인스턴스로 불어난다. 따라서 서비스 엔드포인트를 탐색하려면 모든 마이크로서

비스 인스턴스를 질의해서 찾을 수 있는 서비스 레지스트리를 마련하는 것이 좋다. 서비스 레지스트리는 모든 서비스 인스턴스의 하트비트[^heartbeat]를 추적해 서비스의 실행 여부를 확인하며, 서비스 인스턴스 간의 요청을 로드 밸런싱하는 데에도 유용하다. 로드 밸런싱에는 다음과 같은 두 가지 모델이 있다.

- 클라이언트 측 로드 밸런싱
  - 서비스 사용자가 레지스트리에 서비스 인스턴스를 요청한다.
  - 서비스 레지스트리는 실행 중인 서비스 목록을 반환한다.
- 서버 측 로드 밸런싱
  - 엔진엑스[Nginx]나 API 게이트웨이[API Gateway], 다른 리버스 프록시[reverse proxy]를 사용해 서비스 엔드포인트를 숨긴다.

이 분야에서는 컨설[Consul], 주키퍼[Zookeeper]가 대표적인 제품이다.

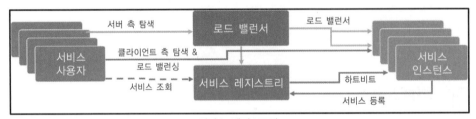

서비스 레지스트리

- **컨피그 서버**[Config server]: 마이크로서비스를 초기화하려면 여러 매개변수(예: 데이터베이스 URL, 대기열 URL, 함수 매개변수, 의존성 표시)가 필요하다. 적정 범위를 벗어나는 많은 수의 속성을 파일이나 환경 변수로 관리하기는 힘들 수 있다. 모든 환경의 이런 속성을 관리하기 위해 구성 정보를 바깥으로 빼내 컨피그 서버에서 관리한다. 마이크로서비스는 부팅 시 컨피그 서버의 API를 호출해 속성을 로드한다.

또한 마이크로서비스는 리스너를 사용해 컨피그 서버에서 속성에 대한 변경 사항을 받는다. 실행 중에 발생하는 어떤 속성 변경 사항도 바로 마이크로서비스가 받을 수 있다. 속성은 일반적으로 여러 수준으로 분류된다.

- **서비스 고유 속성:** 특정 마이크로서비스에 묶인 모든 속성
- **공유 속성:** 서비스 간에 공유되는 속성
- **공통 속성:** 서비스 전반에 걸쳐 공통된 속성

컨피그 서버는 속성을 소스 관리 시스템에 백업할 수 있다. 이 분야의 대표적인 제품으로는 컨설과 넷플릭스 아카이우스^{Netflix Archaius}, 스프링 클라우드^{Spring Cloud} 컨피그 서버가 있다.

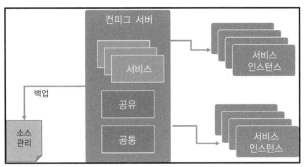

컨피그 서버

- **서비스 관리/모니터링:** 보통의 비즈니스 애플리케이션은 일반적으로 400개 정도의 마이크로서비스로 분해된다. 이런 마이크로서비스가 두 개나 세 개의 인스턴스만 실행해도 전체 서비스 기준으로는 약 1,000개 이상의 인스턴스를 관리해야 한다. 자동화된 모델이 없다면 이런 서비스를 관리 및 모니터링하는 것은 운영상의 문제가 된다. 다음은 관리 및 모니터링해야 하는 주요 메트릭^{metrics}이다.

  - **서비스 상태:** 각 서비스는 자신의 상태를 게시한다. 느리거나 죽은 서비스를 관리 및 추적하기 위해 필요하다.
  - **서비스 메트릭:** 각 서비스는 HTTP 요청/응답 수, 요청/응답 크기, 응답 대기 시간 등의 처리량 메트릭 데이터를 게시한다.
  - **프로세스 정보:** 각 서비스는 보통 Java VisualVM에서 제공하는 JVM 메트릭 데이터(예: 힙 메모리 사용률, 스레드 수, 프로세스 상태)를 게시한다.

- **이벤트 로그를 스트림으로 기록:** 각 서비스는 로그 이벤트를 스트리밍 이벤트 집합으로 게시한다.

이 모든 정보는 애플리케이션 서비스 환경을 관리하고 모니터하기 위해 서비스에서 추출해 결합한다. 두 가지 사항에 대한 분석, 즉 이벤트 간의 상관관계와 수정할 사항의 결정에 대한 분석이 필요하다. 경고[alert] 및 액추에이션 [actuation] 서비스는 서비스 모니터링 시스템의 일부로 구축한다. 예를 들어 서비스 인스턴스를 특정 개수로 유지해야 하는데, 그 수가 감소하게 되면 액추에이션 서비스는 이벤트를 지표로 삼아 같은 서비스의 인스턴스를 추가할 수 있다.

마이크로서비스 모델의 서비스 호출 흐름을 추적하기 위해 요청 식별자를 생성하고 마이크로서비스 간의 서비스 호출 흐름을 추적하는 서드파티[third-party] 소프트웨어를 사용할 수 있다. 이런 소프트웨어는 일반적으로 에이전트를 컨테이너에 배포하고 서비스에 엮어 서비스 메트릭을 추적한다.

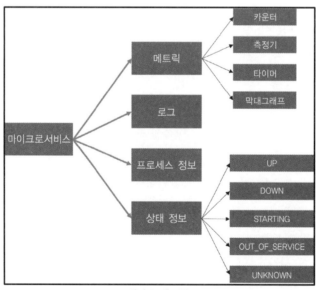

서비스 메트릭

- **컨테이너 관리 및 오케스트레이션**^{orchestration}: 컨테이너 관리와 오케스트레이션도 마이크로서비스 환경의 주요 인프라다. 서비스는 보통 컨테이너에 담겨서 PaaS 환경에 배포한다. PaaS 환경은 오픈시프트^{OpenShift}나 클라우드 파운드리 ^{Cloud Foundry}, 순수한 VM 기반 모델 등으로 사설^{private}이나 공개^{public} 클라우드 중 어디에 배포하는지에 따라 달라질 수 있다. 컨테이너 간의 의존성을 관리하고 배포하려면 컨테이너 관리 및 오케스트레이션 소프트웨어가 필요하다. 이는 일반적으로 컨테이너 간의 상호 의존성을 이해하고 컨테이너를 애플리케이션처럼 배치할 수 있어야 한다. 애플리케이션이 4개(UI 1개, 비즈니스 서비스 2개, 데이터 저장소 1개)로 나뉘는 경우를 예로 들면 모든 컨테이너에 같은 태그^{tag}를 붙이고 상호 의존성과 초기화 주입^{inject} 순서를 지켜서 하나의 단위로 배포한다.

- **로그 집계**^{aggregation}: 로그를 이벤트 스트림으로 다루는 것은 12가지 요소 중 하나다. 로그는 일반적으로 컨테이너의 수명과 상관없이 상태가 보존되는 이벤트다. 따라서 컨테이너의 모든 로그는 중앙 로그 리포지토리^{repository}로 보내고 받을 수 있는 이벤트 스트림으로 다루게 된다. 다양한 경고에 대한 여러 가지 유형의 로그를 집계해 이를 바탕으로 보안 및 장애 이벤트를 추적할 수 있으며, 후속 작업을 위해 서비스 관리 시스템이나 모니터링 시스템에 보낼 수도 있다.

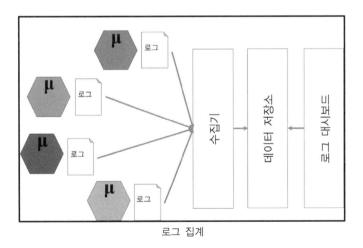

로그 집계

- **API 게이트웨이와 API 관리:** 서비스는 단순하고 단일 책임 원칙을 따른다. 하지만 서비스 인증, 서비스 측정^{metering}, 서비스 조절^{throttling}, 서비스 로드 밸런싱, 무료/유료$^{freemium/premium}$ 모델 등의 다른 문제가 남는다. 이런 문제를 처리하기 위해 API 게이트웨이나 API 관리 소프트웨어를 사용한다. API 게이트웨이는 서비스 엔드포인트를 관리하는 다양한 옵션을 제공하고, 변환, 라우팅, 조정 기능을 제공하는 등 마이크로서비스를 대신해서 다양한 문제를 처리한다. API 게이트웨이는 일반적인 엔터프라이즈 서비스 버스$^{enterprise\ service\ bus}$에 비해 가볍다.

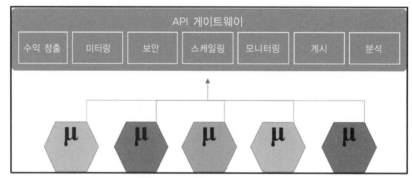

API 관리 게이트웨이

- **데브옵스:** 또 다른 주요 항목은 마이크로서비스 기반 애플리케이션에 설정해야 하는 자동화 작업과 결합된 지속적 통합/배포 파이프라인^{pipeline}이다. 개발자가 작성한 코드는 회귀 테스트 등의 출시 조건을 충족하기 위해 자동화 된 일련의 과정을 거친다.

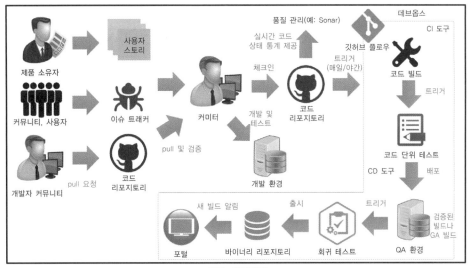

개발 생명주기

▌ 마이크로서비스 도입

기업의 마이크로서비스 도입은 디지털 트랜스포메이션^{transformation}의 공통 주제다. 기업은 비즈니스 민첩성을 높이고 기술적 부채를 줄이기 위한 혁신 시스템의 하나로 기존의 일체형 애플리케이션을 재구성하는 방식으로 마이크로서비스를 도입할 수 있다. 또는 다른 비즈니스 모델의 실험과 빠른 혁신이 가능한 전혀 새로운 애플리케이션을 구축하는 방식으로 도입할 수도 있다.

일체형 애플리케이션 변환

기업은 JEE 원칙을 바탕으로 구축한 채널 애플리케이션을 애플리케이션 서버의 클러스터^{cluster}에서 실행해 왔다. 이런 애플리케이션은 수년 동안 많은 기술적 부채를 축적해 왔는데, 크고 다루기 힘들며 지속적인 변화가 어렵다는 큰 문제가 있다.

비즈니스 환경의 경쟁이 치열해지고 채널이 확산되면서 기업은 더욱 빠른 혁신과 원활한 고객 경험을 제공하기 위해 노력한다. 하지만 현재 사용하는 애플리케이션에 대한 기존 투자를 포기하고 싶지는 않다.

이런 시나리오에서 기업은 기존 애플리케이션을 빠른 반복 개발이 가능하고 미래 경쟁력을 갖춘 모던 분산형 마이크로서비스 기반 모델로 리팩토링refactor하고 재구성하는 여러 프로그램을 추진하고 있다.

기업은 이 문제를 다음과 같은 두 가지 방식으로 해결하고 있다.

1. 핵심 생태계를 제공하는 기반 플랫폼을 마이크로서비스를 배포 및 실행하는 서비스 집합으로 구성한다. 이런 서비스에는 구성 관리, 서비스 탐색, 탄력적인 컴퓨팅, 컨테이너 관리, 보안, 관리와 모니터링, 데브옵스 파이프라인 등이 있다. 일반적으로 기업은 공개 클라우드와 사설 클라우드 구축 사이에서 고민하며, 이런 클라우드 플랫폼의 선택은 해당 업계와 기업 전략의 성숙도에 달려 있다.

2. 일체형 애플리케이션을 기능별로 조각내서 핵심 비즈니스 로직을 마이크로서비스 모델로 마이그레이션한다. GUI 부분은 AngularJS 및 ReactJS 등의 프레임워크를 이용한 SPA 모델로 각각 마이그레이션한다. 예를 들면 많은 전자상거래 기업이 카탈로그와 검색 서비스를 탄력적인 클라우드 플랫폼으로 이전해서 고객이 체크아웃을 클릭할 때만 사내의 데이터 센터에서 운영하는 서비스로 이동하게 한다.

기업이 플랫폼 서비스 생태계를 구축하고 나면 마이크로서비스 기반의 기능을 추가하는 것이 쉬워져서 비즈니스 민첩성 및 혁신에 필요한 추진력을 얻게 된다.

디지털 트랜스포메이션에 대해서는 12장에서 자세히 살펴본다.

▌ 요약

1장에서는 클라우드 네이티브 프로그래밍이 무엇이고 왜 필요한지를 살펴봤고, 기업이 클라우드 네이티브 애플리케이션을 도입할 때의 다양한 적용 모델을 알아봤다. 클라우드 네이티브 지원을 위해 마이크로서비스 기반 설계를 사용한 실례를 살펴보면서 분산형 애플리케이션을 위한 12가지 요소도 설명했다. 또한 마이크로서비스 기반 애플리케이션을 구축하는 데 필요한 지원 생태계를 설명했다.

앞으로는 클라우드 네이티브 애플리케이션을 설계, 빌드, 실행하는 방법을 설명하겠다. 또한 클라우드 플랫폼인 AWS와 Azure를 사용한 클라우드 네이티브 애플리케이션 개발 방법을 설명하고, 플랫폼에서 제공하는 서비스를 사용해서 직접 구축해본다.

아울러 데브옵스와 배포, 모니터링, 관리 등 클라우드 네이티브 애플리케이션의 운영 측면에 대해서도 다룬다. 끝으로 기존 일체형 애플리케이션을 현대적인 분산형 클라우드 네이티브 애플리케이션으로 변환하는 방법을 설명한다. 2장에서는 첫 번째 클라우드 네이티브 애플리케이션을 만들어본다.

02

첫 번째 클라우드 네이티브
애플리케이션

2장에서는 첫 번째 클라우드 네이티브 애플리케이션 구축을 위한 핵심 요소를 살펴보고, 개발 환경에서 마이크로서비스를 실행하기 위한 필수 과정을 진행한다.

이클립스^Eclipse 같은 IDE 사용 경험이 풍부한 자바^Java 개발자라면 친숙한 환경이라고 느낄 것이다. 작업 대부분이 전통적인 애플리케이션 구축 방법과 비슷하다. 조금씩 다른 부분은 내용을 진행하면서 설명하고 마지막에 요약할 것이다.

개발 시작을 위한 설정 단계는 다음과 같이 개발자의 유형에 따라 다르다.

- 인터넷에 자유롭게 접근이 가능한 취미 개발자나 프리랜서, 재택근무 개발자에게는 클라우드 개발이 비교적 간단하다.
- 폐쇄된 환경에서 고객이나 비즈니스 팀을 위해 프로젝트를 수행하고 프록시

proxy를 통해 인터넷에 접근해야 하는 기업 개발자는 사내의 개발 지침을 따라야 하며, 다운로드, 실행, 구성 등에 제약이 있다. 이런 유형의 개발자에게는 혼자가 아니라는 나름의 좋은 점이 있는데, 팀의 뒷받침과 동료의 개인적인 지원, 위키에 있는 공식 문서 등이 도움이 될 것이다.

2장의 끝에서는 클라우드 네이티브 마이크로서비스를 개인 컴퓨터에서 실행할 것이고, 이를 위해 다루는 내용은 다음과 같다.

- 개발 도구 및 생태계
- 인터넷 연결
- 개발 생명주기
- 프레임워크 선택
- 클라우드 네이티브 마이크로서비스 구현
- 기본적인 클라우드 네이티브 기능 추가
- 클라우드 개발의 핵심 요소 검토

개발 도구 설정

어떤 직업이든 도구는 매우 중요하며, 코딩을 할 때도 마찬가지다. 코드를 작성하기 전에 적절한 장비를 준비해야 한다.

IDE 선택

통합 개발 환경IDE, Integrated Development Environment은 코드 편집기보다 유용하다. 자동 완성, 구문 강조, 서식, 찾기 및 바꾸기 등의 여러 가지 기능과 도구를 갖고 있다. 이 밖에 리팩토링과 빌드, 테스트, 런타임 컨테이너를 사용한 프로그램 실행 등의 고급 기능도 있다.

대중적인 IDE에는 이클립스, 인텔리제이^{IntelliJ} IDEA, 넷빈즈^{NetBeans}가 있다. 이 셋 중에서 이클립스는 가장 대중적인 오픈소스 자바 IDE로, 큰 사용자 커뮤니티가 있고 업데이트를 자주 진행한다. 이클립스는 작업 공간^{workspace}과 확장을 위한 플러그인 시스템을 갖고 있어서 어떤 언어로든 애플리케이션을 개발할 수 있게 충분한 기능을 제공한다. 이클립스 기반의 다른 IDE는 다음과 같다.

- 스프링^{Spring} 개발만 한다면 이에 맞게 이클립스를 확장한 STS$^{Spring\ Tool\ Suite}$를 사용하는 것이 좋다.
- 차세대 이클립스로 주목 받는 클라우드 IDE인 이클립스 Che도 있다. 설치가 필요 없으며, 개발자는 도커^{Docker} 컨테이너로 라이브러리, 런타임, 의존성 등을 포함한 작업 공간을 원격으로 구축한 Che 서버에 브라우저로 접속한다. 따라서 개발자는 어떤 컴퓨터에서든 개발할 수 있으며, URL만 알면 누구나 프로젝트에 기여할 수 있다. 이런 방식이 맘에 들고 장소나 컴퓨터에 독립적인 개발 환경을 원한다면 이클립스 Che가 좋은 선택이다.

이 책의 목적에 맞게 기본적이고 매우 대중적인 IDE인 이클립스를 사용한다. 이클립스는 사용자가 많고 플러그인 구성 기능이 있어 클라우드 네이티브 자바 개발을 위한 IDE로 손색이 없을 것이다. 이 책을 쓸 당시의 이클립스 버전은 Neon이다.

https://www.eclipse.org/에서 최신 버전을 다운로드한다. JDK 8 이상의 버전을 설치한 상태라면 이클립스가 잘 실행될 것이다.

프로젝트 파일과 설정을 저장할 작업 공간을 구성한다.

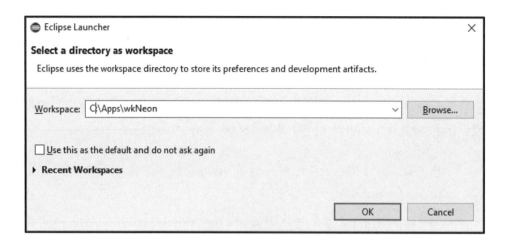

OK 버튼을 클릭하면 이클립스 IDE가 열린다. 이클립스 Neon은 개발에 필요한 중요한 플러그인 두 가지를 기본 제공한다.

- **깃 클라이언트:** 깃[Git] 소스 관리 리포지토리에 연결하는 데 필요하다. 이 책에서는 깃이 편리하고 대중적이기 때문에 독자가 깃을 사용한다고 가정하지만, 서브버전[Subversion]이나 퍼포스[Perforce] 등 기업에서 사용하는 다양한 오래된 옵션이 있다. 이런 도구를 사용하는 경우에는 프로젝트 팀에서 받았거나 팀 위키에 있는 개발자 설정 지침에 따라 IDE에 해당 플러그인을 다운로드한다. 이런 지침이 없다면 새 팀원을 위한 지침을 작성해달라고 요청한다.
- **메이븐 지원:** 메이븐[Maven]과 그래들[Gradle]은 훌륭한 프로젝트 관리 및 구성 도구다. 의존성 다운로드, 컴파일, 빌드 등의 작업을 지원한다. 이 책에서는 기업에서 많이 도입한 도구이기 때문에 메이븐을 선택했다.

이 두 가지를 처음 접한다면 각 도구의 웹 사이트를 방문해서 자료를 찾아보고 익숙해지도록 한다.

인터넷 연결 설정

인터넷에 프록시를 통해서만 연결할 수 있는 회사에 근무하고 있다면 기업 정책에 따른 제한이 있을 수 있다.

개발을 원활히 진행하려면 다음과 같은 이유로 인터넷 연결이 필요하다.

- 메이븐 저장소에 있는 로그포제이[Log4j], 스프링 등의 의존성 라이브러리를 다운로드한다. 다운로드한 라이브러리는 로컬 메이븐 저장소에 보관되므로 한 번만 필요하다. 조직에 저장소가 있다면 그것을 사용하도록 구성한다.
- 샘플 애플리케이션 개발을 진행할 때 필요한 이클립스 플러그인을 마켓플레이스[marketplace]에서 다운로드한다.
- 프로그램에서 공개 클라우드의 서비스나 API를 호출한다.

첫 번째 서비스를 작성하는 데는 위의 첫 번째 항목만 중요하다. 프록시 세부 정보를 알아내고, Windows ❯ Preferences 메뉴로 이동한 후 다음과 같은 메이븐 설정 화면에서 구성한다.

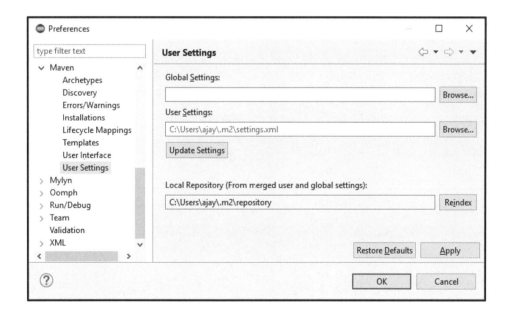

User Settings에 설정된 settings.xml 파일을 편집해 다음과 같이 프록시 부분을 추가한다.

```xml
<proxies>
    <proxy>
        <id>myproxy</id>
        <active>true</active>
        <protocol>http</protocol>
        <host>proxy.yourorg.com</host>
        <port>8080</port>
        <username>mahajan</username>
        <password>****</password>
        <nonProxyHosts>localhost,127.0.0.1</nonProxyHosts>
    </proxy>
    <proxy>
        <id>myproxy1</id>
        <active>true</active>
        <protocol>https</protocol>
        <host> proxy.yourorg.com</host>
        <port>8080</port>
        <username>mahajan</username>
        <password>****</password>
        <nonProxyHosts>localhost,127.0.0.1</nonProxyHosts>
    </proxy>
```

파일을 저장하고 이클립스를 재시작한다. 프로젝트를 만들고 나면 설정이 잘 동작하는지 알 수 있다.

개발 생명주기의 이해

전문 소프트웨어의 작성은 다양한 단계를 거친다. 다음 절에서는 애플리케이션을 개발할 때 따라야 하는 다양한 단계를 설명한다.

요구 사항/사용자 스토리

해결해야 할 문제가 무엇인지 코딩이나 설계를 시작하기 전에 확인하는 것은 중요하다. 애자일 개발 방법론은 전체 프로젝트를 모듈과 서비스로 분해한 후에 사용자 스토리별로 몇 가지 기능만 구현하는 것을 권장한다. **최소 기능 제품**^{MVP, minimally viable product}을 만든 후에 기능을 계속 추가하는 것이 이상적이다.

우리가 해결하려는 문제는 전자상거래의 일부 영역이다. 온라인 쇼핑 덕분에 대부분의 독자는 소비자 관점에서의 전자상거래에 익숙할 것이다. 이제 그 안을 들여다볼 때가 됐다.

다음과 같은 작업을 수행하는 `product` 서비스로 시작해보자.

- 주어진 제품 ID에 맞는 제품 상세 정보를 반환
- 주어진 카테고리에 맞는 제품 ID의 목록을 반환

아키텍처

아키텍처에 대해서는 3장에서 별도로 다루고 있어 여기에서는 간단한 내용만 설명한다. 아키텍처는 요구 사항이 정리된 후에 핵심적인 의사 결정과 요구 사항을 어떻게 실현할지 청사진을 만드는 것이고, 설계는 이를 구현하기 위한 계약과 방법에 관한 것이다. 클라우드 네이티브 개발을 위해서는 마이크로서비스 아키텍처로 구현할 것을 권한다.

마이크로서비스 아키텍처 패러다임은 기능 단위를 포함하는 작은 배포 단위를 추천하고 있다. 따라서 앞으로 개발할 product 서비스는 독립된 프로세스로 실행할 수 있고, 자체 런타임을 가질 것이다. 런타임 전체를 하나로 묶는 이런 방식은 개발 환경에서 테스트 환경으로 옮기기 편하고, 동작의 일관성은 그대로 유지하면서 운영 환경으로 이동하는 것도 쉽다. 각각의 product 서비스는 서비스 레지스트리에 등록해서 다른 서비스에서 검색할 수 있다. 관련된 기술 선택 사항에 대해서는 나중에 검토한다.

설계

설계 단계에서는 서비스의 인터페이스와 구현을 심층 검토한다. product 서비스에는 제품 ID를 받아 자바 객체를 반환하는 간단한 인터페이스가 있다. 제품이 저장소에 없으면 예외나 빈 제품을 반환하며, 접근 내역과 서비스에 접근한 횟수 및 소요 시간을 기록한 통계를 남긴다. 이런 것이 디자인 결정이다.

클라우드 개발과 관련된 아키텍처 및 설계 원칙에 대해서는 이후 장들에서 자세히 설명한다.

테스트와 개발

모던 엔터프라이즈 소프트웨어 개발에서 테스트는 사후 검토나 개발 이후의 활동이 아니다. 테스트 주도 개발[TDD, Test-Driven Development] 및 행위 주도 개발[BDD, Behavior-Driven Development]과 같은 개념에서는 개발 전이나 동시에 테스트를 수행한다. 먼저 실패하는 테스트 케이스를 작성한 후 테스트 케이스를 통과할 수 있는 코드를 작성한다. 이 개념은 제품의 반복 개발 중에 수행하는 회귀 테스트에 매우 중요하며, 나중에 설명할 지속적인 통합[CI, Continuous Integration]과 지속적인 배포와도 잘 어울린다.

구축과 배포

빌드 및 배포는 소스코드에서 배포 단위를 만들어 대상 런타임 환경에 배포하는 단계다. 개발자는 IDE에서 단계 대부분을 실행한다. 하지만 CI 원칙에 따르면 통합 서버에서 컴파일, 자동화된 테스트 케이스 실행, 배포 단위 작성, 대상 런타임에의 배포를 수행한다.

배포 단위는 클라우드 환경에서 **가상 머신**^{VM, virtual machine}이나 컨테이너 등의 가상 환경에 배포되는데, 이를 위한 배포 과정의 일부인 빌드 프로세스에서 필요한 런타임과 의존성을 포함하는 것이 중요하다. 이는 각 환경에서 실행 중인 애플리케이션 서버에 .war 또는 .ear 파일을 배포하는 일반적인 프로세스와 다르다. 배포 단위에 모든 의존성을 포함하면 다양한 환경 간의 이동이 쉽고 일관성을 유지할 수 있다. 또한 서버의 의존성이 개발자의 로컬 시스템에 있는 의존성과 일치하지 않는 오류가 줄어든다.

▌ 프레임워크 선택

기본 사항을 살펴본 후 product 서비스를 만들어보자. IDE 설정 이후의 단계는 서비스를 작성하기 위한 프레임워크 선택이다. 마이크로서비스 아키텍처는 프레임워크 선택에 도움이 되는 몇 가지 흥미로운 설계 고려 사항을 제시한다.

- **경량**^{lightweight} **런타임**: 서비스는 크기가 작고 배포가 빨라야 한다.
- **높은 복원력**: 서킷 브레이커, 시간 초과 등의 패턴을 지원해야 한다.
- **측정과 모니터링 지원**: 에이전트를 모니터링하기 위해 메트릭을 수집하고 훅^{hook}을 노출해야 한다.
- **효율성**: 리소스를 차단하지 않고 부하^{load}의 증가에 대비해 확장성과 탄력성을 지원해야 한다.

좋은 프레임워크 비교 자료가 https://cdelmas.github.io/2015/11/01/A-comparison-of-Microservices-Frameworks.html에 있다. 앞의 조건을 만족하는 드롭위자드^{Dropwizard}, 버텍스^{Vert.x}, 스프링 부트^{Spring Boot} 프레임워크가 자바 커뮤니티에서 인기를 얻고 있다.

드롭위자드

드롭위자드는 배포 단위를 애플리케이션 서버에 배포하는 대신에 모든 의존성과 라이브러리를 애플리케이션 런타임과 같이 배포하는 팻^{fat} JAR 개념을 대중화한 첫 번째 프레임워크 중 하나다. 드롭위자드는 HTTP 서버로 Jetty, JSON 처리를 위해 Jackson, REST 지원을 위해 Jersey, 측정을 위해 메트릭^{Metrics} 등의 라이브러리를 조합해 RESTful 웹 서비스를 구축하기 위한 완벽한 조합을 만들었다. 마이크로서비스 개발 초기에 사용했던 프레임워크다.

JDBI, 프리메이커^{Freemaker}, 머스타쉬^{Moustache} 등을 도입한 점은 구현체를 유연하게 선택하고 싶어 하는 일부 조직에서는 제한적이라고 여길 수 있다.

버텍스

버텍스는 스레드를 차단하지 않고 확장성과 탄력성이 뛰어나며, 복원력이 있는 리액티브 애플리케이션을 구축하는 데 탁월한 프레임워크다. 버텍스는 3.0 버전의 주요 업그레이드 기준으로는 상대적으로 새로운 프레임워크다.

하지만 리액티브 프로그래밍 모델은 업계에서 그다지 인기가 없기 때문에 매우 높은 복원력과 확장성이 필요한 경우를 중심으로 도입이 느는 추세다.

스프링 부트

스프링 부트는 클라우드 네이티브 마이크로서비스를 구축하기 위한 자바 프레임워크 중 가장 인기가 높은데, 다음과 같은 이유 때문이다.

- 스프링과 스프링 MVC는 예전부터 기업에서 많이 사용하고 있다.
- 드롭위자드처럼 가장 합리적인 기본 값을 제공하는 한편, 사용자가 서비스에 필요한 의존성을 옵션으로 더할 수 있는 방식을 제공한다. 또한 구성에 필요한 XML을 줄였다.
- 스프링 클라우드^{Spring Cloud}와 통합해 바로 사용할 수 있다. 스프링 클라우드는 클라우드 배포에 필수인 분산 서비스 개발에 유용한 라이브러리인 히스트릭스^{Hystrix}와 유레카^{Eureka} 등을 제공한다.
- 학습 곡선이 낮다. 곧 알아보겠지만 몇 분이면 사용할 수 있다.
- 40개 이상의 메이븐 POM^{Project Object Model}을 기본적으로 제공해 애플리케이션 개발을 위한 선택의 폭이 넓다.
- 스프링 부트는 클라우드 네이티브 기반 배포를 위한 다양한 작업 부하에 적합하므로 대부분의 사용 사례에 맞는 좋은 선택이다.

이제 스프링 부트 서비스를 작성해보자.

▌ Product 서비스 작성

product 서비스에는 다음과 같은 간단한 두 개의 기능만 있다.

- List<int> getProducts(int categoryId)
- Product getProduct(int prodId)

두 메소드의 작성 의도는 명확하다. 첫 번째 메소드는 카테고리 ID를 넘기면서 호출하면 제품 ID의 목록을 반환하고, 두 번째 메소드는 제품 ID를 넘기면 제품 상세 정보를 객체로 반환한다.

메이븐 프로젝트 생성

IDE(이클립스 Neon 등)를 열고 다음과 같이 새 메이븐 프로젝트를 만든다.

1. Package Explorer를 오른쪽 클릭한 후 다음 화면과 같이 New ❯ Project를 선택한다.

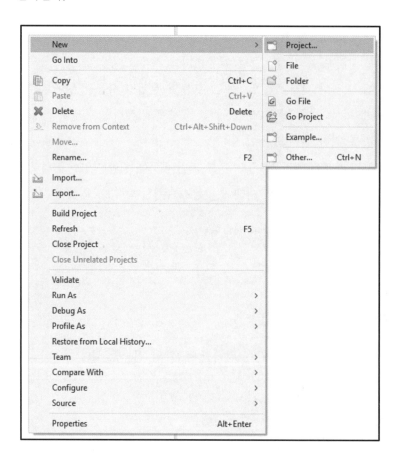

2. Maven Project를 선택한다.

3. Next 버튼을 클릭하고, 다음 창에서 Create a simple project를 선택한다.

4. 다음 대화상자에서는 많은 세부 정보를 입력해야 한다. 그중 프로젝트 이름인 Group Id와 애플리케이션이나 서비스 이름인 Artifact Id가 중요하다. 다음 화면을 참고해서 적절한 이름을 입력한다.

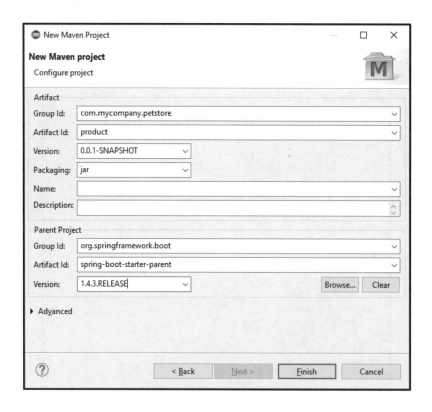

5. Finish를 클릭한다. 다음과 같은 구조를 볼 수 있다.

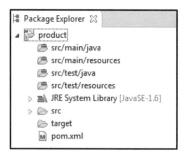

JRE System Library [JavaSE-1.6]이 없거나 이후 버전을 사용한다면 프로젝트 속성에서 현재 이클립스에 구성된 버전을 선택할 수 있다. JRE System Library [JavaSE-1.6]을 오른쪽 클릭하고 Properties를 선택한 후 변경하면

된다. 다음은 JRE System Library를 1.8로 변경한 화면이다.

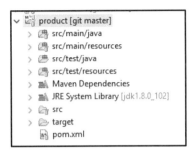

6. 이제 프로젝트 생성이 완료됐다. 메이븐 파일, pom.xml을 열고 spring-boot-starter-web 의존성을 추가한다. 스프링 부트에 이 의존성을 추가하면 웹 개발을 위한 라이브러리가 구성된다.

```xml
<project xmlns....
    <modelVersion>4.0.0</modelVersion>
    <parent>
        <groupId>org.springframework.boot</groupId>
        <artifactId>spring-boot-starter-parent</artifactId>
        <version>1.4.3.RELEASE</version>
    </parent>
    <groupId>com.mycompany.petstore</groupId>
    <artifactId>product</artifactId>
    <version>0.0.1-SNAPSHOT</version>
    <dependencies>
        <dependency>
            <groupId>org.springframework.boot</groupId>
            <artifactId>spring-boot-starter-web</artifactId>
        </dependency>
    </dependencies>
</project>
```

이 POM 파일을 저장하면 IDE가 작업 공간 빌드 및 의존성 라이브러리의 다운로드를 시작한다. 다운로드에 문제가 있다면 인터넷 접속이나 이전에 구성한 프록시 설정 등을 점검한다. 이제 서비스 개발을 위한 준비가 끝났다.

스프링 부트 애플리케이션 클래스 작성

이 클래스에는 실행 시작점인 메인^{main} 메소드가 있다. 메인 메소드는 스프링 부트 애플리케이션의 초기화^{bootstrap}와 구성을 검색하고 웹 서비스를 실행한 경우에는 톰캣 등의 내장 컨테이너를 시작한다.

```
package com.mycompany.product;

import org.springframework.boot.SpringApplication;
import org.springframework.boot.autoconfigure.EnableAutoConfiguration;

@SpringBootApplication
public class ProductSpringApp {
    publicstaticvoid main(String[] args) throws Exception {
        SpringApplication.run(ProductSpringApp.class, args);
    }
}
```

@SpringBootApplication 애노테이션을 주목하자.

@SpringBootApplication 애노테이션은 @Configuration과 @EnableAutoConfiguration, @ComponentScan을 모두 사용하는 것과 같으며, 다음과 같은 작업을 수행한다.

- **@Configuration**: 이 애노테이션을 붙인 클래스가 빈^{bean}을 정의하다는 것을 표시하는 스프링의 핵심 애노테이션이다.
- **@EnableAutoConfiguration**: 스프링 부트가 JAR 의존성을 바탕으로 스프링 의 구성을 알아서 추측하게 지시한다. 앞 절에서 spring-boot-starter-web 의존성을 추가했으므로 스프링 MVC 웹 애플리케이션으로 간주할 것이다.

- **@ComponentScan**: 이 애노테이션은 스프링이 컴포넌트를 검색하게 지시한다. 검색은 현재 패키지와 그 하위 패키지에서 수행되기 때문에 이 애노테이션을 붙인 클래스는 패키지 구조의 최상단에 있어야 한다.

서비스 및 도메인 객체 작성

스프링 부트의 애노테이션을 사용하면 매개변수와 경로 변수의 추출과 서비스의 실행이 쉽다. 지금은 데이터베이스에서 데이터를 가져오는 대신 Mock 객체를 사용해보자.

간단한 자바 엔티티 클래스 Product를 만드는데, 3개의 필드가 있는 간단한 POJO^{Plain} Old Java Object 클래스다.

```java
public class Product {
    privateint id = 1 ;
    private String name = "Oranges " ;
    privateint catId = 2 ;
```

getter 및 setter 메소드와 제품 ID를 받는 생성자를 추가한다.

```java
public Product(int id) {
    this.id = id;
}
```

또한 서비스 클라이언트에서 사용할 빈 생성자를 다음과 같이 추가한다.

```java
public Product() {
}
```

이제 ProductService 클래스를 다음과 같이 작성한다.

```java
  1  package com.mycompany.product;
  2
  3⊖ import java.util.Arrays;
  4  import java.util.List;
  5
  6  import org.springframework.web.bind.annotation.PathVariable;
  7  import org.springframework.web.bind.annotation.RequestMapping;
  8  import org.springframework.web.bind.annotation.RequestParam;
  9  import org.springframework.web.bind.annotation.RestController;
 10
 11  @RestController
 12  public class ProductService {
 13
 14⊖     @RequestMapping("/product/{id}")
 15      Product getProduct(@PathVariable("id") int id) {
 16          return new Product(id);
 17      }
 18
 19⊖     @RequestMapping("/productIds")
 20      List<Integer> getProductIds(@RequestParam("id") int id) {
 21          return Arrays.asList(id + 1, id + 2, id + 3);
 22      }
 23  }
```

서비스 실행

서비스를 실행하는 방법은 여러 가지다.

프로젝트를 오른쪽 클릭하고 Run As ❯ Maven build를 선택한다. spring-boot:run 골goal을 실행하기 위해 Run Configurations를 다음과 같이 설정한다.

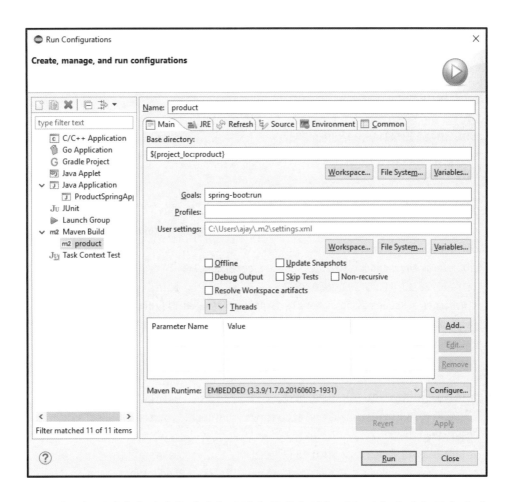

Run 버튼을 클릭하면 인터넷 연결과 구성에 문제가 없을 경우 다음과 같은 콘솔 출력을 볼 수 있다.

```
[INFO] Building product 0.0.1-SNAPSHOT
...
[INFO] Changes detected - recompiling the module!
[INFO] Compiling 3 source files to C:Appswkneonproducttargetclasses
...
:: Spring Boot :: (v1.4.3.RELEASE)
```

```
2016-10-28 13:41:16.714 INFO 2532 --- [           main]
com.mycompany.product.ProductSpringApp : Starting ProductSpringApp on
L-156025577 with PID 2532 (C:Appswkneonproducttargetclasses started by
MAHAJAN in C:Appswkneonproduct)
...
2016-10-28 13:41:19.892 INFO 2532 --- [           main]
s.b.c.e.t.TomcatEmbeddedServletContainer : Tomcat initialized with port(s):
8080 (http)
...
2016-10-28 13:41:21.201 INFO 2532 --- [           main]
s.w.s.m.m.a.RequestMappingHandlerMapping : Mapped "{[/product/{id}]}" onto
com.mycompany.product.Product
com.mycompany.product.ProductService.getProduct(int)
2016-10-28 13:41:21.202 INFO 2532 --- [           main]
s.w.s.m.m.a.RequestMappingHandlerMapping : Mapped "{[/productIds]}" onto
java.util.List<java.lang.Integer>
com.mycompany.product.ProductService.getProductIds(int)
...
...
2016-10-28 13:41:21.915 INFO 2532 --- [           main]
s.b.c.e.t.TomcatEmbeddedServletContainer : Tomcat started on port(s):
8080(http)
2016-10-28 13:41:21.922 INFO 2532 --- [           main]
com.mycompany.product.ProductSpringApp : Started ProductSpringApp in
6.203 seconds (JVM running for 14.199)
```

메이븐의 실행 순서는 다음과 같다.

1. 메이븐은 먼저 모든 자바 파일을 컴파일한다. 지금은 3개의 간단한 자바 클래스가 있다.

2. 톰캣 인스턴스를 시작해서 애플리케이션을 실행한다.

3. /product/와 /productIds URL을 빈 메소드에 매핑한다.

4. 톰캣은 8080 포트로 서비스 요청을 수신한다.

Package Explorer에서 main 메소드가 있는 **ProductSpringApp** 클래스를 오른쪽 클릭한 후 Run As ❯ Java Application을 선택해 서비스를 실행할 수도 있다.

브라우저에서의 서비스 테스트

브라우저를 열고 다음 URL로 이동한다.

http://localhost:8080/product/1

응답은 다음과 같을 것이다.

```
{"id":1,"name":"Oranges ","catId":2}
```

이제 다른 서비스 URL(http://localhost:8080/productIds)로 이동한다. 다음과 같은 오류가 발생할 것이다.

```
There was an unexpected error (type=Bad Request, status=400).
Required int parameter 'id' is not present
```

이런 오류가 발생한 이유는 요청이 서비스 정의에 어긋나기 때문이다. 이 메소드는 다음과 같이 호출할 때 필수 매개변수를 받도록 작성됐다.

```
@RequestMapping("/productIds")
List<Integer> getProductIds(@RequestParam("id") int id) {
```

필수 매개변수 id를 포함해서 요청을 보내야 하는데, 그러지 않아 오류가 발생했다. 매개변수를 입력한 URL인 http://localhost:8080/productIds?id=5로 다시 시도한다. 이제 올바른 응답이 온다.

배포본 생성

서비스를 이클립스에서 실행하는 대신 서버에 배포해서 실행해보자. 이 작업에는 다음과 같은 두 가지 옵션이 있다.

- WAR 파일을 만들어서 톰캣이나 다른 웹 컨테이너에 배포하는 전통적인 방법
- JRE[Java Runtime Environment, 자바 실행 환경]만 있어도 실행할 수 있게 런타임(톰캣)을 포함한 JAR 파일을 만드는 방법

클라우드 애플리케이션 개발에서는 팻 JAR 또는 우버[uber] JAR라고 하는 두 번째 옵션이 다음과 같은 이유로 인기를 얻고 있다.

- 배포본에 필요한 의존성이 모두 들어 있기 때문에 배포본을 개발, 테스트, 사용자 인수 테스팅[UAT, User Acceptance Testing], 운영 등의 다양한 환경에 배포하더라도 이러한 환경의 영향을 적게 받는다. 따라서 개발 환경에서 잘 작동하면 다른 모든 환경에서도 잘 작동한다고 볼 수 있다.
- 서비스를 배포한 호스트나 서버, 컨테이너에 미리 애플리케이션 서버나 서블릿 엔진을 설치할 필요가 없다. 기본적인 JRE만 있어도 충분하다.

JAR 파일을 생성 및 실행하는 단계를 살펴보자.

POM 파일에 다음과 같이 의존성을 추가한다.

```
<build>
  <plugins>
    <plugin>
      <groupId>org.springframework.boot</groupId>
```

```
        <artifactId>spring-boot-maven-plugin</artifactId>
      </plugin>
    </plugins>
  </build>
```

이제 탐색기에서 프로젝트를 오른쪽 클릭한 후 Run As ❯ Maven Install을 선택해 실행한다.

project-0.0.1-SNAPSHOT.jar 파일이 프로젝트의 타깃 디렉터리에 생성된다.

커맨드라인에서 프로젝트의 타깃 디렉터리로 이동한 후에 다음 화면을 참조해 자바 명령으로 JAR 파일을 실행한다.

애플리케이션이 시작되면 톰캣이 특정 포트로 수신을 기다리는 것을 볼 수 있다. 브라우저를 이용해서 다시 테스트해보자.

▌ 기본적인 클라우드 네이티브 기능 추가

사용자의 요청에 응답하는 두 개의 API가 있는 기본 서비스를 개발했다. 이제 클라우드 네이티브 애플리케이션에 필요한 다음과 같은 기본 기능 몇 가지를 추가하자.

- 구성 외부화
- **계측**instrumentation: 건강 상태와 메트릭
- 서비스 등록 및 검색

구성 외부화

환경별로 나눠서 구성해야 하는 속성은 운영 배포 환경 및 다른 환경 간에 차이가 있는 모든 속성이다. 보통 대기열queue 및 토픽topic 이름, 포트, URL, 연결, 풀pool 등록 정보 등이다.

배포본은 구성 정보를 내장하지 않고 외부에서 주입한다. 이렇게 해야 불변성을 가져서 개발, 테스트, UAT 등의 생명주기에 걸쳐 계속 사용할 수 있다.

여러 환경에서 product 서비스를 실행해야 하고 환경별로 URL이 달라진다고 가정해 보자. 다음과 같이 요청 매핑을 약간 수정한다.

```
@RequestMapping("/${env}product/{id}")
Product getProduct(@PathVariable("id") int id) {
```

이 변수는 다양한 방법으로 주입할 수 있으며, 주입한 후에는 재배포 전에 값이 변경되지 않는다. 가장 간단한 방법은 커맨드라인 인수로 전달하는 것이다. Run Configurations 대화상자를 열고 Arguments에 다음과 같이 커맨드라인 매개변수 --env=dev/를 추가한다.

이제 Run 버튼을 클릭해 애플리케이션을 실행한다. 시작 로그를 보면 다음과 같이 변수가 값으로 대체되는 것을 볼 수 있다.

```
... Mapped "{[/dev/product/{id}]}" onto com.mycompany.product.Product
com.mycompany.product.ProductService.getProduct(int)
```

구성은 구성 파일이나 데이터베이스, 운영체제의 환경 변수 등으로 제공할 수도 있다.

스프링 애플리케이션은 보통 application.properties 파일을 사용해서 포트 번호 등의 속성을 저장하지만, 최근에는 JSON의 상위 집합^{superset}인 YAML이 계층 구조로 속성을 정의할 수 있어서 인기 있다.

application.yml 파일을 /product/src/main/resources 폴더에 만들고 다음과 같이 입력한다.

```
server:
  port: 8081
```

이 구성은 product 서비스가 8080 포트 대신에 8081 포트를 사용하게 한다. 이런 개념은 프로필profile을 사용하면 더 확장되는데, 여러 개의 프로필 중에서 특정 프로필의 구성 정보를 선택할 수 있다.

스프링 클라우드 컨피그spring cloud config 프로젝트를 사용하면 구성을 쉽게 외부화할 수 있다. 스프링 클라우드 컨피그는 애플리케이션 이름과 구성을 얻는 데 필요한 정보를 애플리케이션이 시작할 때 bootstrap.yml 파일에서 읽는다. 따라서 bootstrap.yml 파일은 애플리케이션 이름과 컨피그 서버의 정보를 담고 있으며, 이를 바탕으로 원하는 프로필의 구성 정보를 읽을 수 있다.

애플리케이션의 resources 폴더에 bootstrap.yml 파일을 만들고 다음과 같이 입력한다.

```
spring:
  application:
    name: product
```

나중에 서비스 등록을 다룰 때 이 파일을 다시 볼 것이다.

서비스 미터링

클라우드 애플리케이션의 계측은 중요하다. 서비스는 상태 점검health check 지점과 메트릭을 노출해서 모니터링이 원활하게 지원해야 한다. 스프링 부트의 actuator 모듈을 사용하면 쉽게 계측 기능을 이용할 수 있다.

메이븐 POM 파일에 다음과 같이 의존성을 추가한다.

```xml
<dependency>
    <groupId>org.springframework.boot</groupId>
    <artifactId>spring-boot-starter-actuator</artifactId>
</dependency>
```

서비스를 실행한다. 실행하는 동안에 여러 가지 URL 매핑 정보가 생성되는 것을 볼 수 있다.

매핑된 URL 중 하나인 http://localhost:8080/env에 직접 접속하면 다음과 같은 정보가 출력된다.

```json
{
    "profiles": [],
    "server.ports": {
        "local.server.port": 8082
    },
    "commandLineArgs": {
        "env": "dev/"
    },
    "servletContextInitParams": {},
    "systemProperties": {
        "java.runtime.name": "Java(TM) SE Runtime Environment",
        "sun.boot.library.path": "C:\Program Files\Java\jdk1.8.0_73\jrebin",
        "java.vm.version": "25.73-b02",
        "java.vm.vendor": "Oracle Corporation",
        "java.vendor.url": "http://java.oracle.com/",
        "path.separator": ";",
        "java.vm.name": "Java HotSpot(TM) 64-Bit Server VM",
        "file.encoding.pkg": "sun.io",
        "user.country": "IN",
        "user.script": "",
        "sun.java.launcher": "SUN_STANDARD",
        "sun.os.patch.level": "Service Pack 1",
```

```
    "PID": "9332",
    "java.vm.specification.name": "Java Virtual Machine Specification",
    "user.dir": "C:\Apps\wkneon\product",
```

http://localhost:8080/metrics에 접속하면 볼 수 있는 메트릭 정보는 특히 흥미롭다.

```
{
    "mem": 353416,
    "mem.free": 216921,
    "processors": 4,
    "instance.uptime": 624968,
    "uptime": 642521,
 ...
    "gauge.servo.response.dev.product.id": 5,
 ...
    threads.peak": 38,
    "threads.daemon": 35,
    "threads.totalStarted": 45,
    "threads": 37,
 ...
```

서비스에 접근한 횟수 및 응답 시간을 저장하는 카운터^{counter}와 게이지^{gauge} 정보를 볼
수 있다.

서비스 등록과 검색

서비스의 등록과 검색은 왜 중요할까? 지금까지는 http://localhost:8080/prod와 같이
IP 주소를 포함한 URL을 사용해 서비스를 호출했다. 서비스는 이 주소로 실행 중이여
야 하고, 테스트나 운영 서버를 호출하는 경우에도 고정된 특정 IP 주소와 포트를
이용한다는 것은 마찬가지다.

하지만 클라우드 환경은 매우 동적이라서 특정 IP의 서비스가 중단된 후 다시 시작할 때는 다른 IP 주소를 사용할 수도 있다. 가상 IP와 리버스 프록시를 이용해 이런 현상을 줄일 수는 있지만, 서비스를 호출할 때 동적으로 서비스의 주소를 찾아 호출하는 것이 더 좋은 방법이다. 이미 찾은 주소는 클라이언트 캐시에 저장되기 때문에 서비스를 호출할 때마다 동적 검색을 수행할 필요는 없다.

이럴 때 서비스 레지스트리service registry가 필요하다. 서비스는 부팅되면 레지스트리에 자신을 등록한다. 또한 레지스트리는 서비스의 하트비트를 점검해서 살아있는 서비스만 갖는다. 하트비트가 중지되면 레지스트리는 해당 서비스 인스턴스의 등록을 취소한다.

이제 스프링 부트와 잘 통합되는 스프링 클라우드 넷플릭스를 사용해보자. 다음과 같은 세 가지 컴포넌트가 필요하다.

- **product 서비스:** 앞 절에서 만든 서비스다.
- **서비스 레지스트리:** 스프링 클라우드 프로젝트 중 하나인 유레카를 사용한다.
- **서비스 클라이언트:** 서비스를 브라우저에서 직접 확인하는 대신에 서비스를 호출하는 간단한 클라이언트를 작성한다.

서비스 레지스트리 실행

서비스 레지스트리 중에는 컨설과 유레카가 유명하다. 하트비트 방식과 에이전트 기반의 작업에 약간의 차이점이 있지만 레지스트리의 기본 개념은 비슷하다. 레지스트리는 기업의 필요와 결정에 따라 선택한다. 이 절에서는 스프링 부트와 스프링 클라우드 생태계를 계속 사용하기 때문에 예제에 유레카를 사용한다. 스프링 클라우드는 유레카 레지스트리를 지원하는 스프링 클라우드 넷플릭스를 포함한다.

실행 중인 서비스 레지스트리를 확인하기 위해 다음 단계를 수행한다.

1. artifactId를 eureka-server로 입력한 새 메이븐 프로젝트를 만든다.

2. POM 파일을 열어 다음 내용을 추가한다.

- 부모 POM으로 spring-boot-starter-parent를 지정한다.

- 유레카 서버를 사용하기 위해 spring-cloud-starter-eureka-server 의존성을 추가한다.

- dependencyManagement에 spring-cloud-netflix 의존성을 추가한다.

```xml
eureka-server/pom.xml

 1 <project xmlns="http://maven.apache.org/POM/4.0.0" xmlns:xsi="http://www.w3.org/2001/XMLSchema-instance"
 2     xsi:schemaLocation="http://maven.apache.org/POM/4.0.0 http://maven.apache.org/xsd/maven-4.0.0.xsd">
 3     <modelVersion>4.0.0</modelVersion>
 4
 5     <groupId>com.mycompany.infra</groupId>
 6     <artifactId>eureka-server</artifactId>
 7     <version>0.0.1-SNAPSHOT</version>
 8
 9     <parent>
10         <groupId>org.springframework.boot</groupId>
11         <artifactId>spring-boot-starter-parent</artifactId>
12         <version>1.4.1.RELEASE</version>
13     </parent>
14
15     <dependencyManagement>
16         <dependencies>
17             <dependency>
18                 <groupId>org.springframework.cloud</groupId>
19                 <artifactId>spring-cloud-netflix</artifactId>
20                 <version>1.2.1.RELEASE</version>
21                 <type>pom</type>
22                 <scope>import</scope>
23             </dependency>
24         </dependencies>
25     </dependencyManagement>
26
27     <dependencies>
28         <dependency>
29             <groupId>org.springframework.cloud</groupId>
30             <artifactId>spring-cloud-starter-eureka-server</artifactId>
31         </dependency>
32     </dependencies>
33
34 </project>
```

3. product 프로젝트에서 만든 것과 비슷한 애플리케이션 클래스를 만든다. @EnableEurekaServer 애노테이션을 붙인 것에 주목하자. 이 애노테이션을 붙이면 애플리케이션이 유레카 서비스가 된다.

```java
package com.mycompany.infra.eureka;

import org.springframework.boot.SpringApplication;
import org.springframework.boot.autoconfigure.SpringBootApplication;
import org.springframework.cloud.netflix.eureka.server.EnableEurekaServer;

@SpringBootApplication
@EnableEurekaServer
public class EurekaApplication {

    public static void main(String[] args) throws Exception {
        SpringApplication.run(EurekaApplication.class, args);
    }
}
```

4. application.yml 파일을 프로젝트의 /product/src/main/resources 폴더에 만들고 다음과 같이 입력한다.

```yaml
server:
  port: 8761
```

5. bootstrap.yml 파일을 위와 같은 폴더에 만들고 다음과 같이 입력한다.

```yaml
spring:
  application:
    name: eureka
```

6. 메이븐 프로젝트 eureka-server를 빌드하고 실행한다.

7. 나중에 설명할 몇 가지 연결 오류가 발생하지만 다음과 같은 톰캣 시작 메시지를 볼 수 있다.

```
: Initializing Spring FrameworkServlet 'dispatcherServlet'
: FrameworkServlet 'dispatcherServlet': initialization started
: FrameworkServlet 'dispatcherServlet': initialization completed in 19 ms
: Registered instance EUREKA/localhost:eureka:8761 with status UP (replication=false}
: DiscoveryClient_EUREKA/localhost:eureka:8761 - registration status: 204
: Disable delta property : false
: Single vip registry refresh property : null
: Force full registry fetch : false
: Application is null : false
: Registered Applications size is zero : true
: Application version is -1: true
: Getting all instance registry info from the eureka server
: The response status is 200
: Registered instance EUREKA/localhost:eureka:8761 with status UP (replication=true)
: Got 1 instances from neighboring DS node
: Renew threshold is: 1
: Changing status to UP
: Started Eureka Server
```

시작된 후에 localhost:8761로 유레카 서버에 접속해서 다음과 같은 화면을 볼 수 있는지 확인한다.

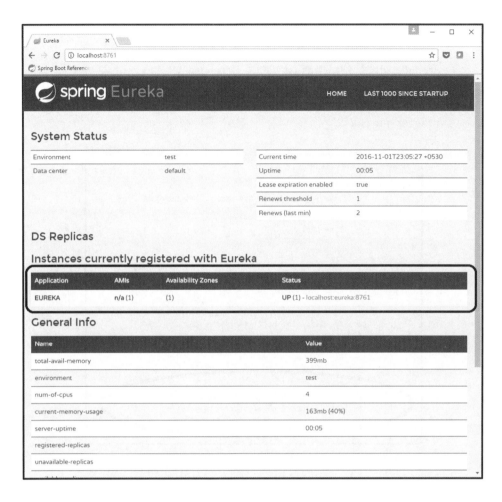

앞의 화면에서 원으로 표시한 부분을 보면 유레카 서버 인스턴스는 **EUREKA**라는 이름
으로 등록됐다. 이 이름은 나중에 변경할 수 있다. 이제 product 서비스를 유레카
레지스트리에 등록해보자.

product 서비스 등록

product 서비스는 부팅 후에 8081 포트로 서비스에 관한 요청을 수신한다. 이제
product 서비스를 유레카 레지스트리에 추가하기 위한 작업을 진행하자. 스프링 부트

를 사용하기 때문에 몇 가지 구성과 애노테이션만 추가하면 된다.

1. product 서비스 메이븐 POM 파일의 **dependencyManagement** 부분에 spring-cloud-netflix 의존성을 추가하고, **dependencies** 부분에 `spring-cloud-starter-eureka` 의존성을 다음과 같이 추가한다.

```
<dependencyManagement>
    <dependencies>
        <dependency>
            <groupId>org.springframework.cloud</groupId>
            <artifactId>spring-cloud-netflix</artifactId>
            <version>1.2.1.RELEASE</version>
            <type>pom</type>
            <scope>import</scope>
        </dependency>
    </dependencies>
</dependencyManagement>

<dependencies>
    <dependency>
        <groupId>org.springframework.boot</groupId>
        <artifactId>spring-boot-starter-web</artifactId>
    </dependency>
    <dependency>
        <groupId>org.springframework.boot</groupId>
        <artifactId>spring-boot-starter-actuator</artifactId>
    </dependency>
    <dependency>
        <groupId>org.springframework.cloud</groupId>
        <artifactId>spring-cloud-starter-eureka</artifactId>
    </dependency>
</dependencies>
```

2. product 서비스는 특정한 주기로 상태를 갱신한다. 다음과 같이 application. yml 파일에 항목을 추가해 갱신 주기를 5초로 줄인다.

```
server:
  port: 8081
eureka:
  instance:
    leaseRenewalIntervalInSeconds: 5
```

90

3. product 프로젝트의 시작 클래스 ProductSpringApp에 @EnableDiscoveryClient 애노테이션을 붙인다. @EnableDiscoveryClient 애노테이션이 POM 파일에 의존성으로 추가한 넷플릭스 유레카의 DiscoveryClient 구현체를 활성화한다. 다른 서비스 레지스트리 구현체로 해시코프^{HashiCorp}의 컨설이나 아파치 ^{Apache} 주키퍼 등이 있다.

```
bootstrap.yml      product/pom.xml      ProductServi...      ProductSprin...

  1  package com.mycompany.product;
  2
  3⊕ import org.springframework.boot.SpringApplication;
  6
  7  @SpringBootApplication
  8  @EnableDiscoveryClient
  9
 10  public class ProductSpringApp {
 11
 12⊖     public static void main(String[] args) throws Exception {
 13            SpringApplication.run(ProductSpringApp.class, args);
 14        }
 15  }
```

4. 이제 product 서비스를 다시 시작한다.

```
com.netflix.discovery.DiscoveryClient          : Getting all instance registry info from the eureka server
com.netflix.discovery.DiscoveryClient          : The response status is 200
com.netflix.discovery.DiscoveryClient          : Starting heartbeat executor: renew interval is: 10
c.n.discovery.InstanceInfoReplicator           : InstanceInfoReplicator onDemand update allowed rate per min is 4
com.netflix.discovery.DiscoveryClient          : Discovery Client initialized at timestamp 1478022547463 with initial
c.n.e.EurekaDiscoveryClientConfiguration       : Registering application product with eureka with status UP
com.netflix.discovery.DiscoveryClient          : Saw local status change event StatusChangeEvent [timestamp=147802254
com.netflix.discovery.DiscoveryClient          : DiscoveryClient_PRODUCT/localhost:product:8081: registering service.
com.netflix.discovery.DiscoveryClient          : DiscoveryClient_PRODUCT/localhost:product:8081 - registration status
s.b.c.e.t.TomcatEmbeddedServletContainer       : Tomcat started on port(s): 8081 (http)
c.n.e.EurekaDiscoveryClientConfiguration       : Updating port to 8081
com.mycompany.product.ProductSpringApp         : Started ProductSpringApp in 10.099 seconds (JVM running for 10.567)
```

product 서비스의 초기화가 완료된 후의 시작 로그를 보면 product 서비스를 유레카 서버에 등록하는 내용을 볼 수 있다.

product 서비스가 등록됐는지 확인하려면 앞에서 접속했던 유레카 서버 화면을 새로 고침 한다.

또한 유레카 서버의 로그를 계속 확인하면 product 서비스의 상태 갱신 로그를 볼 수 있다.

product 서비스 클라이언트 생성

동적인 제품 서비스 레지스트리를 만들고 서비스를 등록했다. 이제 product 서비스를 조회해서 접속해보자.

이 절에서는 넷플릭스 리본ribbon을 사용할 것이다. 리본은 로드 밸런서와 서비스 레지스트리의 주소를 조회하는 기능을 제공한다. 스프링 클라우드를 사용하면 쉽게 구성하고 사용할 수 있다.

지금은 product 서비스 안에서 클라이언트를 실행한다. 클라이언트는 유레카에서 서비스를 조회한 후에 HTTP 호출을 한다. 모든 작업은 리본 라이브러리가 알아서 수행하며, 엔드포인트를 사용하기만 하면 된다.

1. product 서비스의 메이븐 POM에 다음과 같이 의존성을 추가한다.

```xml
<dependencies>
    <dependency>
        <groupId>org.springframework.boot</groupId>
        <artifactId>spring-boot-starter-web</artifactId>
    </dependency>
    <dependency>
        <groupId>org.springframework.boot</groupId>
        <artifactId>spring-boot-starter-actuator</artifactId>
    </dependency>
    <dependency>
        <groupId>org.springframework.cloud</groupId>
        <artifactId>spring-cloud-starter-eureka</artifactId>
    </dependency>
    <dependency>
        <groupId>org.springframework.cloud</groupId>
        <artifactId>spring-cloud-starter-ribbon</artifactId>
    </dependency>
</dependencies>
```

2. /client URL로 요청을 수신해서 실제 product 서비스를 조회한 결과를 전달하는 ProductClient 클래스를 만든다.

```java
@RestController
public class ProductClient {

    @Autowired
    private RestTemplate rTemplate ;

    @Value("${env}")
    private String env ;

    @RequestMapping("/client/{id}")
    Product getProduct(@PathVariable("id") int id) {

        Product product = rTemplate.getForObject(
                "http://PRODUCT/" + env +"/product/" + id,
                Product.class);
        return product ;
    }

}
```

3. restTemplate은 오토 와이어링auto-wiring으로 주입하지만 스프링 최신 버전에서는 초기화가 필요하다. 따라서 구성 클래스의 역할을 겸하는 애플리케이션 메인 클래스에 다음과 같이 선언한다.

```
@SpringBootApplication
@EnableDiscoveryClient
public class ProductSpringApp {

    public static void main(String[] args) throws Exception {
        SpringApplication.run(ProductSpringApp.class, args);
    }

    @Bean
    @LoadBalanced
    public RestTemplate restTemplate() {
        return new RestTemplate();
    }

}
```

클라이언트로 서비스 조회 실행

이제 product 클라이언트를 실행할 준비가 됐다. 정리해보면 유레카 서버 프로젝트와 product 서비스 프로젝트는 다음과 같은 구조다.

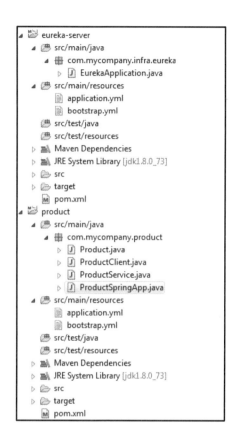

지금까지 한 작업을 다시 검토해보자.

1. 메이븐 프로젝트를 만들고 기본 틀과 의존성을 정의했다.

2. 서비스 등록 정보와 애플리케이션 속성을 정의한 YML 파일을 만들었다.

3. 애플리케이션의 시작점으로 메인 메소드가 있는 ProductSpringApp 클래스를 만들었다.

4. product 서비스를 위해 다음의 클래스를 만들었다.

   - **Product**: 도메인 혹은 엔티티 클래스. 나중에 개선할 예정

   - **ProductService**: 서비스와 API을 구현한 마이크로서비스

   - **ProductClient**: 서비스 조회를 테스트하는 클라이언트 클래스

이제 실행해보자.

1. EurekaApplication 클래스를 실행하거나 eureka-server 프로젝트에서 메이븐 빌드를 실행한다. 실행 로그의 마지막 몇 줄을 확인한다.

```
Initializing Spring FrameworkServlet 'dispatcherServlet'
FrameworkServlet 'dispatcherServlet': initialization started
FrameworkServlet 'dispatcherServlet': initialization completed in 34 ms
Registered instance EUREKA/L-156025577.wipro.com:eureka:8761 with status UP (replication=false)
DiscoveryClient_EUREKA/L-156025577.wipro.com:eureka:8761 - registration status: 204
Registered instance EUREKA/L-156025577.wipro.com:eureka:8761 with status UP (replication=true)
Disable delta property : false
Single vip registry refresh property : null
Force full registry fetch : false
Application is null : false
Registered Applications size is zero : true
Application version is -1: true
Getting all instance registry info from the eureka server
The response status is 200
Registered instance EUREKA/L-156025577.wipro.com:eureka:8761 with status UP (replication=true)
Got 1 instances from neighboring DS node
Renew threshold is: 1
Changing status to UP
Started Eureka Server
```

2. ProductSpringApp 클래스를 실행하거나 product 프로젝트에서 메이븐 빌드를 실행한다. 실행 로그의 마지막 몇 줄을 확인한다.

```
InstanceInfoReplicator onDemand update allowed rate per min is 4
Discovery Client initialized at timestamp 1478077808353 with initial instances count: 1
Registering application product with eureka with status UP
Saw local status change event StatusChangeEvent [timestamp=1478077808403, current=UP, previous=STARTING]
DiscoveryClient_PRODUCT/L-156025577.wipro.com:product:8082: registering service...
DiscoveryClient_PRODUCT/L-156025577.wipro.com:product:8082 - registration status: 204
Tomcat started on port(s): 8082 (http)
Updating port to 8082
Started ProductSpringApp in 11.65 seconds (JVM running for 12.316)
```

3. URL http://localhost:8081/dev/product/4로 product 서비스에 직접 접속한다. 다음과 같은 응답을 볼 수 있다.

```
{"id":4,"name":"Oranges ","catId":2}
```

4. 이제 클라이언트 URL인 http://localhost:8081/client/4에 접속한다. 이 URL은 서비스 레지스트리에서 product 서비스를 조회해서 찾은 후 실제 product

서비스로 요청을 보낸다. 다음과 같은 응답을 볼 수 있다.

```
{"id":4,"name":"Oranges ","catId":2}
```

PRODUCT 애플리케이션을 서비스하는 인스턴스가 없다는 내용의 내부 서버 오류가 표시될 수 있다. 이는 하트비트 점검이 완료된 후에 리본 로드 밸런서가 주소를 다시 선택하는 동안 발생할 수 있다. 레지스트리가 업데이트될 때까지 잠시 기다렸다가 다시 시도한다.

뒷단에서는 이 응답을 보내기 위해 많은 작업을 한다.

1. /client/4에 보낸 HTTP 요청은 ProductClient 클래스의 getProduct 메소드에서 처리한다.
2. getProduct 메소드는 유레카 레지스트리에서 서비스를 조회한다. 이에 대한 로그는 다음과 같다.

```
c.n.l.DynamicServerListLoadBalancer: Using serverListUpdater
PollinServerListUpdater
c.netflix.config.ChainedDynamicProperty: Flipping property:
PRODUCT.ribbon.ActiveConnectionsLimit to use NEXT property:
niws.loadbalancer
c.n.l.DynamicServerListLoadBalancer: DynamicServerListLoadBalancer
for client PRODUCT intiated: DynamicServerListLoadBalancer:
```

3. 조회가 끝나면 리본 로드 밸런서 라이브러리를 사용해서 요청을 실제 ProductService로 전달한다.

앞의 과정은 클라이언트가 동적 조회를 바탕으로 서비스를 호출하는 간단한 방식이었다. 4장에서는 데이터베이스와 연동하고 기능을 더 추가해 기능적이고 복원력 있게 보강할 것이다.

▌요약

지금까지 설명한 클라우드 애플리케이션의 주요 개념을 살펴보자. 2장에서는 애플리케이션을 **경량화**해 서블릿 엔진에서 15초 안에 실행되게 했다. 서비스 실행을 위한 모든 라이브러리를 **내장**한 팻 JAR 애플리케이션은 독립적이며, 실행하려면 JVM만 있으면 된다. 커맨드라인이나 application.yml, bootstrap.yml에 속성을 넣어 구성을 외부화했다. 7장에서는 더 높은 수준의 **구성 외부화**를 자세히 설명할 것이다. 스프링 액추에이터는 애플리케이션의 모든 메트릭을 저장하고 이를 볼 수 있는 URL을 제공해 애플리케이션의 계측이 가능하다. 유레카는 서비스의 **위치**를 추상화한다.

3장에서는 애플리케이션에 데이터 계층과 복원력을 추가하며, 2장에서 생략한 캐시 등의 향상된 기능 또한 추가할 것이다.

03

클라우드 네이티브 애플리케이션 설계

3장에서는 잠시 애플리케이션 개발을 멈추고 클라우드 애플리케이션을 설계하기 위한 큰 그림을 살펴본다. 1장에서 봤듯이 클라우드 애플리케이션은 지금까지 개발해온 엔터프라이즈 애플리케이션보다 더 독특한 문제를 안고 있다. 또한 민첩성에 관한 비즈니스 요구 사항은 성능, 안정성, 복원력을 저해하지 않아야 한다.

1장에서는 클라우드 환경과 전통적인 엔터프라이즈 환경의 차이점을 살펴보고, 데브옵스, 클라우드 애플리케이션의 12가지 요소, 마이크로서비스의 개념과 생태계의 중요성을 살펴봤다. 3장에서는 견고하고 확장할 수 있으며, 민첩한 애플리케이션을 설계하기 위한 다양한 원칙과 기술을 살펴본다.

3장에서는 API 구축 시 REST, HTTP, JSON을 선호하는 이유, API 게이트웨이의 역할, 애플리케이션 분리 방법, 마이크로서비스 식별 방법, 마이크로서비스 설계 지침 등을 다룬다.

3장에서 다루는 내용은 다음과 같다.

- REST, HTTP, JSON이 주목 받는 이유
- API의 발달과 유행
- API 게이트웨이의 역할
- 애플리케이션 분리
- 마이크로서비스 식별
- 마이크로서비스 설계 지침
- 마이크로서비스 패턴
- 데이터 아키텍처
- 마이크로서비스 보안

▌트리오: REST, HTTP, JSON

웹은 HTTP를 매우 유명하게 만들었으며, 인터넷 콘텐츠에 접근하기 위한 사실상의 통합 메커니즘이다. 흥미롭게도 이 기술은 애플리케이션 간 접속에 RMI나 CORBA 같은 네이티브 및 바이너리 프로토콜을 사용하는 애플리케이션에서는 별로 인기가 없었다.

구글, 아마존, 페이스북, 트위터 등의 소셜 네트워크 기업이 자사 제품과 연결 및 통합하기 위해 API를 게시하기 시작하자 웹 통합을 위한 사실상의 표준이 HTTP/REST가 됐다. 소셜 네트워크 기업은 API를 사용하는 개발자가 다양한 애플리케이션을 개발하기 위한 플랫폼에 투자하기 시작했고, 이는 HTTP를 프로토콜로 사용하는 애플리케이션을 확산시켰다.

브라우저에서 동작하는 애플리케이션은 HTML과 자바스크립트가 혼합돼 있으며, 서버나 다른 애플리케이션에서 반환하는 정보는 간단하게 사용할 수 있는 형식이어야 한다. 자바스크립트가 지원하는 데이터 조작 방식에 가장 적합한 데이터 형식은 JSON^JavaScript Object Notation이다.

REST는 HTTP를 이용해서 정보를 교환하는 방법을 제공하는 상태 표현 방식이다. REST는 다음과 같이 다양한 장점이 있다.

- HTTP 프로토콜 표준을 활용해 WWW에 있는 모든 것을 다룬다.
- 일반적인 HTTP 요청 모델을 활용하면서 엔티티 접근을 격리하는 메커니즘 (GET/PUT/POST/DELETE)이다.
- JSON을 데이터로 지원한다.

ProgrammableWeb의 통계를 보면 JSON을 사용한 REST는 SOAP/XML 모델보다 지배적인 모델이 됐다.

프로그래밍 가능한 웹상의 API 중 73%가 REST를 사용한다. SOAP은 훨씬 뒤쳐져 있지만 여전히 API의 17%를 차지하고 있다.

서비스 개발을 위한 모델로 REST/JSON을 SOAP/XML보다 선호하는 몇 가지 이유를 살펴보면 다음과 같다.

- SOAP 모델은 계약을 중요시하기 때문에 웹 서비스를 만들기 어렵다.
- SOAP는 REST에 비해 복잡하기 때문에 REST에 비해 학습 곡선이 더 가파르다.
- REST는 SOAP에 비해 경량이며, SOAP만큼 대역폭에 부담을 주지 않는다.
- 자바 영역을 벗어난 SOAP 지원은 제한적이라서 SOAP는 주로 엔터프라이즈 환경에 종속된다.
- 클라이언트 측에서의 XML 구문 분석은 메모리와 컴퓨팅 자원을 많이 소모하는데, 이는 모바일 환경에 적합하지 않다.
- XML 스키마/마크업은 구조 정의 및 유효성 검사 모델을 제공하지만 구문

분석 비용이 든다. JSON은 구문이 느슨해 데이터 모델을 빠르게 반복할 수 있다.

오늘날에는 REST/JSON이 인터넷을 통해 API를 쉽고 간편하게 통합하기 위한 프로그래밍 언어 전반에 걸친 사실상의 표준이다.

▌API의 발달과 유행

API^{Application Programming Interface, 애플리케이션 프로그래밍 인터페이스}는 인터넷을 통해 서비스를 사용하기 위한 표준 인터페이스나 계약을 제공한다. API는 입력 및 출력 구조를 정의하며, 해당 버전의 API가 존재하는 동안은 계속 유지된다.

API는 클라이언트 계층과 엔터프라이즈 간의 계약이며, 고객 중심적이다. 즉, 클라이언트의 요구에 맞춰 설계하며, 서비스 구현의 세부 사항은 클라이언트로부터 추상화한다.

소셜 네트워크 기업이 등장한 이후부터는 새 애플리케이션을 만드는 것이 모든 것을 직접 만드는 것을 의미하지는 않는다. 예를 들어 애플리케이션에서 지리적 지도를 사용하면 구글 지도 API를 이용해 애플리케이션을 만들 수 있다. 마찬가지로 나만의 인증 모델을 만드는 대신 OAuth를 사용하고, OAuth 제공자로 구글, 페이스북, 트위터를 사용할 수 있다.

이렇게 반복할 수 있는 모델을 만들고 복잡한 기능을 재사용 가능한 서비스로 제공하는 모델로 인해 기존 API를 사용한 애플리케이션 개발을 시작하는 개발자가 증가했고, 이는 다시 개발자의 생산성 향상과 현대적인 애플리케이션의 진화를 이끌었다.

기업들은 API를 이용해서 수익을 창출할 수 있는지 알아보기 시작했으며, 이는 여러 기업이 비슷한 기능을 제공하는 API를 작성 및 게시한다는 것을 의미했다. 이런 상황으로 인해 API는 누구나 그 기능에 접근할 수 있게 개방됐다.

API가 전반적으로 개방되면서 개발자는 여러 API가 가진 프로세스나 기능을 오케스트레이션하거나 코레오그래피choreography해서 새로운 기능을 만들 수 있게 됐다. 이전에는 몇 달 또는 몇 년이 걸렸던 작업이 지금은 몇 주나 며칠밖에 걸리지 않는다. 이런 생산성 개선은 개발 주기가 단축되고, 새롭고 혁신적인 기능을 개발하기 위한 반복 주기가 짧아진다는 것을 의미한다.

현재는 페이스북, 구글, 트위터 같은 소셜 네트워크 기업부터 Salesforce, NetSuite, AWS, Azure, GCE^Google Cloud Engine 등의 PaaS/IaaS 제공자에서 이르기까지 수많은 API를 사용할 수 있다. 특히 PaaS/IaaS 제공자는 VM을 프로비저닝해 데이터베이스 인스턴스를 만드는 기능부터 Watson, AWS AI, Azure ML과 같은 AI 서비스에 이르기까지 모든 기능을 API로 제공한다.

▌ API 게이트웨이의 역할

API 게이트웨이는 내부 서버로 리디렉션하기 전에 들어오는 모든 요청을 처리하는 단일 인터페이스다. 일반적으로 API 게이트웨이는 다음과 같은 기능을 제공한다.

- 들어오는 트래픽을 제공자의 데이터 센터/클라우드에서 호스팅되는 적절한 서비스로 라우팅한다. 제공자의 데이터 센터/클라우드 내부에서 호스팅하는 다양한 API와 서비스의 노출을 제한하는 역방향 프록시 모델을 제공한다.
- 웹, 모바일 등 모든 유형의 채널에서 들어오는 전체 트래픽을 필터링한다.
- 서비스 사용을 인증하고 기록하는 OAuth 등의 보안 메커니즘을 구현한다.
- 특정 서비스의 트래픽을 조절하고 제한하는 기능을 제공한다.
- 서비스 사용자와 제공자 사이에서 데이터를 변환한다.
- 기반 서비스 제공자에 대응하는 하나 이상의 API를 제공한다. 예를 들면 모바일, 웹, 유료 및 무료 서비스 등 다양한 유형의 사용자가 있는 경우에는 기본

서비스를 여러 개의 사용자 지정 API로 나눠서 사용자가 필요한 기능만 보게
한다.

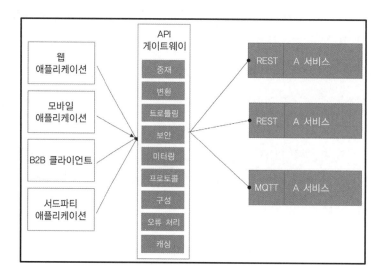

API 게이트웨이의 장점

API 게이트웨이를 사용하면 다음과 같은 장점이 있다.

- **관심사 분리:** 애플리케이션 사용자로 서비스를 이용하는 사용자와 마이크로서
  비스 제공자를 격리한다. 이를 바탕으로 애플리케이션 계층과 서비스 요청
  클라이언트를 분리할 수 있다.
- **고객 중심:** API 게이트웨이는 수많은 API와 마이크로서비스의 통합 허브를
  제공한다. 따라서 사용자는 서비스가 호스팅되는 위치를 찾거나 서비스 요청
  제한, 보안 등을 관리하는 대신 API에 집중할 수 있다.
- **API 지향:** 클라이언트 유형과 필요한 프로토콜에 기반을 둔 최적의 API를 제
  공한다.
- **오케스트레이션:** 여러 서비스 호출을 하나의 API 호출로 조정할 수 있는 기능

을 제공해 클라이언트 로직을 단순화한다. 이제 하나의 API 호출로 여러 서비스 호출을 대신할 수 있다. 요청이 줄어들면 호출 오버헤드가 줄어들고 사용자 경험이 전반적으로 향상된다. 따라서 모바일 애플리케이션에는 API 게이트웨이가 필수다.

- **모니터링:** API 게이트웨이는 API 호출을 모니터링할 수 있는 기능을 제공하므로, 기업은 API 호출의 성공 여부와 사용 현황을 평가할 수 있다.

API 게이트웨이에 장점만 있는 것은 아니다. 더 많은 인프라와 구성을 관리해야 하고, 장애 지점과 요청 단절이 더 늘어날 수 있다. 따라서 단점보다 장점이 큰 상황이 아니라면 비즈니스 요구 사항과 장점에 따라 API 게이트웨이의 사용 여부를 자세히 검토해야 한다.

다음 절에서는 API 집합이나 여러 개의 마이크로서비스로 애플리케이션 기능을 분류하는 과정을 살펴보겠다.

▌ 애플리케이션 분리

커다란 패키지에 모든 기능이 묶음으로 들어있는 기존 애플리케이션 개발 모델인 일체형 애플리케이션은 여러 가지 이유로 선호도가 낮아지고 있다. 일체형 애플리케이션은 너무 많은 책임을 떠맡는 기능과 논리로 구성돼 있으며, 결합도가 높고 응집도가 낮은 것이 특징이다. 일부 기능을 나머지 기능이나 로직과 분리하기 어렵기 때문에 일체형 애플리케이션의 재사용성은 낮은 편이다.

일체형 기능을 나누거나 새 애플리케이션을 설계할 때는 서비스 경계를 정의하는 데 초점을 맞출 필요가 있다. 적절한 서비스 경계와 관련된 상호작용을 정의하면 높은 응집도와 낮은 결합도를 가진 모델을 얻을 수 있다.

문제는 애플리케이션을 각각의 서비스로 나누고 서비스 경계를 정의하는 기준이 무엇인가 하는 것이다.

경계가 있는 컨텍스트/도메인 주도 설계

애플리케이션을 설계하려면 비즈니스 도메인을 더 작은 하위 도메인이나 비즈니스 기능으로 세분화해야 한다. 서비스 경계를 정의하려면 비즈니스 엔티티와 그 속성을 신중하게 검토해야 한다. 예를 들어 고객 엔티티에는 고객 주소가 필수일 수 있다. 애플리케이션 컨텍스트 안에서 주소를 유지 관리하는 것은 별도의 활동이라서 처리 또한 별도로 해야 할 수 있다. 마찬가지로 개인화를 위해 고객 선호도나 쇼핑 습관이 필요한 경우에는 개인화 엔진이 이런 속성의 집합에 더 주목한다.

모든 유형의 속성을 가진 고객 서비스를 그대로 사용할 수도 있고, 비즈니스에서 도출된 관점에 따라 분할할 수도 있다. 이런 다른 관점으로 인해 도메인 주도 설계의 일환인 경계가 있는 컨텍스트를 정의하게 된다.

경계가 있는 컨텍스트는 계층을 추가하고 서비스 그룹을 만들 때 유용한 도메인 주도 설계 패러다임의 하나다. 경계가 있는 컨텍스트는 서비스가 하나의 공통된 기능 도메인에 속해 있음을 나타내기 위해 솔루션 스페이스에서 작동한다. 경계가 있는 컨텍스트는 역콘웨이 법칙Inverse Conway's law에 따라 같은 사업부에 속한 한 팀에서 만든다.

- 내부 API 및 서비스 공개
- 이벤트 버스에서 이벤트 생성

경계가 있는 컨텍스트는 서비스 공통의 자체 데이터 저장소를 갖거나 서비스 패러다임별로 데이터 저장소를 쓸 수 있다.

각각의 경계가 있는 컨텍스트는 나름의 수명을 갖고 제품을 형성한다. 팀은 이런 경계가 있는 컨텍스트를 중심으로 구성되며, 서비스의 전체 스택 구현을 전적으로 책임진다. 각 팀은 개발, 테스트, 사용자 경험, 데이터베이스, 배포, 프로젝트 관리 등의 갖가지 기술을 갖춘 다기능 팀이다. 각 제품은 서로 비동기로 통신하는 더 작은 서비스군으로 분할될 수도 있다. 중점을 둬야 하는 것은 기능 세트가 아니라 비즈니스 역량이라는 것을 꼭 기억하자.

이제 비즈니스 역량을 중심으로 서비스를 구축해보자. 서비스에는 비즈니스 데이터와 기능이 있으며, 데이터는 서비스가 전적으로 소유한다.

업스트림 및 다운스트림 서비스 분류

애플리케이션 시스템을 분해하는 또 다른 방법은 업스트림 및 다운스트림 데이터 흐름 모델을 기준으로 하는 것이다. 시스템의 핵심 엔티티를 업스트림 서비스로 구성하고, 업스트림 서비스는 다운스트림 서비스에서 구독하는 이벤트를 발행해 그 기능성을 확대한다. 이는 시스템 분리와 전반적인 비즈니스 민첩성 향상을 목표로 하는데, 이벤트 주도 아키텍처라고도 하는 리액티브와도 잘 연동된다.

핵심 엔티티가 CUSTOMER와 PRODUCT인 전자상거래 애플리케이션을 간략하게 살펴보자. ORDER 서비스는 핵심 엔티티의 고객 및 제품 정보에 의존한다. 우리는 고객에게 RECOMMENDATION 및 PERSONALIZATION 서비스를 제공하는 서비스를 구축하고 있는 상황이다. RECOMMENDATION 및 PERSONALIZATION 서비스는 핵심 엔티티(CUSTOMER, PRODUCT, ORDER)의 데이터에 의존한다. 핵심 엔티티 중 하나가 변경되면 변경한 내용을 발행한다. 이러한 변경 사항은 RECOMMENDATION 및 PERSONALIZATION 서비스가 수신하며, 데이터를 보강해 관련된 서비스를 제공하기 위해 속성을 추가한다. 다음 그림은 다운스트림에 있는 RECOMMENDATION 및 PERSONALIZATION 서비스를 표현하고 있다.

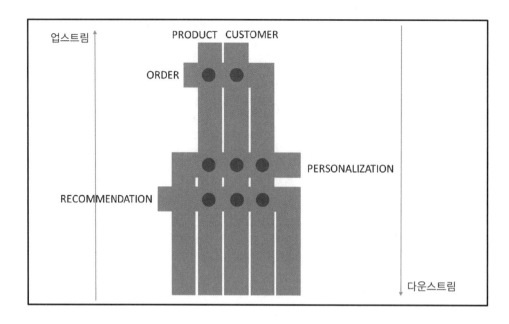

비즈니스 기능을 업스트림 및 다운스트림으로 분류하는 이 모델을 이용하면 서비스 간의 의존 관계를 정의하고 업스트림 서비스가 다운스트림 서비스에 미치는 영향을 조절할 수 있다.

비즈니스 이벤트

시스템이 발전하면서 서비스는 자연스럽게 통합된다. 즉, 서비스가 유사한 데이터 요소에 의존하거나 겹치는 기능이나 보조 기능을 제공한다면 잠재적으로 동일한 경계가 있는 컨텍스트에 편입될 수 있다.

동일한 도메인에서 동작하는 경계가 있는 컨텍스트 안의 서비스는 정확한 동작을 위해 마스터에 의존해야 할 수도 있다. 즉, 마스터 서비스의 데이터 속성 중 일부를 관련된 경계가 있는 컨텍스트 서비스에서 사용할 수 있어야 한다. 예를 들면 앞의 예에서 고객 선호도에 대해 설명했다. 앞으로는 이런 선호도를 고객 위치(주소)에 매핑해야 할 수 있다. 이 경우 고객 선호도 서비스에서 매번 고객 주소 서비스를 호출해 선호도를 입력하거나 관련 속성을 자체 도메인으로 복사할 수 있다. 데이터 중복이 없으면 두 서비스는 긴밀하게 결합되며, 양방향 통신 모델을 사용하게 된다. 이런 긴밀한 결합을 깨려면 고객 선호도 서비스가 이벤트를 이용해 관련 고객 속성을 캐시하거나 복제하게 한다. 이런 비동기식 모델은 서비스 간의 일시적인 결합을 단절시킨다. 고객 주소가 변경될 때마다 서비스는 선호도에 대한 비즈니스 이벤트를 발행한다. 고객 선호도 서비스는 이런 변경 사항을 수신해 고객의 선호도 모델을 업데이트한다.

이런 비동기 모델을 바탕으로 다음과 같은 내용을 확인할 수 있다.

- 데이터의 소유권은 여전히 명확하다. 데이터가 변경되면 이에 의존하는 서비스를 위해 발행된다. 데이터에 의존하는 서비스는 데이터를 저장하거나 복사할 수 있지만, 마스터 복사본이 업데이트되지 않는 한 로컬 복사본을 변경하지 못한다(골든 소스 원칙^{Golder Source Principle}). 데이터에 의존하는 서비스는 필수적이고 기능적으로 관련이 있는 데이터의 하위 집합만 저장한다(필요한 것만 안다 원칙^{Need-to-Know Principle}).
- 비동기 비즈니스 이벤트를 사용해서 서비스 사이의 결합도가 낮다. 핵심 서비스가 변경되면 이벤트가 발생한다. 이벤트는 이에 관심을 갖는 다운스트림에 있는 서비스가 수신한다. 유일한 의존성은 발행된 비즈니스 이벤트의 구성 형식이다.
- 다운스트림 서비스는 결과적 일관성 원칙을 따른다. 모든 비즈니스 이벤트는 나중에 재구성할 수 있게 순차적으로 저장된다(이벤트 소싱/CQRS). 조회 모델은 레코드 시스템과 다를 수 있다.
- 비즈니스 이벤트의 비동기 모델은 오케스트레이션보다는 코레오그래피를 장려하기 때문에 시스템 및 서비스가 느슨하게 결합된다.

팀이 새로운 제품 개발을 시작할 때 경계가 있는 컨텍스트나 서비스 분해의 사전 정의가 불가능할 수 있다. 이런 경우에는 기능을 일련의 서비스로 공개하는 일체형 애플리케이션으로 구축을 시작한다. 팀이 사용자 스토리를 더 많이 구현할수록 느리게 변경되는 부분(일반적으로 핵심 서비스나 엔티티 서비스)과 빠른 속도로 변경되는 기능(일반적으로 경험 서비스나 채널 서비스)을 식별할 수 있다.

팀은 서비스를 경험 서비스와 시스템 서비스의 두 가지 범주로 나눌 수 있다.

시스템 서비스는 엔티티와 상호 관계에 따라 더 그룹화할 수 있으며, 경험 서비스는 고객 여정에 매핑된다. 일반적으로 팀은 주기마다 누적되는 기술적 부채를 정리하기 위해 코드를 정리하고 리팩토링하기 위한 스프린트를 실시한다.

다음 절에서는 서비스를 마이크로서비스로 식별하는 방법을 알아본다.

▌마이크로서비스 식별

마이크로서비스라는 이름이 반드시 서비스의 크기가 작아야 한다는 것을 의미하지는 않는다. 마이크로서비스는 다음과 같은 특징이 있다.

- **단일 책임 원칙:** 마이크로서비스의 핵심 설계 원리다. 마이크로서비스는 하나의 업무만 다루며, 전적으로 담당한다. 결합도가 낮으면 서비스를 수정해서 배포하거나 교체하기가 더 쉬워진다.
- **분류:** 마이크로서비스에는 단일 기능 도메인, 단일 데이터 도메인 및 직접적인 의존성, 자체 패키징, 기술 도메인 등이 포함된다.
- **경계:** 서비스는 같은 팀에서 관리하는 경계가 있는 컨텍스트 내의 리소스에 접근할 수 있어야 하지만, 캐시나 데이터베이스 등의 다른 모듈의 리소스에는 직접 접근해서는 안 된다. 서비스가 다른 모듈에 접근해야 할 때는 내부 API나 서비스 계층을 통해 접근해야 한다. 이렇게 해야 결합도를 낮추고 민첩성을 높일 수 있다.
- **독립적:** 각 마이크로서비스는 독자적으로 개발해 테스트 및 배포된다. 서드파티 라이브러리나 공유 라이브러리를 사용할 수도 있다.

마이크로서비스와 서비스지향 아키텍처의 차이점

마이크로서비스와 서비스지향 아키텍처^{SOA}의 차이점은 다음과 같다.

- 서비스는 업무 단위 전체를 수행한다. 예를 들어 어떤 서비스에서 고객이나 제품 데이터가 필요하다면 이를 그 서비스의 데이터 저장소에 두는 것을 선호한다. 일반적으로 ESB^{Enterprise Service Bus}를 통해 고객 레코드를 얻기 위해서 고객 서비스에 접속하지는 않는다.

- 서비스는 자체 데이터베이스나 경계가 있는 컨텍스트에서만 공유하고 업무 단위 서비스에 필요한 정보를 저장하는 데이터베이스를 가진다.

- 서비스는 스마트 엔드포인트며, 보통 스웨거^{Swagger}나 비슷한 도구를 이용해서 계약 정의와 REST 인터페이스를 공개한다. 다른 부서나 고객이 사용하는 일부 서비스는 API 플랫폼을 통해 공개한다.

서비스 분류

서비스 유형은 다음과 같다.

- **원자^{atomic} 또는 시스템 서비스**: 단위 작업을 수행하고 데이터베이스나 다운스트림 소스만 참조해도 충분히 요청을 처리할 수 있는 서비스

- **복합 또는 프로세스 서비스**: 두 개 이상의 원자 서비스를 조합한 서비스. 일반적으로 복합 마이크로서비스는 비즈니스 사례에서 이미 기존 원자 서비스를 사용하고 있지 않다면 권장하지 않는다. 예를 들어 저축 계좌에서 신용카드 사용 금액을 지불할 때 저축 계좌에서 돈을 인출하는 서비스와 신용카드 계좌로 입금하는 서비스를 모두 호출해야 한다면 복합 마이크로서비스는 상태 관리, 트랜잭션 문제 등의 분산 시나리오 고유의 복잡성을 처리해야 한다.

- **경험 서비스**: 이 서비스는 고객 여정과 연계돼 인프라의 끝에 배치되며, 모바일 및 웹 애플리케이션의 요청을 처리한다. 이런 서비스는 API 게이트웨이

같은 도구를 사용해 역방향 프록시를 통해 노출된다.

▌마이크로서비스 설계 지침

마이크로서비스의 전체적인 개념은 관심사의 분리에 관한 것이다. 이를 위해서는 서로 다른 책임을 지닌 서비스 사이를 논리적이고 구조적으로 분리해야 한다. 다음은 몇 가지 마이크로서비스 설계 지침이다.

이 지침은 허로쿠의 엔지니어가 발표한 클라우드 애플리케이션의 12가지 요소 지침과 일치한다.

- **경량:** 마이크로서비스는 필요 메모리를 줄이고 시작 시간을 단축하기 위해 가벼워야 한다. 경량화하면 MTTR^{Mean Time To Failure, 평균 고장 시간}이 단축되고 더 작은 런타임 인스턴스에 서비스를 배포할 수 있으므로 수평으로 확장할 수 있다. 애플리케이션 서버와 같이 무거운 런타임이 필요한 경우에는 상대적으로 가벼운 Tomcat, Netty, Node.js, Undertow 등의 더 작은 런타임이 훨씬 적합하다. 또한 서비스는 JSON과 같은 가벼운 텍스트 형식이나 Avro, Thrift, Protocol Buffers와 같은 바이너리 형식으로 데이터를 교환해야 한다.
- **리액티브:** 동시 부하가 많거나 응답 시간이 조금 긴 서비스에 적용한다. 일반적인 서버 구현은 명령형 프로그래밍 스타일을 따르기 때문에 스레드를 차단한다. 마이크로서비스는 데이터베이스와 같은 다른 마이크로서비스나 I/O 리소스에 의존할 수 있으므로 스레드 차단은 운영체제의 오버헤드를 증가시킬 수 있다. 리액티브 스타일은 논블로킹 I/O에서 작동하고, 콜백 핸들러를 사용해 이벤트에 반응한다. 이런 방식은 스레드를 차단하지 않으므로 마이크로서비스의 확장성과 부하 처리 능력이 크게 향상된다. MongoDB Reactive Streams Java 등의 데이터베이스 드라이버도 리액티브 패러다임을 지원하기 시작했다.

- **상태 없음**: 상태가 없는 서비스는 서비스가 종료될 때 디스크에 저장할 상태나 시작 시에 활성화할 상태가 없으므로 확장성이 좋고 더 빠르게 시작된다. 또한 서비스를 종료해도 데이터가 손실되지 않으므로 복원력이 뛰어나다. 또한 상태가 없으면 경량화가 쉽다. 상태가 필요해지면 상태를 고속의 키-값 저장소에 저장하거나 분산 캐시에 보관할 수 있다.

- **원자성**: 마이크로서비스의 핵심 설계 원리다. 마이크로서비스는 수정, 테스트, 배포가 쉬워야 하는데, 이 모든 요건을 달성하려면 서비스가 작고 독립적으로 수행할 수 있는 최소 업무 단위를 수행해야 한다. 결합도가 낮으면 서비스를 수정하고 독립적으로 배포할 수 있다. 필요하다면 복합 마이크로서비스를 요구할 수도 있지만, 설계상 제한돼야 한다.

- **외부 구성**: 일반적인 애플리케이션의 속성과 구성은 전통적으로 구성 파일로 관리됐다. 마이크로서비스의 대규모의 다양한 배포 방식을 고려할 때 서비스 규모가 증가함에 따라 이러한 관리 관행은 번거로워지기 시작할 것이다. 따라서 환경별로 계층 구조를 유지 관리할 수 있게 구성 서버로 구성을 외부화하는 것이 좋다. 핫 체인지hot change 같은 기능을 사용하면 한 번에 여러 서비스에 쉽게 반영할 수 있다.

- **일관성**: 서비스는 코딩 표준 및 명명 규칙 지침에 따라 일관된 스타일로 작성해야 한다. 직렬화, REST, 예외 처리, 로깅, 구성, 속성 접근, 미터링, 모니터링, 프로비저닝, 유효성 검사, 데이터 액세스 같은 일반적인 문제는 재사용 가능한 자산, 애노테이션 등을 이용해서 일관되게 수행해서 같은 팀의 다른 개발자가 서비스의 의도와 작동을 쉽게 이해할 수 있게 한다.

- **복원력**: 서비스는 연결성, 런타임 문제 등의 기술적인 이유와 잘못된 입력 같은 비즈니스적인 이유로 발생하는 예외를 처리해야 하며, 중단되면 안 된다. 오류가 신중하게 처리되도록 타임아웃, 서킷 브레이커와 같은 패턴을 사용해야 한다.

- **원격 측정**: JMX API 등을 이용해서 사용 통계, 접근 횟수, 평균 응답 시간

등을 보고해야 한다. 감사 로그, 오류, 비즈니스 이벤트를 표준 규정에 따라 라이브러리를 이용해서 중앙 모니터링 인프라에 발행할 수도 있다. 스프링 액추에이터가 하는 것처럼 상태 점검 인터페이스를 통해 상태를 표시한다.

- **버전 관리:** 마이크로서비스는 모든 클라이언트가 상위 버전으로 전환할 때까지는 다양한 클라이언트를 위한 여러 버전을 지원해야 한다. 따라서 배포본과 URL은 시맨틱 버전^{Semantic versioning}, 즉 X.X.X의 형식을 지원해야 한다.

또한 마이크로서비스는 다음과 같이 엔터프라이즈 수준에서 일반적으로 구축되는 추가 기능을 활용해야 한다.

- **동적 서비스 레지스트리:** 마이크로서비스는 시작할 때 자신을 서비스 레지스트리에 등록한다.
- **로그 집계:** 마이크로서비스가 생성한 로그는 중앙 분석 및 문제 해결을 위해 집계할 수 있다. 로그 집계는 별도의 인프라며, 보통 비동기 모델로 구축된다. Splunk, ELK Stack 등의 제품을 Kafka 같은 이벤트 스트림과 함께 로그 집계 시스템을 구축하고 배포하는 데 사용한다.
- **외부 구성:** 마이크로서비스는 컨설, 주키퍼 같은 외부 구성에서 매개변수와 속성을 가져와 초기화하고 실행할 수 있다.
- **프로비저닝 및 오토 스케일링:** PaaS 환경에서는 부하의 증가, 일부 서비스의 실패나 응답 시간을 초과하는 등의 인스턴스를 추가로 시작해야 하는 경우에는 서비스를 자동으로 시작한다.
- **API 게이트웨이:** 마이크로서비스 인터페이스는 추상화, 보안, 서비스 조절, 서비스 집계를 제공하는 API 게이트웨이를 통해 클라이언트나 다른 부서에 노출될 수 있다.

다른 서비스 설계 지침은 남은 장들에서 서비스를 설계하고 구축하면서 다룰 것이다.

▌디자인 및 배포 패턴

애플리케이션 설계를 시작하려면 다양한 서비스 설계 및 통합 패턴을 알고 있어야
한다.

디자인 패턴

마이크로서비스 디자인 패턴은 해결할 문제에 따라 여러 범주로 분류할 수 있다. 가장
일반적인 범주와 관련 패턴은 다음 절에서 설명한다.

콘텐츠 집계 패턴

마이크로서비스와 경계가 있는 컨텍스트를 사용하면 콘텐츠를 추가로 집계할 필요가
있다. 클라이언트는 여러 도메인이나 비즈니스 영역에 걸쳐 있는 정보가 필요하지만
필요한 콘텐츠를 하나의 서비스에서 제공하지 않을 수 있다. 이런 패턴은 주로 경험
서비스 범주를 식별하고 모델링하는 데 도움이 되며, 적용할 수 있는 집계 패턴은
다양하다.

클라이언트 측 집계

끝단에서의 집계. 웹 브라우저나 적절한 처리가 가능한 사용자 인터페이스에 적용하
며, 다양한 도메인의 콘텐츠를 보여준다. 이 패턴은 일반적으로 다양한 주제 영역을
집계하는 홈 페이지에서 사용한다. 아마존에서 사용해 유명해졌다.

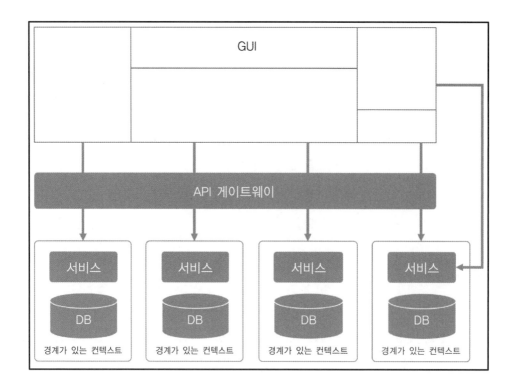

장점

클라이언트 측 집계 패턴을 사용하면 다음과 같은 장점이 있다.

- 서비스 계층과 분리된 접근 방식. 각 개별 서비스의 민첩성과 유지 보수성이 향상된다.
- 화면의 여러 영역을 채울 때는 요청이 병렬로 실행되기 때문에 UI 계층에서의 인식 속도가 더 빠르다. 대역폭이 높아서 데이터를 병렬로 가져올 수 있다면 성능이 더 향상된다.

트레이드오프

클라이언트 측 집계 패턴과 관련된 트레이드오프는 다음과 같다.

- Ajax와 단일 페이지 애플리케이션 등의 사용자 인터페이스를 정교하게 처리

116

할 수 있는 기능이 필요하다.

- 집계에 대한 지식이 UI 계층에 있으므로 유사한 결과물을 데이터셋으로 서드 파티에 제공하려면 따로 집계해야 한다.

API 집계

게이트에서의 집계. 이는 상세한 집계 정보보다는 요청 한 번으로 필요한 데이터 구조를 받길 원하는 모바일이나 서드파티에 적용한다. API 게이트웨이는 이런 집계를 수행하고 클라이언트에 통합 서비스를 공개하게 설계됐다. API 게이트웨이는 집계 서비스의 데이터 섹션에서 표시할 필요가 없는 부분은 콘텐츠 집계 중에 제거할 수 있다.

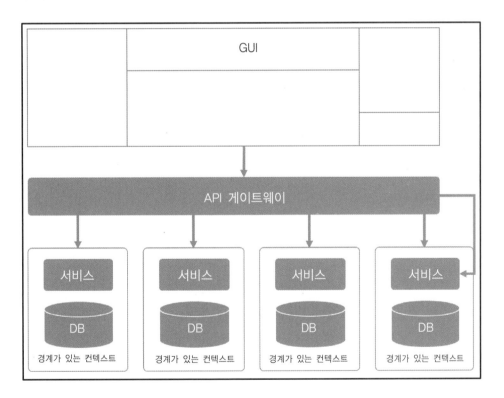

장점

API 집계 패턴을 사용하면 다음과 같은 장점이 있다.

- 개별 서비스의 세부 사항은 API 게이트웨이에 의해 클라이언트에게 추상화된다. 따라서 클라이언트 계층에 영향을 미치지 않고 내부적으로 서비스를 변경할 수 있는 유연성을 제공한다.
- HTTP 요청을 병렬로 실행하기 어려운 대역폭이 제한된 시나리오에 적용하기 좋다.
- 동시에 페이지를 생성할 처리 능력이 부족해서 UI 처리에 제약이 있는 제한된 시나리오에 적용하기 좋다.

트레이드오프

API 집계 패턴과 관련된 트레이드오프는 다음과 같다.

- 대역폭이 충분한 경우에 이 패턴을 사용하면 클라이언트 측 집계 패턴보다 대기 시간이 길다. 이는 API 게이트웨이가 클라이언트에 데이터를 보내기 전에 모든 콘텐츠가 집계되기를 기다리기 때문이다.

마이크로서비스 집계

비즈니스 계층에서의 집계. 이 접근 방식에서 마이크로서비스는 다양하게 구성된 마이크로서비스의 응답을 집계한다. 이 패턴은 데이터를 집계하면서 실시간으로 적용할 비즈니스 로직이 있는 경우에 유용하다. 예를 들면 다양한 비즈니스에서 고객이 보유하고 있는 총 가치를 보여주는 비즈니스 로직이 있다.

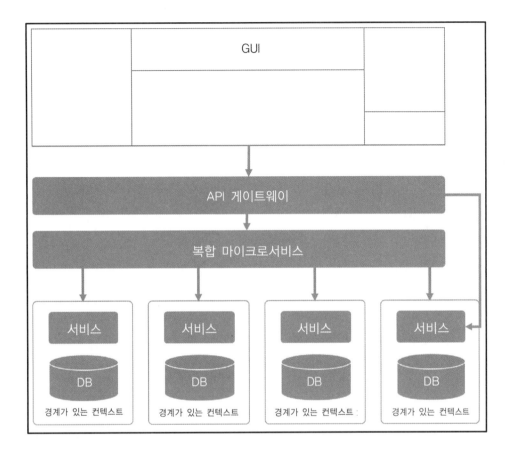

장점

마이크로서비스 집계 패턴을 사용하면 다음과 같은 장점이 있다.

- 집계를 좀 더 세밀하게 제어할 수 있고, 집계 데이터를 기반으로 비즈니스
  논리를 통합할 수 있다. 따라서 좀 더 풍부한 콘텐츠 집계 기능을 제공한다.
- API 게이트웨이의 기능에 대한 의존성이 낮다.

트레이드오프

마이크로서비스 집계 패턴과 관련된 트레이드오프는 다음과 같다.

- 추가 단계로 인해 경로가 추가되기 때문에 대기 시간이 짧고 변환 규칙이 늘어난다.
- 실패나 실수를 범할 가능성이 높다. 마이크로서비스 집계를 병렬로 수행하려면 리액티브나 콜백 메커니즘과 같은 정교한 코드가 필요하다.

데이터베이스 집계

데이터 계층에서의 집계. 이 접근 방식에서 데이터는 일반적으로 운영 데이터 저장소 ODS, Operational Data Store 역할을 하는 문서 데이터베이스로 사전 집계된다. 이 접근 방식은 마이크로서비스로 실시간으로 계산하기는 어려운 집계된 데이터에 대한 추가적인 비즈니스 추론이 있는 시나리오에 유용하며, 분석 엔진에 의한 사전 계산을 할 수 있다.

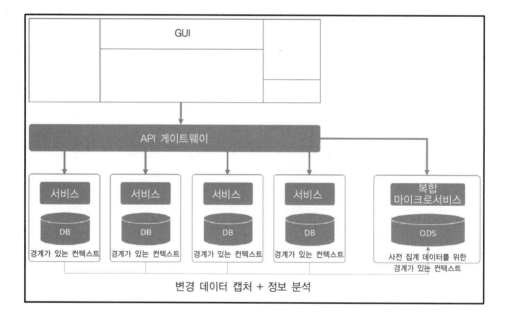

장점

데이터베이스 집계 패턴을 사용하면 다음과 같은 장점이 있다.

120

- 분석 작업으로 데이터를 보완할 수 있다. 예를 들면 ODS에 집계된 고객 포트 폴리오를 기반으로 NBA^{Next-Best-Action} 시나리오를 위한 분석을 추가할 수 있다.
- 이전 접근 방식에 비해 더 유연하고 능력 있으며, 데이터 모델을 좀 더 세밀하게 제어할 수 있다.

트레이드오프

데이터베이스 집계 패턴과 관련된 트레이드오프는 다음과 같다.

- 복잡성이 증가한다.
- 데이터 중복이 발생하고 데이터 저장소가 더 필요하다.
- 레코드 시스템에서 중앙 ODS 저장소로 데이터를 전송하기 위해서 ETL^{추출, 변환, 적재} 혹은 변경 데이터 캡처^{CDC, Change Data Capture} 도구를 추가해야 한다.

조정 패턴

이상적으로는 마이크로서비스는 하나의 업무 단위를 전담해야 한다. 그러나 일부 비즈니스 시나리오에서는 마이크로서비스가 다른 서비스에 의존하거나 함께 구성된다. 예를 들어 저축 계좌에서 인출해서 카드 계좌로 입금하는 신용카드 결제를 수행하려면 인출 및 입금 서비스는 저축 계좌와 신용카드 도메인에 공개돼야 하며, 이들 사이에 조정이 필요하다.

비즈니스 프로세스 관리(BPM)

장기간에 걸친 프로세스를 수반하는 복잡한 조정은 BPM^{Business Process Management}을 이용하면 좋다. 회사에 이미 보유 중인 BPM 제품이 있을 수 있지만, 단순한 2단계 또는 3단계 조정을 위해 BPM을 사용하는 것은 과할 수 있다.

복합 서비스

볼륨이 크고 복잡도는 낮은 업무를 조정하기 위해 복합 서비스를 사용하는 방법을 설명한다. 앞으로 이런 조정 방식을 마이크로 플로우라고 부를 것이다.

복합 서비스를 사용하는 이유

마이크로서비스 아키텍처에서는 애플리케이션 서버에서 실행되는 커다란 일체형 애플리케이션 대신, 더 작고 배포 가능한 단위로 서비스를 정의한다. 따라서 서비스를 좀 더 쉽게 만들 수 있으며, 더 빠르게 변경 및 테스트, 배포할 수 있다. 그러나 이런 방식에는 여러 개의 마이크로서비스와 경계가 있는 컨텍스트에 걸쳐서 마이크로 플로우를 다뤄야 한다는 문제가 있다. 일체형 애플리케이션에서는 이러한 마이크로 플로우를 하나의 배포 유닛에 배포한 두 모듈 간의 단일 트랜잭션으로 처리할 수 있지만, 마이크로서비스 아키텍처는 분산 트랜잭션을 권장하지 않으므로 복합적인 방식을 사용해 마이크로 플로우를 해결해야 한다.

마이크로서비스 조정 기능

복합 서비스는 다음과 같은 기능이 필요하다.

- **상태 관리:** 조정 중인 서비스의 출력 상태를 관리하려면 상태 관리자 컴포넌트가 필요하다. 이런 상태는 서버 측 상태 관리SSM, Server-side State Management가 실패해도 영향을 받지 않는 영구 저장소에 보관해야 하며, 다른 SSM 인스턴스가 상태를 검색해서 중단된 부분부터 시작할 수 있어야 한다.
- **트랜잭션 제어:** 트랜잭션 경계는 마이크로서비스의 영향을 받는다. 단일 트랜잭션에서 두 개의 기능을 두 개의 메소드를 호출해서 수행했다면 마이크로서비스에서는 복합 서비스를 바탕으로 두 개의 개별 서비스를 호출한다. 이 시나리오는 두 가지 방식으로 처리할 수 있다.

- **분산 트랜잭션:** 2단계 커밋 프로토콜을 지원한다. 확장성이 없고 대기 시간과 교착 상태가 증가하며, 이를 지원하는 값 비싼 제품과 인프라가 필요하다. REST나 메시징 프로토콜은 지원하지 않을 수 있다. 이 방식의 장점은 시스템이 항상 일관된 상태를 유지한다는 것이다.
- **보상 트랜잭션:** 이전 트랜잭션으로 롤백하는 대신 기능적으로 역방향 트랜잭션을 실행한다. 결합도가 낮아서 확장성이 좋은 방식이다.

  제품에 대한 기술 요구 사항의 단순화로, 분산 트랜잭션보다는 보상 트랜잭션을 권장한다.
- **서비스 호출 이후의 조정:** 서비스 호출은 함께 구성된 모든 서비스가 성공적으로 작업을 완료하면 성공한다. 복합 서비스를 구성하는 서비스 중 하나가 응답이 없거나 기술 혹은 기능상의 오류로 실패하면 서비스 호출도 실패한다. 복합 서비스는 완료된 서비스의 응답을 취합한 후 다음 단계를 결정한다.
- **타임아웃 처리:** 마이크로 플로우를 시작할 때 타이머를 시작한다. 마이크로 플로우를 시작한 후에 각 서비스가 특정 시간 안에 응답하지 않으면 이벤트를 발행해 이벤트 버스로 보낸다.
- **구성 가능성:** SSM 컴포넌트 인스턴스는 여러 개가 실행돼 다양한 마이크로 플로우를 처리하며, 각 마이크로 플로우별로 서비스 조정, 타이머, 사후 작업은 다를 수 있다. 따라서 타이머, 보상 트랜잭션, 사후 처리 작업 등을 매개변수를 이용해서 구성할 수 있는 프레임워크를 제공하는 것이 중요하다.

조정 모델

복합 서비스의 마이크로 플로우에는 다음과 같은 조정 스타일이 있다.

비동기 병렬 호출

복합 서비스는 비동기로 원자 서비스를 호출한 후 각 서비스의 응답을 기다린다. 서비스 중 하나가 실패하면 그 외의 서비스로 보상 트랜잭션을 보낸다.

이 조정 모델은 EIP^{Enterprise Integration Patterns, 기업 통합 패턴}의 분산기 집합기^{Scatter-Gather}나 복합 메시지 처리기^{Composed Message Processor} 패턴과 유사하다.

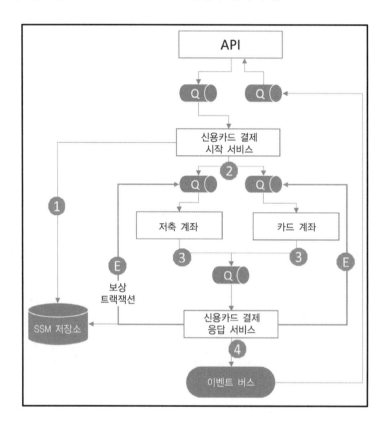

비동기 순차 호출

파이프라인 방식으로 처리하는 경우에 복합 서비스는 순차적으로 원자 서비스에 메시지를 전송한다. 먼저 호출한 서비스가 성공할 때까지 다음 서비스를 호출하지 않고 대기한다. 실패하는 서비스가 있으면 복합 서비스는 앞서 성공한 서비스로 보상 트랜잭션을 보낸다. 이 방식은 EIP의 프로세스 관리자^{Process Manager} 패턴과 유사하다.

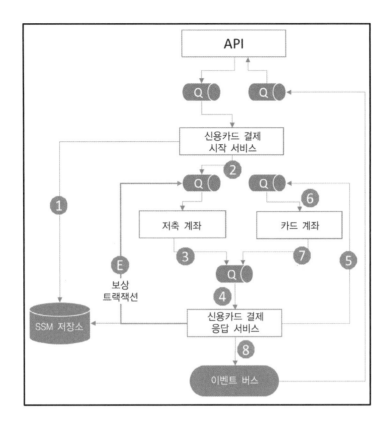

요청/응답을 이용한 오케스트레이션

앞 절과 비슷하지만 비동기 메시징 방식이 아니라 요청/응답을 이용한 동기화 방식이다.

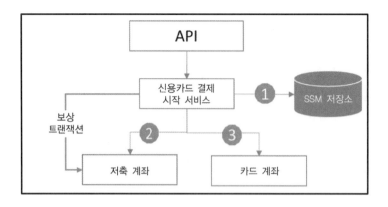

마이크로서비스 축소

복합 서비스와 이를 구성하는 각 마이크로서비스의 결합도가 높은 경우에는 서비스를 축소해 하나의 컴포넌트로 실행한다. 자금 이체 업무를 예로 들면 매개변수로 fromAcc, toAcc, 이체할 금액을 받는 transferFunds 메소드를 계좌 서비스에 만들고, 단일 트랜잭션으로 debit 메소드와 credit 메소드를 호출하게 구현하면 된다. 그러나 이 접근법은 충분히 고려한 후에 선택해야 한다.

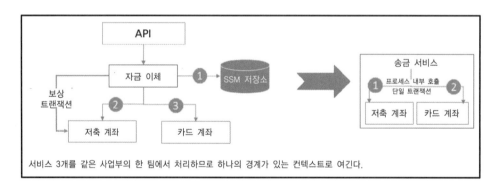

서비스 3개를 같은 사업부의 한 팀에서 처리하므로 하나의 경계가 있는 컨텍스트로 여긴다.

배포 패턴

마이크로서비스는 의존성과 같은 일체형 문제를 해결하면서 개별적인 배포 단위를 사용해 민첩성을 달성하려고 한다. 마이크로서비스는 대상 런타임에 다양한 스타일로 배포할 수 있다. 이 절에서는 서비스 고립도를 높이는 방법과 비용에 대해 살펴보자.

WAR당 서비스 여럿

서비스별로 팀과 코드 기반을 나눠 마이크로서비스 방식으로 개발은 수행하지만 배포
방식은 기본적으로 일체형 방식을 따른다.

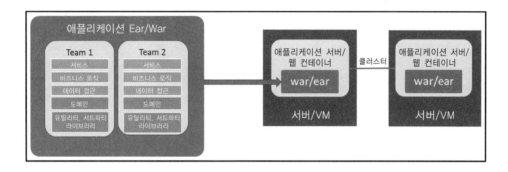

장점과 트레이드오프

완전한 일체형 방식과 비교하면 유일한 장점은 코드 기반이 나뉜다는 것과 공통 코드
에 대한 의존성이 적다는 것이다. 그러나 런타임에서 각 서비스의 기능을 격리하지
못하므로 독립적인 릴리스, 개별적인 서비스 확장, 한 서비스의 문제가 다른 서비스에
미치는 영향을 제한하는 것과 같은 마이크로서비스 아키텍처 모델의 장점은 얻지 못
한다.

적합성

런타임 격리를 제공하지 않기 때문에 이 패턴이 유용한 시나리오는 많지 않지만, 완전
한 격리를 위한 중간 단계일 수는 있다.

WAR/EAR당 서비스

이 모델은 서비스별로 별도의 .war/.ear 파일을 만들 수 있게 빌드 프로세스를 나눈다. 하지만 결국은 같은 웹 컨테이너나 애플리케이션 서버에 배포한다.

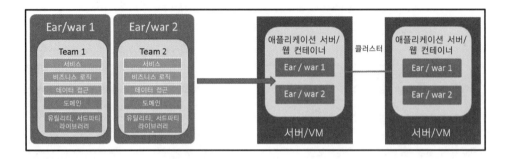

장점과 트레이드오프

이 스타일은 각 서비스의 빌드 프로세스를 나눠서 배포 가능한 단위로 만들기 때문에 한층 더 격리됐다고 할 수 있다. 그러나 같은 웹 컨테이너나 애플리케이션 서버에 배포되므로 동일한 프로세스를 공유한다. 따라서 서비스 간의 런타임 격리는 없다.

적합성

일부 팀에서는 일체형 개발에서 사용했던 것과 같은 소프트웨어나 하드웨어를 배포 대상으로 삼아야 하는 제한이 있을 수 있다. 이런 경우 각 팀이 함께 보조를 맞추지 않고 독립적으로 개발할 수는 있겠지만, 기존 운영 인프라에 배포하는 동안에는 다른 팀과 릴리스를 조정해야 하므로 이런 배포 방식이 적합하다.

프로세스당 서비스

이 방식은 앞에서 설명한 팻 JAR 개념을 사용해 배포 단위에 애플리케이션 서버나 웹 컨테이너를 넣는다. 따라서 대상 런타임 환경에 JVM만 있으면 서비스를 실행할 수 있다. 드롭위자드와 스프링 부트 프레임워크는 이런 식의 배포 방식을 권장한다.

또한 2장에서는 이런 배포 단위를 만드는 예제를 살펴봤다.

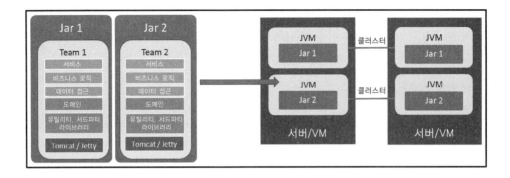

장점과 트레이드오프

프로세스당 서비스 방식의 장점과 트레이드오프는 다음과 같다.

- 이 접근 방식은 서비스가 실행되는 런타임 프로세스를 분리한다는 장점이 있다. 따라서 프로세스 하나에서 메모리 누수나 심각한 예외가 발생해도 어느 정도는 다른 서비스에 영향을 미치지 않도록 각 서비스가 격리된다.
- 이 방식은 기존 하드웨어에 배포한 다른 서비스와 비교하면 더 많은 서비스 배포를 허용하기 때문에 서비스를 선택적으로 확장할 수 있다.
- 특정 유스케이스나 팀의 필요에 따라 다른 애플리케이션 서버나 웹 컨테이너를 사용할 수 있는 선택권을 팀에게 부여한다.
- 어떤 서비스가 다른 서비스의 성능에 영향을 줄 수 있는 CPU, I/O, 메모리 등의 시스템 리소스를 독점하는 것을 막을 수는 없다.
- 이 모델에는 중앙 웹 컨테이너나 애플리케이션 서버가 없기 때문에 운영 팀이 제어할 수 있는 런타임 요소가 줄어든다.
- 이 패턴은 배포 영역의 변동성을 제한하고 분기를 지원하기 위한 풍부한 유스케이스를 갖춘 좋은 관리 방식이 필요하다.

적합성

이 스타일은 기존 운영 인프라를 사용해야 하고, 도커 컨테이너나 VM 구성 환경이
아직 마련되지 않은 팀에 가장 적합하다.

도커 컨테이너당 서비스

이 방식에서는 JVM이 설치된 도커 컨테이너에 팻 JAR 형태로 서비스를 배포한다.
서비스는 리눅스 컨테이너 방식보다 더 높은 단계로 격리된다.

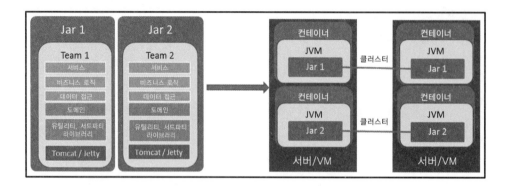

장점과 트레이드오프

도커 컨테이너당 서비스 방식의 장점과 트레이드오프는 다음과 같다.

- 리눅스 컨테이너 기술은 네트워크와 파일에 대한 접근을 격리할 뿐만 아니라
  서비스의 CPU와 메모리 소비를 제한한다. 이는 여러 서비스에 적합한 격리
  수준이다.
- 컨테이너는 이미지를 사용해서 빠르게 시작한다. 따라서 변경되는 요구 사항
  에 대응하기 위한 애플리케이션이나 서비스 이미지 기반의 새 컨테이너를 매
  우 빠르게 생성할 수 있다.
- 컨테이너는 쿠버네티스[Kubernetes], 스웜[Swarm], DC/OS[Data Center Operating System] 등의
  다양한 오케스트레이션 메커니즘으로 오케스트레이션된다. 따라서 전체 애플

리케이션 구성을 잘 정의된 애플리케이션 청사진 기반으로 자동 생성할 수 있다.

- 앞서 설명한 방식과 마찬가지로 컨테이너에서도 다양한 서비스 기술을 실행할 수 있다. 예를 들면 자바 서비스뿐 아니라 Node.js 서비스도 컨테이너 이미지로 OS 수준에서 실행할 수 있으며, 따라서 오케스트레이션 프레임워크에서도 원활하게 실행할 수 있다.
- 컨테이너는 가상 머신에 비해 리소스 요구 사항 측면의 오버헤드가 훨씬 적다. 따라서 가상 머신에서 각 서비스를 실행하는 것보다 비용이 적게 든다.
- 컨테이너는 호스트 시스템의 커널을 재사용한다. 따라서 윈도우나 솔라리스 컨테이너 등 다른 운영체제를 요구하는 서비스는 실행할 수 없다.

적합성

이러한 배포 방식은 격리와 비용의 균형을 잘 유지한다. 따라서 권장할 만한 방식으로 대부분의 서비스 배포에 적합하다.

VM당 서비스

이 방식은 프로세스당 서비스처럼 팻 JAR를 VM에 직접 배포한다. 하지만 이 방식은 VM에 서비스를 하나만 배포하기 때문에 서비스를 다른 서비스와 완전히 격리할 수 있다.

Chef 및 Puppet과 같은 도구를 사용해서 배포를 자동화하는데, 이런 도구로 자바가 설치된 기본 이미지에 애플리케이션 JAR 파일과 기타 유틸리티를 설치하는 일련의 절차를 수행한다.

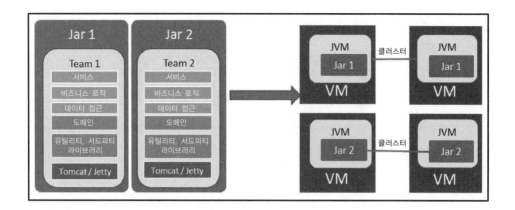

장점과 트레이드오프

VM당 서비스 방식의 장점과 트레이드오프는 다음과 같다.

- 운영체제 수준에서 완전한 격리가 필요한 유스케이스가 있다면 이 방식이 적합하다.
- 이 방식을 사용하면 VM에 리눅스, 윈도우, 솔라리스 등 완전히 다른 운영체제가 필요한 서비스를 섞어서 사용할 수 있다
- 이 방식은 리소스 집약적이며, 게스트 운영체제 구동 시간 때문에 도커 컨테이너당 서비스 방식에 비해서 시작 속도가 느리다.
- 결과적으로 앞서 소개한 다른 방식에 비해 비용 효율성이 떨어진다.

적합성

이 배포 방식은 비용 면에서 부담이 있다. AMI^Amazon Machine Images와 같은 클라우드 이미지 기반 배포에 적합하다.

호스트당 서비스

별도의 물리 호스트에 서비스를 배포해 VM을 위한 하이퍼바이저조차 필요 없는 하드웨어 수준에서 서비스를 격리한다. 물리 호스트로는 마이크로 서버나 특수한 어플라이언스를 사용할 수 있다.

장점과 트레이드오프

호스트당 서비스 방식의 장점과 트레이드오프는 다음과 같다.

- 서비스 유스케이스에 맞게 프로세서, 메모리, I/O 등의 하드웨어를 조정할 수 있다. 인텔은 그래픽 처리, 웹 콘텐츠 서비스 등의 특정 작업에 맞춘 다양한 마이크로 서버를 제공한다.
- 컴포넌트의 밀도를 많이 높일 수 있는 방식이다.
- 이 배포 방식은 하드웨어 수준의 격리나 특수한 하드웨어가 필요한 일부 유스케이스에만 적합하다.
- 성장 중인 기술이라 아직 많은 데이터 센터 클라우드에서 제공하고 있지는 않다. 하지만 이 책이 출판될 때쯤이면 성숙해질 것이다.

적합성

이 배포 방식은 매우 드물게 사용된다. 이렇게 높은 수준의 격리나 특수한 하드웨어를 요구하는 유스케이스는 거의 없기 때문이다. 웹 콘텐츠나 그래픽 처리를 위한 어플라이언스가 이 배포 방식에서 이점을 누릴 수 있는 드물고 특별한 유스케이스다.

배포 패턴

다음과 같이 다양한 서비스 배포 패턴이 있다.

- **팻 JAR**: 2장에서 설명했듯이 팻 JAR 배포본에는 웹 컨테이너가 포함돼 있어

서 개발, 테스트, 운영 환경을 위한 배포 버전을 따로 유지할 필요가 없다.

- **블루/그린 배포:** 이 패턴을 사용하려면 동일한 운영 환경을 두 개 유지해야 한다. 새 배포본은 아직 사용하지 않은 그린 환경에 배포한다. 라우터는 트래픽을 그린 환경으로 보내도록 전환한다. 전환이 문제없이 성공하면 그린 환경이 새로운 운영 환경이 되고 블루 환경은 비활성화된다. 문제가 발생하더라도 트래픽을 재전환하면 되므로 롤백이 쉽다. 이제 다음 배포 주기가 되면 반대로 블루 환경에 배포하며, 이렇게 배포 대상을 바꾸는 방식으로 두 환경을 번갈아 사용한다. 데이터베이스를 업그레이드하는 등의 일부 경우에는 약간의 어려움도 있으며, 비동기 마이크로서비스를 구성할 때는 이 기술을 사용해 마이크로서비스 하나를 배포하거나 입력 대기열이 다른 여러 개의 마이크로서비스를 배포할 수 있다.

- **시멘틱 버전 관리**^{Semantic versioning}**:** 시맨틱 버전 관리는 버전 번호를 붙인 소프트웨어 출시, 기반 코드의 변화에 따른 버전 번호 변경 방식, 특정 버전이 다음 버전으로 넘어갈 때 변경되는 사항에 관한 것이다. 자세한 내용은 http://semver.org/를 참조한다.

- **카나리아 릴리스:** 이 패턴은 적은 수의 사용자에게 변경 사항을 선보일 때 사용하는데, 새로운 서비스를 사용할 고객 그룹을 선별하는 라우팅 논리를 사용한다.

- **불변 서버/불변 전송:** 불변 서버와 불변 전송은 구성 관리 리포지토리로 VM이나 컨테이너 기반의 서버 및 해당 소프트웨어, 애플리케이션을 자동으로 구축하기 위해 사용한다. 빌드 후에는 변경되지 않으며, 어떤 환경에서 다른 환경으로 이동하더라도 변경되지 않는다. 단지 구성 매개변수만 JNDI, 컨설, 깃과 같은 별도의 구성 서버를 거쳐 주입된다. 이렇게 하면 버전 관리 시스템에 기록되지 않은 임시 변경 사항이 운영 환경에 배포되지 않게 방지할 수 있다.

- **기능 켜고 끄기:** 구성 설정에 따라 운영 환경에 배포된 기능을 켜거나 끌 수 있게 한다. 기능 켜고 끄기는 보통 서비스/기능의 최종 사용자에게 보이거나

보이지 않게 프론트엔드나 API 게이트웨이에서 구현한다. 이 패턴은 어두운 시작 기능에 매우 유용하며, 다음 절에서 설명한다.

- **은밀한 개시**: 페이스북에 의해 대중화됐다. 은밀한 개시^{Dark launch}는 예정된 배포 일정 이전에 서비스/기능을 운영 환경에 배포하는 것을 의미한다. 이 패턴을 사용하면 운영 환경에서 통합 지점과 복잡한 서비스를 테스트할 수 있다. 앞서 설명한 카나리아 릴리스와 기능 켜고 끄기 패턴을 사용해 프론트엔드나 API 변경 사항을 테스트할 때 사용한다.

마이크로서비스를 위한 데이터 아키텍처

마이크로서비스의 핵심 설계 철학 중 하나는 데이터 저장소를 관리하는 경계가 있는 컨텍스트와 데이터 저장소를 관리하는 서비스다. 경계가 있는 컨텍스트 내에서 여러 서비스가 공통 데이터 저장소에 접근하거나 서비스별 데이터 저장소 패러다임을 채택할 수도 있다.

실행 중인 서비스 인스턴스가 여러 개인 경우에는 데이터 읽기/업데이트 작업으로 인한 리소스 교착 상태가 발생할 수 있다. 이 문제를 해결하기 위한 방법을 살펴보자.

명령 조회 책임 분리

CQRS^{Command Query Responsibility Segregation, 명령 조회 책임 분리}는 동일한 데이터 저장소를 사용해 시스템을 생성/업데이트하고 조회도 하는 기존 개념에 도전하는 흥미로운 패러다임을 도입하고 있다. 이 방식은 시스템의 상태를 변경하는 명령을 멱등 방식인 조회와 분리하는 것이다. 구체화된 뷰는 이 패턴의 한 예다. 이런 분리를 바탕으로 업데이트 및 조회에 다른 데이터 모델을 사용할 수 있는 유연성도 제공한다. 예를 들어 관계형 모델은 업데이트에 사용하고, 업데이트로 인해 발생한 이벤트는 읽기 작업을 수월하게 하기 위해 캐시나 문서 데이터베이스를 갱신하는 데 사용할 수 있다.

사용자 요청은 시스템 상태를 변경하는 명령과 사용자가 소비하기 위해 시스템의 상태를 가져오는 조회의 두 부분으로 크게 나눌 수 있다. 명령을 처리하기 위해 관련된 시스템은 충분한 비즈니스 데이터를 수집해 레코드 시스템의 각 서비스를 호출하는 명령을 실행한다. 조회의 경우 관련된 시스템은 레코드 시스템을 호출하거나 읽기 작업 부하를 덜기 위해 설계된 로컬 저장소에서 정보를 가져올 수 있다. 이렇게 전략을 분리하면 레코드 시스템의 부하를 줄이고 대기 시간을 줄이는 등 엄청난 이점을 얻을 수 있다.

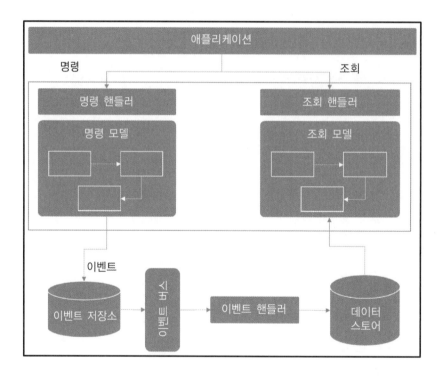

CQRS 패턴을 최신 문서 데이터베이스 및 캐시와 함께 사용하면 레거시 레코드 시스템을 잘 활용할 수 있다. 4장에서는 서비스에 CQRS를 구현하는 방법을 살펴볼 것이다.

데이터 복제

경계가 있는 컨텍스트 내에서는 서비스가 데이터 관리자다. 그러나 다른 서비스에서 데이터 하위 집합이 필요한 경우에는 어떻게 해야 할까? 이와 관련된 몇 가지 질문 및 해결책은 다음과 같다.

- 데이터를 가져오기 위한 서비스 호출
  - 서비스 간 통신량 증가
  - 두 서비스의 결합도가 높아짐
- 다른 경계가 있는 컨텍스트의 데이터 저장소에 직접 접근
  - 경계가 있는 컨텍스트 모델 위반

그렇다면 다른 경계가 있는 컨텍스트에 있는 서비스에서 데이터 하위 집합에 접근하려면 어떻게 해야 할까? 예를 들면 개인화 서비스에서는 고객 서비스에 있는 고객 주소가 필요할 수 있다.

이 경우 가장 좋은 방법은 마스터 도메인에서 데이터를 복제하는 것이다. 필요한 변경 사항은 마스터 도메인에 의해 이벤트로 발행되며, 이런 변경 사항에 관심이 있는 도메인에서 이를 구독한다. 이벤트는 이벤트 버스에서 수신되며, 이벤트 데이터는 복제 데이터 저장소의 변경 사항을 업데이트하는 데 사용된다.

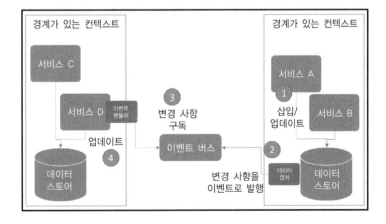

장점

데이터 복제의 장점은 다음과 같다.

- 서비스 경계를 분리한다.
- 데이터가 포함된 비즈니스 이벤트가 서비스 간의 유일한 관계가 된다.
- 고비용의 분산 트랜잭션 모델을 피할 수 있다.
- 시스템의 다른 부분을 방해하지 않으면서 서비스 경계를 변경할 수 있다.
- 서비스 자체 기준에 따라 외부 서비스와의 일관성을 맞출 시점을 결정할 수 있다.
- 서비스 모델에 적합한 기술을 사용해 자체 데이터베이스에 데이터를 저장할 수 있다.
- 스키마/데이터베이스를 유연하게 변경할 수 있다.
- 확장성, 내결함성, 유연성이 크게 향상된다.

단점

데이터 복제의 단점은 다음과 같다.

- 데이터를 대량으로 변경하게 되면 양쪽 끝의 인프라를 좀 더 견고하게 유지해야 하며, 손실된 이벤트를 처리하려면 이벤트 지속성이 필요하다.
- 결과적 일관성 패턴으로 이어진다.
- 시스템이 복잡하고 디버깅이 매우 어렵다.

목적에 맞춘 선택

경계가 있는 컨텍스트 모델을 사용하면 정의된 서비스 인터페이스 또는 API를 통해서만 서비스 데이터를 수정할 수 있다. 즉, 데이터를 저장하는 데 사용하는 실제 스키마나 저장 기술은 API 기능과 관련이 없다. 이런 이유로 각 서비스는 재량껏 용도에 맞는 데이터 저장소를 사용할 수 있다. 특정 비즈니스 요구 사항을 충족하기 위해 검색 기능을 구축하고 인메모리 데이터 저장소를 도입해야 한다면 이를 추진할 수 있다.

서비스 API로 데이터 접근을 관리하므로 데이터 저장소의 선택과 그 구조는 실제 서비스 사용자에게는 중요하지 않다.

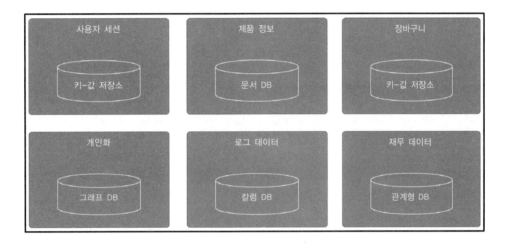

또한 서비스 API 모델은 서비스 계약을 유지하는 동안에는 다른 소비 서비스에 영향을 미치지 않고 유연하게 데이터 저장소 간에 데이터를 이동할 수 있다. 마틴 파울러 Martin Fowler는 이를 폴리글랏 퍼시스턴스polyglot persistence라고 이름 붙였다.

▌ 서비스 보안

마이크로서비스의 확산으로 이러한 서비스의 보안을 관리할 필요가 생겼다. OWASP The Open Web Application Security Project, 오픈 웹 애플리케이션 보안 프로젝트가 발표하는 10가지 웹 취약점 외에도 다음과 같은 몇 가지 보안 문제에 대비해야 한다.

- OAuth 등을 사용해 서비스 호출 전에 서비스를 인증하고 있는가?
- 고객이 승인된 서비스만 호출할 수 있는가? 승인되지 않은 서비스도 호출할 수 있는 건 아닌가?
- 서비스는 요청을 보내는 클라이언트가 누구인지 알고 있는가? 클라이언트 정보는 다운스트림 서비스까지 전달되고 있는가? 다운스트림 서비스에 호출 권한을 확인할 수 있는 메커니즘이 있는가?
- 서비스 간 호출 트래픽은 안전한가? HTTPS를 사용하는가?
- 인증된 사용자로부터 수신된 요청이 변조된 것은 아닌지 확인할 수 있는가?
- 재전송된 요청을 감지하고 거부할 수 있는가?

분산 마이크로서비스 모델에서 보안 위반이 발생하면 서비스 호출자의 권한을 통제하고, 각 호출이 최소한의 데이터만 접근할 수 있게 제한해야 한다. 수많은 마이크로서비스와 이를 지원하는 데이터베이스가 있기 때문에 공격으로부터 보호해야 하는 범위 또한 매우 넓다. 서비스 전반에 걸쳐 서버를 견고하게 하는 것은 네트워크 보안을 위한 중요하고 핵심적인 활동이다. 가장 취약한 프로세스를 분석해서 보안을 강화할 곳을 찾으려면 서비스 접근을 모니터링하고 위협 요소를 모델링하는 것이 매우 중요하다.

▌ 요약

지금까지 클라우드 애플리케이션의 설계 원칙을 설명했다. 3장에서는 API가 유행하는 이유, 일체형 애플리케이션을 분리하는 방법, 다양한 범주의 마이크로서비스 패턴, 마이크로서비스 설계를 위한 데이터 아키텍처 원칙, 마이크로서비스 보안, API 게이트웨이의 역할을 배웠다.

4장에서는 2장에서 만든 예제에 기능을 추가해서 좀 더 운영 환경에 가깝게 만든다. 또한 데이터 접근, 캐싱caching, CQRS 적용, 오류 처리 등을 살펴본다.

04

클라우드 네이티브
애플리케이션 확장

설계 원리를 이해했으니 이제 2장에서 개발한 단순한 서비스를 상용으로 사용 가능한 수준으로 개선해보자.

2장에서는 서비스를 조회하는 두 개의 서비스를 만들었는데, 제품 ID를 받는 getProduct와 카테고리 ID를 받는 getProducts다. 이 두 서비스에는 높은 수준의 비기능적 요구 사항이 있는데, 항상 사용할 수 있어야 하며 데이터가 최대한 지연되지 않아야 한다는 점이다. 이 요구 사항을 만족하기 위해 다음과 같은 단계를 거칠 것이다.

1. **데이터 접근:** 다양한 리소스에 걸친 데이터 접근 서비스
2. **캐싱:** 캐싱 옵션 및 고려 사항
3. **CQRS 적용:** 다양한 데이터 모델을 사용해서 다양한 요청을 처리

4. **오류 처리:** 오류 복구 방법, 오류 코드 반환, 서킷 브레이커 등의 패턴 구현

데이터를 수정하기 위해 사용하는 insert, update, delete 등의 메소드도 살펴보자.
4장에서 다루는 내용은 다음과 같다.

- **유효성 검사:** 처리 전에 데이터가 깨끗한지 확인한다.
- **두 가지 CQRS 모델을 동기화 상태로 유지:** 데이터의 일관성을 유지한다.
- **이벤트 중심의 비동기 업데이트:** 아키텍처를 확장하면서 분산하는 방법을 살펴본다.

▌ 제품 조회 서비스 구현

2장에서 개발한 product 프로젝트를 계속 진행한다. 필요한 개념을 설명하면서 점차
개선해 갈 것이다.

신중하게 두 서비스의 데이터베이스를 검토해보자. getProduct는 제품 정보를 반환
하고, getProducs는 이 카테고리에 속하는 제품 목록을 검색한다. 이런 단순하고 일
반적인 요구 사항은 관계형 데이터베이스의 단일 데이터 모델로 대응할 수 있다.

1. 고정된 수의 칼럼이 있는 제품 테이블에 제품을 저장한다.
2. 카테고리에 대한 쿼리를 빠르게 실행할 수 있게 인덱스를 붙인다.

이런 설계는 중소기업에 필요한 대부분의 요구 사항에 적합하다.

간단한 제품 테이블

표준 관계형 데이터베이스에 있는 제품 테이블에 스프링 데이터Spring Data를 사용한 서
비스로 접근해보자. 스프링 데이터는 JPAJava Persistence API를 사용하기 위한 뛰어난 추

상화를 제공해서 데이터 접근 객체^{DAO, Data Access Object} 코딩이 훨씬 쉬워진다. 스프링 부트는 최소한의 코드로 시작해서 지속적으로 확장할 때 사용하면 유용하다.

스프링 부트는 H2나 HSQLDB 같은 임베디드 데이터베이스 및 외부 데이터베이스와 함께 사용할 수 있다. 인프로세스^{in-process} 임베디드 데이터베이스는 프로세스 안에서 자바 서비스와 같이 시작하고 프로세스가 종료되면 같이 종료된다. 처음에는 임베디드 데이터베이스를 사용하다가 나중에 의존성과 URL을 실제 데이터베이스를 가리키게 변경할 수 있다.

2장에서 만든 프로젝트를 가져와서 다음 단계를 추가하거나, 깃허브(https://github.com/PacktPublishing/Cloud-Native-Applications-in-Java)에서 완성된 코드를 다운로드한다.

1. 메이븐 POM: POM에 의존성 추가

```xml
<dependency>
    <groupId>org.springframework.boot</groupId>
    <artifactId>spring-boot-starter-actuator</artifactId>
</dependency>
<dependency>
    <groupId>org.springframework.cloud</groupId>
    <artifactId>spring-cloud-starter-eureka</artifactId>
</dependency>
<dependency>
    <groupId>org.springframework.cloud</groupId>
    <artifactId>spring-cloud-starter-ribbon</artifactId>
</dependency>
<dependency>
    <groupId>org.springframework.boot</groupId>
    <artifactId>spring-boot-starter-data-jpa</artifactId>
</dependency>
<dependency>
    <groupId>org.hsqldb</groupId>
    <artifactId>hsqldb</artifactId>
    <scope>runtime</scope>
</dependency>
</dependencies>
```

의존성을 추가하면 스프링 부트가 JPA 스타터^{starter}를 추가해서 임베디드 방식으로 HSQLDB를 사용하게 된다.

2. **엔티티:** JPA의 엔티티 개념을 사용해보자. 2장에서 만든 프로젝트에는 이미 **Product**라는 이름의 도메인 객체가 있다. 이 클래스를 엔티티 패키지로 이동

하고, 다음의 Product.java 파일과 같이 @Entity와 @Id, @Column 애노테이션을 추가한다.

```java
package com.mycompany.product.entity ;

import javax.persistence.Column;
import javax.persistence.Entity;
import javax.persistence.GeneratedValue;
import javax.persistence.GenerationType;
import javax.persistence.Id;

@Entity
public class Product {

    @Id
    @GeneratedValue(strategy=GenerationType.AUTO)
    private int id ;
    @Column(nullable = false)
    private String name ;
    @Column(nullable = false)
    private int catId ;
```

생성자와 getter/setter 메소드 등의 다른 코드는 그대로 둔다.

3. **리포지토리**: 스프링 데이터는 DAO 클래스와 비슷한 리포지토리를 제공하는데, 리포지토리는 데이터에 대한 CRUD(생성, 읽기, 업데이트, 삭제) 연산을 수행하는 메소드를 갖고 있다. CrudRepository 인터페이스는 많은 표준 연산을 미리 제공하지만 지금은 쿼리[query] 연산만 사용할 것이다.

도메인 엔티티가 Product이기 때문에 리포지토리는 스프링의 CrudRepository 인터페이스를 확장해서 Product 엔티티를 관리하는 ProductRepository가 된다. 확장할 때는 다음의 ProductRepository.java 파일과 같이 제네릭을 사용해서 엔티티와 기본 키 데이터 유형을 지정해야 한다.

```
package com.mycompany.product.dao;

import java.util.List;
import org.springframework.data.repository.CrudRepository;
import com.mycompany.product.entity.Product;

public interface ProductRepository extends CrudRepository<Product,
Integer> {

    List<Product> findByCatId(int catId);
}
```

인터페이스 정의만 하나 있는 이런 코드가 제대로 작동할지 의심이 생길 것이다. 어떻게 이런 코드로 제품 ID를 받는 getProduct와 카테고리 ID를 받는 getProducts 메소드를 처리할 수 있을까?

스프링 데이터는 기본 코드^{boilerplate code}를 이용해서 마치 마법처럼 문제를 해결한다. CrudRepository 인터페이스는 가장 일반적인 연산을 구현한 기본 메소드 집합을 갖고 있다. 이 메소드 집합은 대부분의 쿼리 및 업데이트 연산을 할 수 있는 save, delete, find, count, exists 메소드를 포함한다. 먼저 쿼리 연산에 중점을 두어 설명하고, 4장의 뒷부분에서 업데이트 연산을 살펴본다.

ID로 제품을 찾는 쿼리는 CrudRepository에서 이미 findOne 메소드로 제공한다. 따라서 명시적으로 선언할 필요가 없다.

카테고리 ID로 해당 카테고리의 제품을 찾는 쿼리는 ProductRepository 인터페이스의 findByCatId 메소드로 수행한다. 스프링 데이터 리포지토리의 인프라에 내장된 쿼리 빌더^{query builder}가 리포지토리의 엔티티를 바탕으로 쿼리를 만드는 데 유용하다. 이 장치는 메소드에서 find, read, query, count, get 등의 접두사를 제거하고 나머지 구문을 엔티티를 기반으로 분석한다. 쿼리 빌더는 매우 강력해서 여러 가지 조합으로 키워드를 선택하는 방식으로 구성하면 메소드 이름으로 연산자(and/or)나 고유^{distinct} 절 등의 쿼리 작업 대부분을 수행하기에 충분하다. 자세한 내용은 스프링 데이터 참조 문서(https://docs. spring.io/spring-data/jpa/docs/current/reference/html/)에서 확인할 수 있다. 이런 규약^{conventions}이 있기 때문에 스프링 데이터와 스프링 부트는 인터페이스 분석^{parsing}을 기반으로 메소드를 구현해서 주입할 수 있다.

4. **서비스 변경**: 2장에서 product 서비스는 그냥 코드에 명시한 값을 반환했다. 이제 앞에서 정의한 ProductRepository 인터페이스를 이용해서 데이터베이스와 연동되는 쓸 만한 서비스로 바꾸자. 다음의 ProductService.java 파일처럼 @Autowired 애노테이션을 사용해서 ProductRepository를 ProductService 클래스에 삽입한다.

```
@RestController
public class

ProductService {
    @Autowired
    ProductRepository prodRepo;
    @RequestMapping("/product/{id}")
    Product getProduct(@PathVariable("id") int id) {
        return prodRepo.findOne(id);
    }
    @RequestMapping("/products")
    List<Product> getProductsForCategory(@RequestParam("id") int id)
    {
        return prodRepo.findByCatId(id);
    }
}
```

리포지토리의 findOne 메소드는 기본 키로 객체를 가져올 때 사용하고, findByCatId 메소드는 특정 카테고리의 제품을 찾을 때 사용한다.

5. **스키마 정의:** 자동 생성한 스크립트로 스키마를 생성하는 하이버네이트^{hibernate} 프레임워크의 기능을 사용한다. 생성된 스크립트를 보기 위해서 다음과 같이 application.properties 파일에서 특정 클래스의 로그를 활성화한다.

```
logging.level.org.hibernate.tool.hbm2ddl=DEBUG
logging.level.org.hibernate.SQL=DEBUG
```

6. 테스트 데이터: 제품 데이터는 나중에 넣을 거라서 몇 개의 제품 정보로 데이터베이스를 초기화한다. 이를 위해 application.properties와 bootstrap.yml 파일이 있는 resources 폴더에 다음과 같은 내용으로 import.sql 파일을 만든다.

```
-- Adding a few initial products
insert into product(id, name, cat_Id) values (1, 'Apples', 1)
insert into product(id, name, cat_Id) values (2, 'Oranges', 1)
insert into product(id, name, cat_Id) values (3, 'Bananas', 1)
insert into product(id, name, cat_Id) values (4, 'Carrot', 2)
```

7. 이제 스프링 데이터와 스프링 부트가 남은 작업을 처리한다. 상용 애플리케이션을 개발하는 경우라면 연결 URL, 사용자 ID, 비밀번호, 연결 풀 등록 정보 등을 세밀하게 제어해야 한다.

서비스 실행

product 서비스를 실행하려면 다음과 같은 작업을 수행한다.

1. 2장에서 한 것처럼 EurekaApplication 클래스로 유레카 서버를 시작한다. 유레카 서비스는 계속 실행 중인 상태로 둔다.
2. 유레카 서버가 시작되면 product 서비스를 시작한다.

하이버네이트가 생성한 로그를 확인한다. HSQLDB dialect를 기본으로 사용하기 때문에 다음과 같은 Product 테이블 생성 SQL을 생성한 후 실행된다.

```
HHH000227: Running hbm2ddl schema export
drop table product if exists
create table product (id integer generated by default as identity (start
with 1), cat_id integer not null, name varchar(255) not null, primary key (id))
HHH000476: Executing import script '/import.sql'
HHH000230: Schema export complete
```

product 서비스가 시작된 후 브라우저에서 http://localhost:8082/product/1에 접속하면 다음과 같은 결과를 반환한다.

```
{"id":1,"name":"Apples","catId":1}
```

로그를 보면서 백그라운드에서 실행되는 SQL을 관찰한다.

```
select product0_.id as id1_0_0_, product0_.cat_id as cat_id2_0_0_,
product0_.name as name3_0_0_ from product product0_ where product0_.id=?
```

특정 카테고리의 제품을 조회하는 URL(http://localhost:8082/products?id=1)에 접속하면 다음과 같은 값이 반환된다.

```
[{"id":1,"name":"Apples","catId":1}, {"id":2,"name":"Oranges","catId":1},
{"id":3,"name":"Bananas","catId":1}]
```

앞의 조건으로 실행했을 때의 SQL은 다음과 같다.

```
select product0_.id as id1_0_, product0_.cat_id as cat_id2_0_,
```

```
product0_.name as name3_0_ from product product0_ where product0_.cat_id=?
```

조건을 바꿔서 다른 카테고리로 조회(http://localhost:8082/products?id=2)하면 다음과 같은 값이 반환된다.

```
[{"id":4,"name":"Carrot","catId":2}]
```

이제 제품 데이터를 위한 간단한 쿼리 서비스가 완성됐다.

운영 목적으로 Oracle, PostgreSQL, MySQL 등의 표준 데이터베이스를 사용하려면 기능 향상이 필요하다. 쿼리가 더 빨리 실행되게 카테고리 열에 인덱스를 붙이면 좋다.

전통적인 데이터베이스의 한계

다음은 기업의 제품 및 고객이 급속히 늘어나는 상황에서 발생할 수 있는 시나리오다.

- 제품의 증가와 동시 요청을 감당할 수 없기 때문에 관계형 데이터베이스의 확장성 부족이 병목이 된다.
- 제품 구조는 카테고리에 따라 다르기 때문에 고정된 관계형 데이터베이스 스키마로 모델링하기는 어렵다.
- 검색 기준의 범위가 증가한다. 지금은 카테고리별로만 검색하지만 나중에는 제품 설명과 필터 필드, 카테고리 설명별로 검색할 수도 있다.

이런 모든 요구 사항을 하나의 관계형 데이터베이스로 해결할 수 있을까?

몇 가지 설계 기법으로 문제를 해결해보자.

캐싱

데이터의 양과 동시성 관점에서 봤을 때 서비스가 확장되면 데이터베이스는 병목 현상을 일으키기 시작한다. 이런 문제를 해결하기 위해 캐싱 솔루션을 도입하면 이미 캐시에 있는 값에 대해서는 캐시에서 요청을 처리해 직접적인 데이터베이스 요청을 줄일 수 있다.

스프링은 애노테이션을 이용한 캐싱을 지원한다. 이를 이용하면 요청을 직접 처리하거나 검색 메소드를 호출하는 대신 캐시된 값을 반환할 수 있다.

개념적으로 보면 다음 절에서 설명하는 두 가지 유형의 캐시가 있다.

로컬 캐시

로컬 캐시는 서비스와 동일한 JVM에 있다. 따라서 서비스 인스턴스만 접근할 수 있고 서비스 인스턴스가 모든 것을 관리한다.

로컬 캐시에 제품 정보를 보관하게 만들어보자.

스프링 3.1에서 캐시를 채우거나 캐시에 있는 항목을 반환 및 제거하기 위한 자체 표기법이 나왔는데, 그 이후에 나온 JSR 107 JCache에서는 스프링과 다른 표기법을 도입했다. 스프링 4.1 이상 버전에서 이 두 가지 방식을 모두 지원한다.

스프링 표기법을 사용해보자.

1. 캐싱을 활성화하고 캐시할 수 있는 인스턴스를 찾게 스프링 애플리케이션을 변경한다. 한 번만 선언하면 되기 때문에 시작 클래스에서 하는 게 좋다. 메인 클래스에 @EnableCaching 애노테이션을 추가한다.

```
@SpringBootApplication
@EnableDiscoveryClient
@EnableCaching
```

```
public class ProductSpringApp {
```

2. ProductRepository의 카테고리별 제품 조회 메소드에 Cacheable 애노테이션을 추가해서 캐시를 활성화한다. 메소드에 어울리는 캐시 이름을 애노테이션 값으로 넣는다.

```
public interface ProductRepository extends CrudRepository<Product,
Integer> {

    @Cacheable("productsByCategoryCache")
    List<Product> findByCatId(int catId);
}
```

이제 서비스를 다시 시작하고, 브라우저에서 다음과 같이 조회를 실행하면서 로그를 관찰한다.

1. http://localhost:8082/products?id=1
2. http://localhost:8082/products?id=2
3. http://localhost:8082/products?id=1
4. http://localhost:8082/products?id=2

다음의 SQL이 단 두 번만 실행된 것을 확인할 수 있다.

```
select product0_.id as id1_0_, product0_.cat_id as cat_id2_0_,
product0_.name as name3_0_ from product product0_ where product0_.cat_id=?
```

이는 리포지토리가 캐시에서 카테고리 항목을 찾지 못했을 경우에만 findByCatId 메소드를 실행했음을 의미한다.

캐싱 내부 동작

스프링이 캐싱 구현체를 관리하는 등의 많은 문제를 알아서 처리하는 것은 좋지만, 실제 처리 방법을 이해하고 그 한계를 인식하는 것은 중요하다.

내부적으로 캐싱은 캐시 매니저^{cache manager}와 캐시 리졸버^{cache resolver} 등의 내부 클래스로 구현돼 있다. 캐싱 제품이나 프레임 워크가 없으면 스프링은 `ConcurrentHashMap`을 기본으로 사용하며, EHCache와 Guava, Caffeine 등의 많은 로컬 캐시 구현체를 지원한다.

`sync=true` 옵션이나 조건부 캐싱 등의 더 자세한 내용은 스프링 문서(https://docs. spring.io/spring/docs/current/javadoc-api/org/springframework/cache/annotation/ Cacheable.html)를 참조한다.

로컬 캐시의 한계

로드 밸런싱이나 복원력 제공을 위해 둘 이상의 서비스 인스턴스를 실행하는 경우에 로컬 캐시를 사용한다면 `@CachePut`이나 `@CacheEvict` 등의 스프링 애노테이션을 사용하는 각 서비스 인스턴스의 업데이트 내역을 다른 서비스 인스턴스 캐시와 동기화할 수 없다. 따라서 로컬 캐시는 변경되지 않는 정적 데이터에 사용하는 등의 제한적인 경우에만 유용하다.

분산 캐시

Hazelcast나 Gemfire, Coherence 등의 분산 캐시는 네트워크를 지원한다. 분산 캐시의 유형에는 캐시 인스턴스가 서비스 런타임의 일부인 인프로세스 모델^{peer-peer model}과 캐시 요청을 서비스가 아닌 별도의 캐시 전용 인스턴스에서 처리하는 클라이언트-서버 모델^{client-server model}이 있다.

이 예제에서는 매우 가볍지만 강력한 분산 캐싱 솔루션이면서 스프링 부트와 쉽게 통합되는 Hazelcast를 선택했다. 구현 방법은 다음과 같다.

1. 메이븐 POM에 hazelcast-spring 의존성을 추가한다. hazelcast-spring은 앞으로 사용할 Hazelcast 인스턴스를 구성하는 HazelcastCacheManager 클래스를 포함하고 있다.

```xml
<dependency>
    <groupId>org.springframework.boot</groupId>
    <artifactId>spring-boot-starter-cache</artifactId>
</dependency>
<dependency>
    <groupId>com.hazelcast</groupId>
    <artifactId>hazelcast-spring</artifactId>
</dependency>
```

2. Hazelcast는 분산 캐시이기 때문에 대상 객체를 직렬화해야 한다. 따라서 Product 엔티티를 직렬화한다.

```java
public class Product implements Serializable {
```

3. resources 폴더에 다음과 같은 내용으로 hazelcast.xml 파일을 만든다. 다양한 Hazelcast 인스턴스가 서로를 검색 및 동기화할 수 있게 만든 간단한 Hazelcast 구성 파일이다.

```xml
<hazelcast xmlns:xsi="http://www.w3.org/2001/XMLSchema-instance"
    xsi:schemaLocation="http://www.hazelcast.com/schema/config
http://www.hazelcast.com/schema/config/hazelcast-config-3.6.xsd"
    xmlns="http://www.hazelcast.com/schema/config">

    <group>
        <name>ProductCluster</name>
```

```
                <password>letmein</password>
        </group>
        <network>
                <join>
                        <multicast enabled="true"/>
                </join>
        </network>
    </hazelcast>
```

이제 변경한 결과를 테스트해보자. 동작 확인을 위해 제품 서비스 인스턴스를 두 개 실행한다. 포트 번호를 변경하면 인스턴스를 두 개 실행할 수 있다.

1. application.properties 파일에 포트를 8082로 설정한 상태로 서비스를 실행한다.
2. 포트를 8083으로 변경한다.
3. 서비스를 하나 더 시작한다.

서비스 중 하나가 시작되면 다음과 같은 Hazelcast 메시지를 볼 수 있다.

```
Loading 'hazelcast.xml' from classpath.
[LOCAL] [ProductCluster] [3.6.5] Picked Address[169.254.104.186]:5701,
using socket
[169.254.104.186]:5701 [ProductCluster] [3.6.5] Hazelcast 3.6.5 (20160823 -
e4af3d9) starting
Members [1] {
Member [169.254.104.186]:5701 this
}
```

두 번째 서비스가 시작되면 멤버는 2개가 된다.

```
Members [2] {
```

```
    Member [169.254.104.186]:5701
    Member [169.254.104.186]:5702 this
}
```

이제 콘솔 로그를 관찰하면서 브라우저에서 다음의 쿼리를 실행한다.

1. http://localhost:8082/products?id=1

2. http://localhost:8082/products?id=2

3. http://localhost:8082/products?id=1

4. http://localhost:8082/products?id=2

5. http://localhost:8083/products?id=1

6. http://localhost:8083/products?id=2

SQL문은 두 번만 첫 번째 서비스의 디버그 로그에서 나타난다. 다른 네 번은 Hazelcast의 캐시 항목을 가져온다. 앞 절의 로컬 캐시와는 다르게 캐시 항목은 두 인스턴스 간에 동기화된다.

데이터 모델과 서비스를 분리하기 위해 CQRS 적용

분산 캐시는 확장 문제를 해결하는 방법 중 하나지만, 캐시와 데이터베이스 사이의 동기화가 유지되지 않거나 메모리를 추가해야 하는 등의 문제가 발생한다.

또한 캐싱은 CQRS 패러다임으로 전환하기 위한 시작점이다. 3장에서 설명한 CQRS의 개념을 다시 살펴보자.

쿼리와 레코드 시스템(데이터베이스)에 대한 명령이 분리되기 때문에 첫 쿼리 이후의 쿼리에 대한 응답은 모두 캐시에 있는 값으로 하게 되며, 쿼리 모델(캐시)은 나중에 업데이트된다.

더 깔끔한 분리를 위해 CQRS의 다음 단계를 진행해보자. CQRS가 야기하는 복잡성은 다음과 같다.

- 하나가 아닌 두 개 이상의 모델 유지
- 데이터가 변경될 때 모든 모델을 업데이트해서 발생하는 오버헤드
- 서로 다른 모델 간의 일관성 보장

따라서 이 모델은 유스케이스에서 높은 동시성과 민첩성, 대용량을 요구하는 경우에만 사용해야 한다.

관계형 데이터베이스의 구체화된 뷰

구체화된 뷰는 가장 단순한 형식의 CQRS다. 제품과 카테고리에 대한 읽기 요청에 비해 변경 요청이 적게 발생한다고 가정하면 제품 ID를 받는 **getProduct**와 카테고리 ID를 받는 **getProducts**를 지원하는 두 가지 모델을 사용할 수 있다.

getProducts 검색 쿼리는 이 뷰를 이용하지만 기본 키를 기반으로 하는 전통적인 **getProduct**는 일반 테이블에서 데이터를 가져온다. 오라클 등의 구체화된 뷰를 지원하는 데이터베이스를 사용할 때는 적용이 쉽다. 구체화된 뷰가 필요하지만 데이터베이스가 구체화된 뷰를 지원하지 않는 경우에는 트리거나 비즈니스 이벤트와 같은 이벤트 기반 아키텍처를 이용해서 제품 테이블이 업데이트될 때 통계나 요약 테이블을 수동으로 업데이트하는 방식으로 적용할 수 있다.

일래스틱서치와 문서 데이터베이스

유연한 스키마와 강력한 검색 기능, 대용량 처리 등을 지원하기 위해 NoSQL 기술을 이용할 수 있다.

- 다양한 유형의 제품을 서비스하려면 스키마를 유연하게 정의할 수 있는 MongoDB 등의 문서 데이터베이스를 사용할 수 있다.
- 검색 요청을 처리하려면 루씬^Lucene 기반 기술인 일래스틱서치^Elasticsearch가 강력한 인덱싱 기능이 있어서 유용하다.

문서 데이터베이스와 일래스틱서치를 함께 사용하는 이유

다음과 같은 옵션들을 생각해볼 수 있다.

- 일래스틱서치는 보통 상호 보완적인 기술로 사용하며, 마스터 데이터베이스로 사용하지 않는다. 따라서 제품 정보는 신뢰할 수 있는 관계형 데이터베이스나 NoSQL 데이터베이스에서 유지 관리해야 한다.
- MongoDB와 같은 문서 데이터베이스도 색인을 작성할 수 있다. 그러나 성능이나 인덱싱 기능이 일래스틱서치에 비할 바는 아니다.

다음은 전형적으로 일래스틱서치와 문서 데이터베이스가 필요한 경우다. 선택 여부는 유스케이스에 따라 다를 수 있다.

- 유연한 스키마가 필요한 경우
- 확장성이 필요한 대용량 애플리케이션
- 매우 유연한 검색 기능이 필요한 경우

문서 데이터베이스를 이용한 핵심 제품 서비스

REST 인터페이스는 그대로 유지하면서 내부 구현을 관계형 데이터베이스(여기서는 HSQLDB)에서 MongoDB로 변경해보자. HSQLDB처럼 같은 프로세스에서 실행하지 않고, MongoDB를 별도의 서버로 실행한다.

MongoDB에 테스트 데이터 입력

다음과 같이 MongoDB를 다운로드하고 설치한다.

1. MongoDB를 설치한다. MongoDB 웹 사이트(https://www.mongodb.com/)에 있는 플랫폼별 설치 지침을 따르면 쉽게 설치할 수 있다.
2. mongod.exe 파일을 실행해 MongoDB 인스턴스를 시작한다.
3. import.sql 파일과 유사하게 샘플 데이터를 넣은 테스트 파일을 작성하는데, 이번에는 SQL문 대신에 JSON 형식으로 데이터를 넣을 것이다. 다음 내용으로 products.json 파일을 만든다.

```
{"_id":"1","name":"Apples","catId":1}
{"_id":"2","name":"Oranges","catId":1}
{"_id":"3","name":"Bananas","catId":1}
{"_id":"4","name":"Carrot","catId":2}
```

MongoDB의 기본 키 표기법인 _id에 유의한다. _id를 제공하지 않으면 MongoDB는 필드를 ObjectId로 정의해서 자동 생성한다.

4. MongoDB에 샘플 데이터를 넣는다. masterdb 데이터베이스를 생성하고, product 컬렉션으로 데이터를 로드한다.

```
mongoimport --db masterdb --collection product --drop --file
D:/data/mongo/scripts/products.json
```

5. 다음과 같이 use masterdb 명령을 실행한 후 db.product.find() 명령을 실행해서 데이터가 잘 입력됐는지 커맨드라인에서 확인한다.

```
D:\Program Files\MongoDB\Server\3.4\bin>mongo
MongoDB shell version v3.4.1
connecting to: mongodb://127.0.0.1:27017
MongoDB server version: 3.4.1
Server has startup warnings:
2016-12-30T11:03:23.012+0530 I CONTROL  [initandlisten]
2016-12-30T11:03:23.012+0530 I CONTROL  [initandlisten]
2016-12-30T11:03:23.013+0530 I CONTROL  [initandlisten]
2016-12-30T11:03:23.014+0530 I CONTROL  [initandlisten]
> use masterdb
switched to db masterdb
> db.product.find()
{ "_id" : 1, "name" : "Apples", "catId" : 1 }
{ "_id" : 2, "name" : "Oranges", "catId" : 1 }
{ "_id" : 3, "name" : "Bananas", "catId" : 1 }
{ "_id" : 4, "name" : "Carrot", "catId" : 2 }
>
```

product 서비스 만들기

다음과 같이 제품 서비스를 만든다.

1. 깨끗한 상태에서 시작하는 게 좋다. 앞에서 Hazelcast와 HSQLDB를 이용해 만든 프로젝트를 복사하거나 깃허브(https://github.com/PacktPublishing/Cloud-Native-Applications-in-Java)에서 가져온다.

2. 메이븐 POM 파일에 다음과 같이 의존성을 추가한다. 다른 의존성은 이번 예제에는 필요 없으므로 제거한다.

```
<dependencies>
  <dependency>
      <groupId>org.springframework.boot</groupId>
      <artifactId>spring-boot-starter-web</artifactId>
  </dependency>
  <dependency>
      <groupId>org.springframework.boot</groupId>
      <artifactId>spring-boot-starter-actuator</artifactId>
  </dependency>
  <dependency>
      <groupId>org.springframework.cloud</groupId>
      <artifactId>spring-cloud-starter-eureka</artifactId>
```

```
        </dependency>
        <dependency>
            <groupId>org.springframework.boot</groupId>
            <artifactId>spring-boot-starter-data-mongodb</artifactId>
        </dependency>
    </dependencies>
```

3. Product 엔티티에는 @Id 애노테이션이 붙은 필드가 있어야 한다. @Document
   애노테이션을 클래스 레벨에 넣는 것은 선택 사항이지만, 넣지 않으면 첫 입력
   의 성능이 저하된다. 이제 Product.java 파일에 애노테이션을 붙여보자.

```
@Document
public class Product {

    @Id
    private String id ;
    private String name ;
    private int catId ;

    public Product( ) {}

    .... (다른 생성자, getter 및 setter 메소드)
```

id 필드가 int가 아닌 String 형인 것에 유의한다. 관계형 데이터베이스처럼
정수를 증가시키는 방식보다 문자열(GUID)로 ID를 생성하는 방식이 NoSQL
데이터베이스에는 훨씬 낫다. 분산형 데이터베이스라서 안정적인 숫자 증가
가 GUID 생성보다 더 어렵기 때문이다.

4. ProductRepository는 MongoDB에서 제품을 검색할 수 있도록
   MongoRepository를 상속한다. 다음의 ProductRepository.java 파일을 참고
   한다.

160

```
package com.mycompany.product.dao;

import java.util.List;
import org.springframework.data.mongodb.repository.MongoRepository;
import com.mycompany.product.entity.Product;

public interface ProductRepository extends MongoRepository<Product,
String> {

    List<Product> findByCatId(int catId);
}
```

5. application.properties에 속성을 하나 추가해서 서비스가 MongoDB의
   masterdb 데이터베이스에서 데이터를 가져오게 한다. 나중에 서비스를 병렬
   로 실행하고 싶다면 다른 포트에서 실행하는 것이 더 좋을 수 있다.

```
server.port=8085
eureka.instance.leaseRenewalIntervalInSeconds=5
spring.data.mongodb.database=masterdb
```

인터페이스 변경이 없으므로 ProductService 클래스는 변경하지 않는다.

이제 유레카 서버를 시작한 후 product 서비스를 시작하고, 브라우저에서 다음 주소
에 접속한다.

1. http://localhost:8085/products?id=1

2. http://localhost:8085/products?id=2

3. http://localhost:8085/product/1

4. http://localhost:8085/product/2

이전과 똑같은 JSON 결과를 얻을 수 있는 것을 확인하면서 마이크로서비스의 내부
구현 변경 작업을 마무리한다.

서비스 분할

학습 관점에서 간단한 서비스 분할을 구현해보자. 마스터와 검색 모델로 분리할 것인데, 검색 기능은 제품 마스터의 하위 기능으로 간주할 수도 있으므로 별도 서비스로 나눠도 된다.

검색 기능 중 하나인 카테고리별 검색을 위한 **getProducts** 함수는 복잡하고 독립적인 비즈니스 영역이 될 수 있다. 따라서 제품 서비스와 제품 검색 서비스를 따로 분리하는 방안이나 같은 마이크로서비스에 둘을 함께 두는 방안을 다시 생각해 볼 필요가 있다.

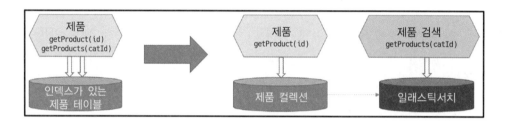

제품 검색 서비스

고속의 대용량 검색에 특화된 새로운 마이크로서비스를 만들어보자. 검색 마이크로서비스를 뒷받침하는 검색 데이터 저장소는 제품 데이터의 마스터일 필요는 없지만, 검색 모델을 보완하는 역할을 할 수 있다. 일래스틱서치는 다양한 검색 유스케이스에 많이 사용되며, 극단적인 검색 요구 사항에도 적합하다.

일래스틱서치와 테스트 데이터 준비

다음과 같이 일래스틱서치와 테스트 데이터를 준비한다.

1. 버전에 신경 써서 일래스틱서치를 설치한다. 5.1 버전은 스프링 데이터와 호환되지 않으므로 2.4.3 버전을 사용한다. 스프링 데이터는 서버와 9300 포트로 통신하는 자바 드라이버를 사용하므로 클라이언트와 서버에서 동일한 버전을 사용해야 한다.

2. products.json과 유사한 샘플 데이터로 테스트 파일을 만든다. MongoDB가 아닌 일래스틱서치를 위한 데이터기 때문에 이전과는 형식이 다르다. 다음 내용으로 products.json 파일을 만든다.

```
{"index":{"_id":"1"}}
{"id":"1","name":"Apples","catId":1}

{"index":{"_id":"2"}}
{"id":"2","name":"Oranges","catId":1}

{"index":{"_id":"3"}}
{"id":"3","name":"Bananas","catId":1}

{"index":{"_id":"4"}}
{"id":"4","name":"Carrot","catId":2}
```

3. Postman 또는 cURL을 사용해서 일래스틱서치의 REST 서비스를 호출해 데이터를 로드한다. Postman의 출력 내용은 다음 스크린샷을 참고한다. 일래스틱서치는 데이터베이스와 동일하게 인덱스가 있으며, **product**를 인덱스 이름으로 지정할 수 있다. 일래스틱서치에는 타입[type] 개념도 있지만 이는 나중에 설명한다.

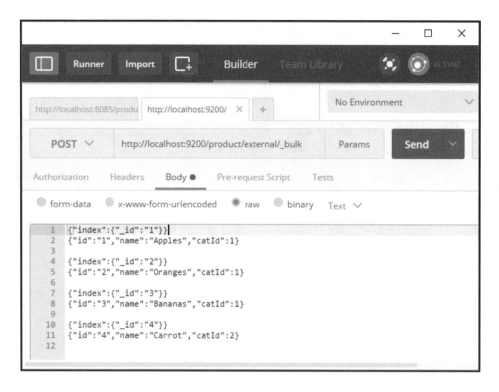

4. Postman이나 브라우저, cURL에서 간단한 * 쿼리를 실행해서 데이터가 로드
   되는지 확인한다.

```
http://localhost:9200/product/_search?q=*&pretty
```

쿼리 결과로 추가된 제품 4개를 볼 수 있어야 한다.

제품 검색 서비스 생성

지금까지 두 가지 데이터베이스를 사용해서 진행해봤기 때문에 익숙한 작업일 것이
다. HSQLDB와 MongoDB로 했던 것과 크게 다르지 않다. Mongo 프로젝트를 복사해
서 제품 검색 서비스를 만들고, 이전과 같이 메이븐 POM과 엔티티, 리포지토리 클래
스, 애플리케이션 속성 등을 변경한다.

1. 앞 두 예제의 메이븐 POM에 있는 spring-boot-starter-data-mongodb나 spring-boot-starter-data-jpa를 spring-boot-starter-data-elasticsearch 로 대체한다.

2. Product 엔티티의 @Document는 이제 일래스틱서치 문서를 나타낸다. 이 일래스틱서치 문서는 테스트 데이터를 로드한 후에 Product.java 파일에 표시된 것과 같은 인덱스^{index}와 타입을 갖게 된다.

```java
package com.mycompany.product.entity ;

import org.springframework.data.annotation.Id;
import org.springframework.data.elasticsearch.annotations.Document;

@Document( indexName = "product", type = "external" )
public class Product {

    @Id
    private String id ;
    private String name ;
    private int catId ;      // 클래스의 나머지는 이전과 동일
```

3. ProductRepository.java 파일에서 볼 수 있듯이 이제 ProductRepository는 ElasticsearchRepository를 상속한다.

```java
package com.mycompany.product.dao;

import java.util.List;
import
org.springframework.data.elasticsearch.repository.ElasticsearchRepository;
import com.mycompany.product.entity.Product;

public interface ProductRepository extends
ElasticsearchRepository<Product, String> {
```

```
    List<Product> findByCatId(int catId);
}
```

4. 일래스틱서치의 서버 모델을 지정하기 위해 application.properties를 변경
한다.

```
server.port=8086
eureka.instance.leaseRenewalIntervalInSeconds=5

spring.data.elasticsearch.repositories.enabled=true
spring.data.elasticsearch.cluster-name=elasticsearch
spring.data.elasticsearch.cluster-nodes=localhost:9300
```

이제 유레카 서버를 시작한 다음에 productsearch 서비스를 시작하고, 브라우저에서
순서대로 다음 주소에 접속한다.

1. http://localhost:8085/products?id=1
2. http://localhost:8085/products?id=2

이전과 똑같은 JSON 결과를 얻을 수 있다. 지금까지 하드 코딩한 2장의 구현에서
시작해 HSQLDB와 MongoDB, 일래스틱서치로 마이크로서비스의 내부 구현을 변경
해봤다. 간단히 요약하면 다음과 같다.

스프링 데이터 프레임워크가 드라이버에 액세스하고 통신하는 대부분의 코드를 추상
화하므로 다음과 같은 작업만 추가로 하면 된다.

1. 메이븐 POM 파일에 의존성을 추가한다.
2. 리포지토리 클래스는 기반 클래스를 상속한다.
3. 엔티티에 애노테이션을 붙인다.
4. application.properties 파일의 속성을 구성한다.

▌데이터 업데이트 서비스

지금까지는 데이터를 얻는 방법에 대해 살펴봤는데, 이제 생성과 업데이트, 삭제 등의 데이터 수정 작업을 살펴보자.

클라우드를 기반으로 한 API는 REST가 일반적이므로, 우리도 REST 메소드로 데이터를 조작해보자.

이 절에서는 앞에서 소개한 Hazelcast와 HSQLDB를 이용한 예제를 사용한다.

REST 규약

GET 메소드는 그다지 고민할 게 없지만 생성, 삽입, 삭제 등의 작업을 위한 메소드를 선택할 때는 몇 가지 고려할 사항이 있다. 여기에서는 업계 지침에 맞춘 관례를 따를 것이다.

URL	HTTP 메소드	서비스 메소드	설명
/product/{id}	GET	getProduct	ID에 해당하는 제품 반환
/product	POST	insertProduct	제품을 삽입하고 새 ID를 반환
/product/{id}	PUT	updateProduct	요청 바디(body) 데이터로 ID에 해당하는 제품 업데이트
/product/{id}	DELETE	deleteProduct	ID에 해당하는 제품 삭제

ProductService 클래스를 구현해보자. getProduct 메소드는 앞에서 이미 구현했으므로 이제 다른 메소드를 추가한다.

제품 삽입

나중에 다룰 유효성 검사 부분을 제외하면 삽입을 위한 REST 인터페이스 구현은 매우 간단하다.

insertProduct 메소드에 HTTP POST 메소드를 매핑하고, 리포지토리에 정의된 save 메소드를 호출하게 코드를 구현한다.

```
@RequestMapping(value="/product", method = RequestMethod.POST)
ResponseEntity<Product> insertProduct(@RequestBody Product product) {
    Product savedProduct = prodRepo.save(product) ;
    return new ResponseEntity<Product>(savedProduct, HttpStatus.OK);
}
```

앞에서 만든 getProduct 메소드와는 약간 다른 점이 있다.

- @RequestMapping에 HTTP POST 메소드를 지정해서 이 URL로 오는 HTTP POST 요청을 insertProduct 메소드에 매핑한다.
- @RequestBody 애노테이션을 이용해 새 제품을 삽입할 때 필요한 제품 세부 정보를 받는다. 스프링이 JSON이나 XML을 Product 클래스로 매핑한다.
- getProduct 메소드처럼 Product 객체를 반환하지 않고 ResponseEntity를 반환한다. 이렇게 하면 REST 아키텍처에서 중요한 HTTP 응답과 헤더를 사용자 정의할 수 있다. 삽입이 성공하면 HTTP OK(200) 응답을 반환해서 클라이언트에게 제품 추가 요청의 성공을 알린다.

테스트

insertProduct 메소드의 테스트 단계는 다음과 같다.

1. 유레카 서버를 시작한 후 8082 포트로 product 서비스를 시작한다.
2. 호출할 때 HTTP 메소드를 사용하고, 응답 바디도 확인해야 하기 때문에 브라

우저 대신 Postman이나 cURL을 사용한다.

3. 새로운 제품 정보를 JSON 형식으로 보내기 때문에 콘텐츠 타입^{content-type}을 application/json으로 설정한다.

4. {"name":"Grapes","catId":1}과 같은 JSON 형식의 제품 정보를 보낸다. 제품 ID는 포함하지 않는다.

5. Send 버튼을 클릭한다. 제품에 대한 응답은 JSON 형식으로 반환되며, ID 값이 채워진 상태다. 이 ID는 리포지토리에서 하부의 데이터베이스와 연계해서 생성한 것이다.

제품 업데이트

POST 대신 **PUT** 메소드를 사용하는데, 업데이트할 제품 ID를 URL 패턴에 추가한다. **POST** 메소드와 마찬가지로 업데이트할 제품의 세부 정보는 @RequestBody 애노테이션을 이용해서 받는다.

```
@RequestMapping(value="/product/{id}", method = RequestMethod.PUT)
ResponseEntity<Product> updateProduct(@PathVariable("id") int id,
```

```
@RequestBody Product product) {
    // 기존 제품을 가져온 다음 수정한다.
    Product existingProduct = prodRepo.findOne(id);
    // 이제 업데이트한다.
    existingProduct.setCatId(product.getCatId());
    existingProduct.setName(product.getName());
    Product savedProduct = prodRepo.save(existingProduct) ;
    // OK 상태 코드와 함께 제품을 반환한다.
    return new ResponseEntity<Product>(savedProduct, HttpStatus.OK);
}
```

구현 내용은 다음과 같다.

1. 리포지토리에서 기존 제품을 검색한다.

2. 비즈니스 로직에 따라 값을 수정한다.

3. 다시 리포지토리에 저장한다.

4. 앞서와 같이 OK 상태 코드와 함께 업데이트된 제품을 반환한다.

사실 마지막 두 단계는 제품 삽입 코드와 똑같다. 제품을 검색하고 수정하는 단계만 추가됐다.

테스트

다음과 같이 updateProduct 메소드를 테스트한다.

1. 제품 삽입을 테스트했을 때처럼 유레카와 ProductService를 재시작한다.

2. 첫 번째 제품의 이름을 Fuji Apples로 변경한다. 따라서 JSON은 {"id":1, "name":"Fuji Apples","catId":1}이 된다.

3. 다음과 같이 Postman으로 PUT 요청을 보내기 위해 준비한다.

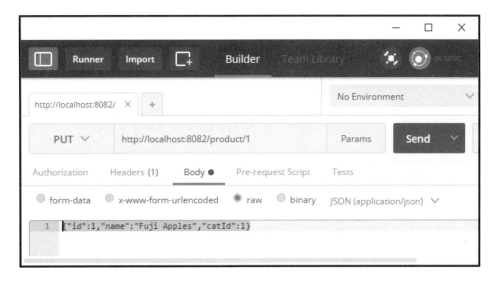

4. Send 버튼을 클릭한다. 200 OK 상태 코드와 함께 다음과 같은 JSON 응답을 받을 것이다.

```
{"id":1,"name":"Fuji Apples","catId":1}
```

5. http://localhost:8082/product/1로 GET 요청을 보내면 apples가 Fuji Apples로 바뀐 것을 확인할 수 있다.

제품 삭제

제품을 삭제하기 위한 매핑 및 구현은 다음과 같다.

```
@RequestMapping(value="/product/{id}", method = RequestMethod.DELETE)
ResponseEntity<Product> deleteProduct(@PathVariable("id") int id) {
    prodRepo.delete(id);
    return new ResponseEntity<Product>(HttpStatus.OK);
}
```

리포지토리의 delete 메소드를 호출한 후 모든 것이 정상이라고 가정하고 OK 상태 코드를 클라이언트에게 반환한다.

테스트

테스트를 위해 Poastman으로 ID가 1인 제품의 DELETE 요청을 보낸다.

200 OK 상태 코드를 응답으로 받는다. 삭제 여부를 실제로 확인하기 위해 같은 제품의 GET 요청을 보내면 빈 응답이 올 것이다.

캐시 무효화

캐시를 채우는 get 작업을 수행한 후 데이터를 업데이트하는 PUT/POST/DELETE 작업이 발생하면 캐시를 업데이트하거나 무효화해야 한다.

앞에서 만든 카테고리 ID에 맞는 제품을 보관하는 캐시는 삽입이나 업데이트, 삭제 API를 사용해서 제품을 추가 및 제거할 때 갱신돼야 한다. 캐시를 업데이트할 방법을 찾아보면 카테고리별로 제품을 가져오는 비즈니스 로직은 데이터베이스에서 WHERE 절을 이용해서 구현된다는 것을 알 수 있다. 따라서 제품을 업데이트할 때 관련된 캐시를 무효화하는 것이 가장 좋다.

일반적으로 캐시는 삽입 및 업데이트보다 읽기 작업이 훨씬 많은 경우에 사용한다.

캐시를 제거^{cache eviction}하려면 ProductRepository 클래스에 메소드를 추가하고 애노테이션을 붙여야한다. 따라서 기존의 findByCatId 메소드 외에 두 개의 새로운 메소드를 인터페이스에 추가하고, 메소드 호출 시 모든 캐시가 제거되도록 애노테이션을 붙인다.

```
public interface ProductRepository extends CrudRepository<Product, Integer> {

    @Cacheable("productsByCategoryCache")
    List<Product> findByCatId(int catId);
    @CacheEvict(cacheNames="productsByCategoryCache", allEntries=true)
    Product save(Product product);
    @CacheEvict(cacheNames="productsByCategoryCache", allEntries=true)
    void delete(Product product);
}
```

앞의 코드가 맞는 해결책이긴 하지만 모든 캐시를 지우기 때문에 효율적이진 않다. 캐시에는 100개 이상의 카테고리가 있을 수도 있기 때문에 삽입이나 업데이트, 삭제되는 제품과 관련 없는 캐시는 지우지 않는 것이 좋다.

머리를 좀 더 써서 동작과 관련된 카테고리 항목만 지우도록 변경해보자.

```
@CacheEvict(cacheNames="productsByCategoryCache", key = "#result?.catId")
Product save(Product product);
@CacheEvict(cacheNames="productsByCategoryCache", key = "#p0.catId")
void delete(Product product);
```

앞의 코드는 스프링 표현 언어^{SpEL, Spring Expression Language}와 CacheEvict 애노테이션에 대해 알고 있어야 이해할 수 있다. 다음을 내용을 참고한다.

   1. key는 지우려는 캐시 항목을 나타낸다.

2. #result는 결과를 나타낸다. catId를 추출해 데이터를 삭제할 때 사용한다.

3. #p0은 메소드를 호출할 때 사용한 첫 번째 인자를 나타내는데, 여기에서는 카테고리 ID(catId)를 가진 삭제할 제품 객체다.

캐시 제거가 제대로 작동하는지 테스트하려면 서비스와 유레카를 시작하고, 다음과 같이 요청을 보낸 후에 결과를 관찰한다.

요청	결과
http://localhost:8082/products?id=1	카테고리 1에 속하는 제품을 가져와서 캐시에 저장한다. 로그에 SQL문이 보일 것이다.
http://localhost:8082/products?id=1	제품을 캐시에서 가져온다. 로그에 SQL문이 보이지 않는다.
application/json을 콘텐츠 타입으로 설정한 후 http://localhost:8082/product에 {"name":"Mango","catId":1}을 POST로 보낸다.	새 제품 Mango를 데이터베이스에 추가한다.
http://localhost:8082/products?id=1	새로 추가된 Mango가 제품 목록에 반영되며, SQL문이 로그에 출력돼서 데이터가 새로 고쳐진 것을 알 수 있다.

유효성 검사와 오류 메시지

지금까지는 매우 안전한 영역에서 문제가 없는 상황만 다뤘다. 그러나 항상 모든 것이 정상적이진 않기 때문에 다음과 같은 상황도 있을 수 있다.

1. 존재하지 않는 제품에 대한 GET, PUT, DELETE 요청

2. 제품 이름이나 카테고리 등의 중요한 정보가 누락된 PUT이나 POST 요청

3. 제품은 기존 카테고리에 속해야 하며, 이름은 10자 이상이어야 한다는 등의 업무상 유효성 검증

4. 정수만 넣을 수 있는 카테고리 ID에 영문을 사용하는 등의 요청 데이터 형식 오류

이런 상황은 일이 꼬이는 경우에 대한 몇 가지 예에 불과하다. 따라서 일이 잘못될 경우를 대비해서 유효성 검사를 수행하고 적절한 오류 코드와 메시지를 반환하는 것은 항상 중요하다.

형식 유효성 검사

요청 시 제출된 요청 바디의 JSON 형식이 잘못되는 등의 형식 오류가 있으면 스프링은 메소드 도달 전에 오류를 발생시킨다.

예를 들어 http://localhost:8082/product에 **POST** 요청을 보내면서 바디에 **{"id":1 "name":"Fuji Apples" "catId":1}**처럼 쉼표를 누락한 경우에는 다음과 같이 요청 형식 오류를 의미하는 **400** 오류를 반환한다.

```
{
    "timestamp": 1483701698917,
    "status": 400,
    "error": "Bad Request",
    "exception":
"org.springframework.http.converter.HttpMessageNotReadableException",
    "message": "Could not read document: Unexpected character ('"' (code34)):
was expecting comma to separate Object entriesn at ...
```

마찬가지로 ID에 숫자 대신 문자를 사용하는 경우에도 오류가 발생한다. 예를 들면 http://localhost:8082/product/A를 호출하면 값 변환에 실패했다는 오류가 발생한다.

데이터 유효성 검사

엔티티 수준에서 허용하지 않아서 발생하는 오류도 있다. 예를 들면 Product 엔티티에 다음과 같은 애노테이션이 붙어 있는데, 제품 이름을 빠뜨린 경우다.

```
@Column(nullable = false)
private String name ;
```

{"id":1, "catId":1}과 같이 요청 바디에서 이름을 빠뜨린 채로 제품을 저장하려고 하면 오류가 발생한다.

서버에서는 500 내부 서버 오류와 함께 다음과 같은 상세 메시지를 반환한다.

```
could not execute statement; SQL [n/a]; constraint [null]; nested exception
is org.hibernate.exception.ConstraintViolationException:
```

이 메시지는 클라이언트에게 반환하기에는 부족하다. 따라서 유효성 검사까지 가기 전에 클라이언트에게 **400** 오류 코드를 반환하는 것이 좋다.

비즈니스 유효성 검사

비즈니스 유효성 검사는 기능이나 비즈니스 유스케이스를 기준으로 수행하기 때문에 보통 코드로 수행한다. 예를 들면 제품을 업데이트하거나 삭제하기 전에 확인하는 비즈니스 유효성 검사는 다음과 같이 간단한 코드를 사용해서 수행한다.

```
@RequestMapping(value="/product/{id}", method = RequestMethod.DELETE)
ResponseEntity<Product> deleteProduct(@PathVariable("id") int id) {
    // 기존 제품을 가져온 다음 삭제한다.
    Product existingProduct = prodRepo.findOne(id);
    if (existingProduct == null) {
        return new ResponseEntity<Product>(HttpStatus.NOT_FOUND);
    }
    prodRepo.delete(existingProduct);
    // OK 상태 코드를 반환한다.
    return new ResponseEntity<Product>(HttpStatus.OK);
}
```

예외 및 오류 메시지

오류가 발생하면 무엇이 잘못됐는지 오류 메시지를 이용해서 알리는 게 우선이다. 잘못된 입력 값으로 요청을 보내거나 비즈니스 유효성 검사를 통과하지 못하는 경우에는 사용자가 무엇이 잘못됐는지 알 수 있게 오류 메시지를 보내야 한다. 예를 들면 앞의 코드에서는 **NOT_FOUND** 상태 코드를 반환하지만, 그 외의 세부 정보를 제공하지 않고 있다.

스프링은 오류를 처리하기 위해 `ExceptionHandler`와 `ControllerAdvice` 같은 흥미로운 애노테이션을 제공한다. 이런 애노테이션이 어떻게 작동하는지 살펴보자.

앞에서 만든 서비스 메소드는 HTTP 코드를 전송하도록 ResponseEntity를 직접 사용했는데, ResponseEntity 대신에 Product와 같은 비즈니스 객체를 반환하도록 변경해 POJO를 사용하는 방식으로 전환할 것이다. 앞에서 설명한 deleteProduct 메소드를 다음과 같이 변경하자.

```
@RequestMapping(value="/product/{id}", method = RequestMethod.DELETE)
Product deleteProduct(@PathVariable("id") int id) {
    // 기존 제품을 가져온 다음 삭제한다.
    Product existingProduct = prodRepo.findOne(id);
    if (existingProduct == null) {
        String errMsg = "Product Not found with code " + id ;
        throw new BadRequestException(BadRequestException.ID_NOT_FOUND,
errMsg);
    }
    // 삭제한 제품을 반환한다.
    prodRepo.delete(existingProduct);
    return existingProduct ;
}
```

코드의 변경 내역은 다음과 같다.

1. ResponseEntity 대신 Product를 반환한다. 오류 코드의 처리와 응답은 외부에서 처리된다.
2. 요청이 잘못된 것을 알리기 위해 런타임 예외$^{runtime\ exception}$를 상속한 예외를 던진다.

BadRequestException은 RuntimeException 클래스를 상속해서 오류 코드를 추가한 클래스다.

```
public class BadRequestException extends RuntimeException {
```

```
public static final int ID_NOT_FOUND = 1 ;
private static final long serialVersionUID = 1L;
int errCode ;
public BadRequestException(int errCode, String msg) {
    super(msg);
    this.errCode = errCode ;
}
}
```

제품 삭제를 실행하면 **404 Not Found** 상태 코드뿐만 아니라 무엇이 잘못됐는지 알
수 있는 적절한 메시지가 표시된다.

요청을 전송하고 오류를 받은 내역은 다음 스크린샷을 참고한다.

그런데 500 오류를 보내고 오류 내역을 로그에서 보는 건 깔끔한 방식이 아니다. 500 오류 코드를 보낸다는 것은 오류 처리가 미흡하고 여기저기에서 스택 트레이스^{stack trace}를 던진다는 것을 의미한다.

따라서 오류를 잡아 처리할 필요가 있다. 스프링은 서비스에서 사용할 수 있는 @ExceptionHandler를 제공하는데, 메소드에 이 애노테이션을 붙이면 스프링은 오류 처리를 위해 이 메소드를 호출한다.

```
@ExceptionHandler(BadRequestException.class)
void handleBadRequests(BadRequestException bre, HttpServletResponse
response) throws IOException {
    int respCode = (bre.errCode == BadRequestException.ID_NOT_FOUND) ?
        HttpStatus.NOT_FOUND.value() : HttpStatus.BAD_REQUEST.value();
    response.sendError(respCode, bre.errCode + ":" + bre.getMessage());
}
```

이제 서비스를 재실행하고 존재하지 않는 제품 ID로 DELETE 메소드를 호출한다. 오류 코드가 좀 더 명확하고 깔끔해진 것을 볼 수 있다.

```
{
    "timestamp": 1483780958138,
    "status": 404,
    "error": "Not Found",
    "exception": "com.mycompany.product.exception.BadRequestException",
    "message": "1:Product Not found with code 156",
    "path": "/product/156"
}
```

모든 서비스가 BadRequestException을 던지는 패턴을 따르고 올바른 오류 코드를 반환하게 하려면 어떻게 해야 할까? 스프링은 ControllerAdvice 애노테이션을 제공하는데, 이 애노테이션을 클래스에 적용하면 범위 안의 모든 서비스에 이 클래스의 예외 처리 메소드가 적용된다.

다음과 같이 exception 패키지에 새 클래스를 만든다.

180

```
@ControllerAdvice
public class GlobalControllerExceptionHandler {

    @ExceptionHandler(BadRequestException.class)
    void handleBadRequests(BadRequestException bre, HttpServletResponse
response) throws IOException {
        ... 이전과 같은 코드 ...
    }
}
```

이렇게 하면 전체 서비스에서 예외를 일관되게 처리할 수 있다.

CQRS 패턴의 데이터 업데이트 구현

3장에서 설명했듯이 CQRS 패턴은 명령과 쿼리를 별도로 처리하기 위한 데이터 모델에 효율적이고 적합하다. 우리는 MongoDB를 이용해서 트랜잭션을 보장하면서 명령 패턴을 처리할 수 있게 유연한 문서 모델을 만들었고, 일래스틱서치를 이용해서 복잡한 검색 조건을 처리할 수 있는 유연한 쿼리 모델을 만들었다.

이 패턴을 사용하면 의도한 쿼리 모델과 맞아 쿼리는 쉬워지지만, 다양한 모델의 데이터를 업데이트해야 하는 문제가 있다. 3장에서는 분산 트랜잭션과 발행/구독 메시징 등을 사용해서 모델 간에 업데이트된 정보를 유지하는 몇 가지 메커니즘을 설명했다.

다음 절에서는 메시징과 데이터 업데이트를 위한 비동기 메커니즘을 살펴본다.

비동기 메시징

HTTP/REST는 서비스 실행을 위한 요청/응답 메커니즘을 제공한다. 동기^{synchronous} 방식을 사용하는 경우에 클라이언트는 서비스 처리가 완료되길 기다리거나 중단한 후에 그 결과를 사용한다.

비동기^{asynchronous} 방식에서는 클라이언트가 응답을 기다리지 않으며, **실행 후 무시**^{fire} ^{and forget}나 비동기 요청/응답이라는 두 가지 시나리오를 사용할 수 있다.

실행 후 무시 방식에서는 클라이언트가 명령이나 요청을 다운스트림^{downstream} 서비스로 보낸 후에 응답할 필요가 없다. 보통 어떤 서비스가 요청을 처리한 후 이를 다른 서비스로 보내고 이 서비스는 또 다른 서비스로 보내는 식으로 이어지는 파이프라인 프로세싱^{processing} 아키텍처에서 사용한다.

비동기 요청/응답 방식에서는 클라이언트가 서비스에 요청을 보내기는 하지만 동기 방식과는 달리 응답을 기다리거나 차단하지 않는다. 처리가 완료되면 클라이언트가 응답을 사용할 수 있게 서비스가 클라이언트에게 통지해야 한다.

CQRS 패턴에서는 메시징을 사용해서 업데이트 이벤트를 여러 서비스에 보내서 읽기 모델이나 쿼리 모델을 업데이트할 수 있다.

4장에서는 신뢰할 수 있는 메시징 메커니즘으로 ActiveMQ를 사용한다.

ActiveMQ 시작

ActiveMQ의 설정 단계는 다음과 같다.

1. Apache 웹 사이트(http://activemq.apache.org/)에서 ActiveMQ를 다운로드한다.
2. 폴더에 압축을 푼다.
3. 커맨드라인에서 bin 폴더로 이동한다.
4. `activemq start` 명령을 실행한다.

웹 콘솔(http://localhost:8161/admin)에 접속해서 `admin/admin`으로 로그인하면 메시지를 보거나 ActiveMQ를 관리할 수 있다. UI는 다음과 같다.

토픽 생성

topic 링크를 클릭하고 ProductT라는 이름의 토픽을 만든다. 토픽 이름은 익숙한 명명 규칙을 따라도 상관없다. 이 토픽은 제품에 관한 모든 업데이트 내역을 가져온다. 업데이트 내역은 로컬 데이터 모델을 최신 상태로 유지하는 등의 다양한 하부 처리를 위해 사용할 수 있다. 토픽을 만들면 웹 콘솔의 토픽 목록에 다음과 같이 나타나는데, 나머지 두 토픽은 ActiveMQ의 기본 토픽이므로 신경 쓸 필요 없다.

Name ↑	Number Of Consumers	Messages Enqueued	Messages Dequeued	Operations
ActiveMQ.Advisory.MasterBroker	0	1	0	Send To Active Subscribers Active Producers Delete
ActiveMQ.Advisory.Topic	0	1	0	Send To Active Subscribers Active Producers Delete
ProductT	0	0	0	Send To Active Subscribers Active Producers Delete

골든 소스 업데이트

CQRS에 모델이 여럿인 경우에는 이전에 설명한 골든 소스^{golden source} 패턴을 따른다.

1. 하나의 모델(명령 모델)을 골든 소스로 간주한다.
2. 골든 소스를 업데이트하기 전에 모든 유효성 검사를 수행한다.
3. 일관성 없는 업데이트와 실패 상태를 피하기 위해 골든 소스 업데이트는 트랜 잭션 안에서 실행된다. 따라서 업데이트 작업은 자동이다.
4. 업데이트가 완료되면 브로드캐스트^{broadcast} 메시지가 토픽에 추가된다.
5. 토픽에 메시지를 넣는 과정에서 오류가 발생하면 트랜잭션이 롤백되고 클라 이언트에 오류가 전송된다.

우리는 MongoDB와 일래스틱서치를 이용해서 CQRS를 구현했다. MongoDB는 제품 데이터(명령 모델)의 골든 소스며, 일래스틱서치는 검색 관점에서 데이터를 구성한 쿼 리 모델이다.

이제 명령 모델이나 골든 소스를 업데이트해보자.

서비스 메소드

HSQLDB로 구현했을 때는 삽입과 업데이트, 삭제의 세 메소드를 사용했다. 이 메소드를 MongoDB 기반의 프로젝트에 복사해서 이 프로젝트의 서비스 클래스와 HSQLDB 프로젝트의 서비스 클래스가 같게 한다.

HSQLDB 프로젝트에서 만든 예외 클래스와 **ControllerAdvice**도 복사한다. 다음과 같이 HSQLDB 프로젝트와 패키지 구조가 같다.

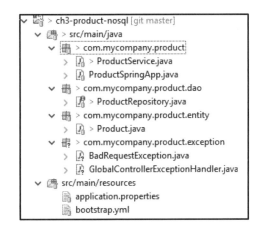

이 프로젝트가 HSQLDB 프로젝트와 다른 점은 MongoDB가 더 나은 네이티브 처리를 지원할 수 있게 ID로 문자열 형을 사용해야 한다는 점이다. 따라서 ID와 관련된 메소드 시그니처에서 ID의 형을 정수형에서 문자열형으로 바꾼다.

MongoDB를 업데이트하는 **PUT** 요청의 구현은 다음과 같다.

```
@RequestMapping(value="/product/{id}", method = RequestMethod.PUT)
Product updateProduct(@PathVariable("id") String id, @RequestBody Product
product) {
```

```
// 기존 제품을 가져온 다음 업데이트한다.
Product existingProduct = prodRepo.findOne(id);
if (existingProduct == null) {
    String errMsg = "Product Not found with code " + id ;
    throw new BadRequestException(BadRequestException.ID_NOT_FOUND,
errMsg);
}
// 이제 제품을 업데이트한 후 반환한다.
existingProduct.setCatId(product.getCatId());
existingProduct.setName(product.getName());
Product savedProduct = prodRepo.save(existingProduct) ;
// 업데이트한 제품을 반환한다.
return savedProduct ;
}
```

이제 get, insert, update, delete 메소드가 제대로 동작하는지 테스트한다.

데이터 업데이트 시 이벤트 발생

삽입이나 삭제, 업데이트 작업이 발생하면 골든 소스 시스템이 변경 사항을 브로드캐스팅해야 하므로 많은 하부 작업이 발생할 수 있는데, 정리하면 다음과 같다.

1. 의존 시스템의 캐시 정리
2. 시스템의 로컬 데이터 모델 업데이트
3. 추가 비즈니스 처리 수행. 예를 들면 새 제품이 나오면 관심을 갖는 고객에게 이메일을 보낸다.

스프링 JMSTemplate을 사용한 메시지 전송

JMSTemplate의 설정 단계는 다음과 같다.

1. POM 파일에 ActiveMQ의 스프링 스타터^{starter}를 추가한다.

```xml
<dependency>
    <groupId>org.springframework.boot</groupId>
    <artifactId>spring-boot-starter-activemq</artifactId>
</dependency>
```

2. 스프링 애플리케이션이 JMS를 지원하도록 다음과 같이 ProductSpringApp.java 파일에 애노테이션을 붙이고 메시지 변환기를 추가한다. 메시지 변환기는 객체를 JSON으로 변환하거나 역으로 변환할 때 사용한다.

```java
@SpringBootApplication
@EnableDiscoveryClient
@EnableJms
public class ProductSpringApp {
```

3. Product와 동작을 캡슐화한 엔티티를 생성해서 다음과 같이 ProductUpdMsg. java에 추가하면 제품 메시지를 받는 클라이언트는 삭제나 삽입, 업데이트 작업에 대해 알 수 있다.

```java
public class ProductUpdMsg {
    Product product ;
    boolean isDelete = false ;
    // 생성자, getter 및 setter 메소드
```

더 다양한 작업이 있다면 isDelete 플래그를 문자열로 된 액션 플래그로 변경해서 용도에 맞게 사용한다.

4. JMS 속성은 application.properties 파일에서 구성한다. pub-sub-domain 속성을 설정하면 큐 대신 토픽을 사용한다. 기본 구성에서는 메시지가 영구적이라는 점에 유의한다.

```
spring.activemq.broker-url=tcp://localhost:61616
jms.ProductTopic=ProductT
spring.jms.pub-sub-domain=true
```

5. 메시지를 보내는 작업을 하는 메시지 생성자^{producer} 컴포넌트를 만든다.

- 이 클래스는 스프링의 JmsMessagingTemplate을 기반으로 한다.

- JacksonJmsMessageConverter를 이용해 객체를 메시지 구조로 변환한다.

ProductMsgProducer.java 파일은 다음과 같다.

```java
@Component
public class ProductMsgProducer {

    @Autowired
    JmsTemplate prodUpdtemplate ;
    @Value("${jms.ProductTopic}")
    private String productTopic ;
    @Bean
    public MessageConverter jacksonJmsMessageConverter() {
        MappingJackson2MessageConverter converter = new
                MappingJackson2MessageConverter();
        converter.setTargetType(MessageType.TEXT);
        converter.setTypeIdPropertyName("_type");
        return converter;
    }
    public void sendUpdate(Product product, boolean isDelete) {
        ProductUpdMsg msg = new ProductUpdMsg(product, isDelete);
        prodUpdtemplate.convertAndSend(productTopic, msg);
    }
}
```

6. 서비스에 프로듀서^{producer}를 선언한 후 삽입, 업데이트, 삭제 작업을 완료하고 응답을 반환하기 전에 호출한다. DELETE 요청을 처리하는 메소드는 다음과 같다.

이 메소드에서는 isDelete 플래그의 값을 true로 설정했다. 이 외의 메소드는 이 플래그를 false로 설정한다.

```
@Autowired
ProductMsgProducer producer;

@RequestMapping(value="/product/{id}", method =
RequestMethod.DELETE)
Product deleteProduct(@PathVariable("id") String id) {
    // 기존 제품을 가져온 다음 삭제한다.
    Product existingProduct = prodRepo.findOne(id);
    if (existingProduct == null) {
        String errMsg = "Product Not found with code " + id ;
        throw new
BadRequestException(BadRequestException.ID_NOT_FOUND, errMsg);
    }
    // 삭제한 제품을 반환한다.
    prodRepo.delete(existingProduct);
    producer.sendUpdate(existingProduct, true);
    return existingProduct ;
}
```

이렇게 하면 메시지가 토픽으로 전송되며, 웹 콘솔의 토픽 섹션에서 볼 수 있다.

쿼리 모델 업데이트

productsearch 프로젝트에서는 일래스틱서치 레코드를 업데이트하기 위한 변경 작업이 필요하다.

삽입, 업데이트, 삭제 메소드

이런 메소드는 MongoDB를 위해 설계한 메소드와는 꽤나 다르다. 다음과 같은 차이점이 있다.

1. MongoDB 메소드는 엄격한 유효성 검사를 수행했지만, 일래스틱서치는 마스터(명령 모델 또는 골든 소스)에서 이미 업데이트된 내용을 쿼리 모델에 반영하므로 유효성 검사가 필요 없다.

2. 쿼리 모델을 업데이트할 때 발생하는 오류는 무시하지 않고 알려야 한다. 오류 처리에 대해서는 앞에서 살펴봤다.

3. 삽입 메소드와 업데이트 메소드를 분리하지 않는다. ProductRepository 클래스의 save 메소드는 두 가지 역할을 한다.

4. 이런 메소드는 메시지 업데이트 방식으로만 호출하고 직접 호출할 일이 없기 때문에 REST HTTP 서비스로 노출할 필요가 없다. 여기에서는 편의상 사용할 뿐이다.

5. product-nosql(MongoDB) 프로젝트에서는 ProductService 클래스에서 ProductMsgProducer 클래스를 호출했다. productsearch-nosql 프로젝트에서는 ProductUpdListener가 서비스 메소드를 호출하는 방식을 사용한다.

변경 사항은 다음과 같다.

1. 메이븐 POM에 ActiveMQ 의존성을 추가한다.

```
<dependency>
    <groupId>org.springframework.boot</groupId>
    <artifactId>spring-boot-starter-activemq</artifactId>
</dependency>
```

2. 애플리케이션 속성 파일에 토픽과 연결 상세 정보를 넣는다.

```
spring.activemq.broker-url=tcp://localhost:61616
jms.ProductTopic=ProductT
spring.jms.pub-sub-domain=true
```

3. Product 서비스는 리포지토리의 insert와 delete 메소드를 호출한다.

```
@PutMapping("/product/{id}")
public void insertUpdateProduct(@RequestBody Product product) {
    prodRepo.save(product) ;
}
@DeleteMapping("/product/{id}")
public void deleteProduct(@RequestBody Product product) {
    prodRepo.delete(product);
}
```

JMS와 관련된 클래스와 변경 사항은 다음과 같다.

1. MongoDB 프로젝트에서 했던 것처럼 ProductSpringApp에 EnableJms 애노테이션을 붙인다.
2. 서비스를 호출하는 ProductUpdListener 클래스를 만든다.

```
@Component
public class ProductUpdListener {

    @Autowired
    ProductService prodService ;
    @JmsListener(destination = "${jms.ProductTopic}", subscription =
"productSearchListener")
    public void receiveMessage(ProductUpdMsg msg) {

        Product product = msg.getProduct() ;
        boolean isDelete = msg.isDelete() ;
        if (isDelete) {
```

```
        prodService.deleteProduct(product);
        System.out.println("deleted " + product.getId());
    } else {
        prodService.insertUpdateProduct(product);
        System.out.println("upserted " + product.getId());
    }
}

@Bean // json으로 메시지 내용 직렬화
public MessageConverter jacksonJmsMessageConverter() {
    MappingJackson2MessageConverter converter = new
            MappingJackson2MessageConverter();
    converter.setTargetType(MessageType.BYTES);
    converter.setTypeIdPropertyName("_type");
    return converter;
}
}
```

CQRS 업데이트 시나리오를 끝까지 테스트

시나리오를 테스트하려면 다음과 같이 진행한다.

1. 앞서 설명한 것처럼 일래스틱서치와 MongoDB, ActiveMQ 등의 서버 프로세스 3개를 실행한다.
2. 유레카 서버를 실행한다.
3. MongoDB(골든 소스, 명령 모델)에 연결된 애플리케이션을 8085 포트로, 일래스틱서치(쿼리 모델)에 연결된 애플리케이션을 8086 포트로 실행한다.
4. 일래스틱서치(http://localhost:8086/products?id=1)에 GET 요청을 보내 테스트한 다음 ID와 설명을 메모해둔다.
5. 이제 Postman으로 8085 포트를 사용하는 골든 소스 애플리케이션에 다음과 같은 요청을 보내 제품 설명을 변경한다.

6. 일래스틱서치(`http://localhost:8086/products?id=1`)에 **GET** 요청을 다시 보낸다. 일래스틱서치의 제품 설명이 업데이트된 것을 확인할 수 있다.

▌ 요약

4장에서는 많은 핵심 개념을 다뤘다. 일반적인 관계형 데이터베이스를 추가해서 저장소로 사용하면서 시작했으며, 로컬 캐시와 분산 캐시인 Hazelcast로 성능을 향상시켰다. 또한 CQRS 패턴을 적용하기 위해 유연한 스키마를 지원하는 MongoDB와 유연한 검색 및 쿼리 기능을 지원하는 일래스틱서치로 관계형 데이터베이스를 대체했다.

`product` 서비스에 삽입, 업데이트, 삭제 작업을 추가하고 관계형 프로젝트에는 필수적인 캐시 무효화 기능을 넣었으며, 입력 값을 검증하고 적절한 오류 메시지를 API에 추가했다. 변경 사항을 브로드캐스트하는 명령 모델 서비스와 변경 사항을 수신해 데이터 모델을 업데이트하는 쿼리 모델 서비스를 사용해서 쿼리 모델이 명령 모델을 통해 최신 상태를 유지할 수 있게 했다.

5장에서는 이런 프로젝트를 런타임 환경에서 사용할 만한 수준으로 강력하게 만드는 방법을 살펴본다.

05

클라우드 네이티브
애플리케이션 테스트

5장에서는 클라우드 네이티브 애플리케이션 테스트에 대해 자세히 설명한다. 테스트 분야는 다양한 테스트 도구와 전략, 패턴을 도입해 수동 테스트에서 자동화된 테스트에 이르기까지 많은 발전이 있었다. 이런 접근 방식의 장점은 안전장치로 사용할 수 있을 만큼 테스트를 자주 수행할 수 있다는 것이며, 이는 클라우드 개발에 있어서 매우 중요하다.

5장에서 다루는 내용은 다음과 같다.

- 행위 주도 개발^{BDD, behavior-driven development} 및 테스트 주도 개발^{TDD, test-driven development}과 같은 테스트 개념
- A/B 테스트, 테스트 더블^{test doubles} 등의 테스트 패턴
- 제이유닛, 큐컴버^{Cucumber}, JaCoCo, 스프링 테스트^{Spring Test} 등의 테스트 도구

- 단위, 통합, 성능, 스트레스 테스트 등의 테스트 유형
- BDD와 통합 테스트의 개념을 2장에서 개발하고 4장에서 개선한 product 서비스에 적용

▌개발 전에 테스트 케이스 작성

2장에서는 스프링 부트로 간단한 서비스를 개발해서 클라우드 개발의 즐거움을 느껴봤다. 그러나 실제 개발 환경에서는 다른 방식의 모범 사례를 따르는 게 좋다.

TDD

프로젝트는 요구 사항을 이해하고 요구 사항을 검증하는 테스트 케이스를 작성하는 것으로 시작한다. 이 시점에서는 코드가 존재하지 않으므로 테스트 케이스는 실패하며, 실패 후에 테스트 케이스를 통과할 수 있는 코드를 작성한다. 이 과정을 비즈니스 기능을 실현하는 데 필요한 테스트 케이스와 코드 구현이 완료될 때까지 반복한다. 켄트 벡[Kent Beck]이 이 주제에 대한 훌륭한 책 『Test Driven Development by Example』을 집필했다.[1] 다음 절에서는 이런 원칙을 바탕으로 4장에서 만든 product 서비스를 재작성할 것인데, 그 전에 또 다른 중요한 개념인 BDD를 살펴보자.

BDD

BDD는 애자일 개발 원칙과 사용자 스토리를 바탕으로 하며, 주어진 특정 상황에 대해서 시스템이 예측 가능한 방식으로 반응하는 일련의 시나리오가 곧 개발이라고 정의한다. 이런 시나리오, 조건, 동작을 비즈니스 조직과 IT 팀 간에 쉽게 이해할 수 있는

---

1. 켄트 벡. 『테스트 주도 개발 한국어판』(인사이트, 2014) - 옮긴이

공통의 언어로 만들 수 있다면 개발할 내용은 좀 더 명확해지고 실수를 줄일 수 있다. 즉, 쉽게 테스트할 수 있는 명세서를 작성할 수 있는 방법이다.

5장의 앞부분에서는 product 서비스에 큐컴버를 사용한 BDD를 적용할 것이다.

▌ 테스트 패턴

클라우드 기반의 대규모 인터넷 애플리케이션의 테스트는 몇 가지 패턴을 이용한 체계적인 접근 방식이 필요하다.

A/B 테스트

스플릿 테스트^{split testing}라고도 하는 A/B 테스트는 원래 동일한 기능을 가진 서로 다른 두 개의 웹 페이지에 대한 일부 사용자의 반응을 보는 실험이다. A/B 테스트는 다른 군과 비교해서 사용자가 호의적으로 응답한 특정 패턴을 선택한다.

이 개념은 새로운 기능을 단계적으로 도입하는 방식으로 확장할 수 있다. 기능이나 캠페인, 레이아웃, 새 서비스 등을 제한된 사용자 계열에만 선보이고 반응을 살피는 것이다.

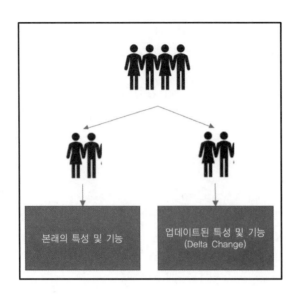

테스트가 끝나면 결과를 집계해서 업데이트된 기능의 효율성을 평가한다.

이런 테스트는 HTTP 302(임시 이동) 상태 코드를 이용해서 선택한 사용자군은 일반 웹 사이트가 아닌 새롭게 설계된 웹 사이트로 전환되게 하는 전략을 사용한다. 이를 위해 테스트 기간 동안 웹 사이트에 변경을 가하거나 기능 서비스를 추가해야 하며, 테스트가 성공적으로 완료되면 점차 더 많은 사용자에게 기능을 확장하고 기본 웹 사이트/코드베이스에 병합한다.

테스트 더블

다른 팀에서 독립적으로 개발 중인 컴포넌트나 API에 의존하는 기능을 테스트할 때는 다음과 같은 문제가 있다.

- 기능을 개발할 때 다른 팀의 컴포넌트가 테스트할 준비가 안 됐을 수 있다.
- 항상 사용하거나 다양한 사례를 테스트하는 데 필요한 데이터를 설정하기 힘들 수 있다.
- 매번 실제 컴포넌트를 사용하면 속도가 느려질 수 있다.

198

따라서 테스트 더블이라는 개념이 인기를 끌게 됐다. 테스트 더블(영화에서의 스턴트 더블과 유사)은 실제 컴포넌트를 대체하기 위해 동작을 모방한 컴포넌트/API다. 테스트 더블 컴포넌트는 의존성이 있거나 외부 프로세스인 실제 컴포넌트와는 다르게 기능을 구축하는 팀의 통제하에 있는 가볍고, 변경하기 쉬운 컴포넌트다.

 더미(Dummy), 페이크(Fake), 테스트 스텁(Test Stubs), 모의 객체(Mocks) 등의 여러 유형의 테스트 더블이 있다.

테스트 스텁

테스트 스텁은 하부 컴포넌트가 테스트 중인 시스템의 동작을 변경하는 응답을 반환할 때 유용하다. 예를 들면 제품 서비스가 제품 서비스의 동작을 결정하는 참조 데이터 서비스를 호출하는 경우다. 참조 데이터 서비스용 테스트 스텁은 제품 서비스의 동작을 변경하기 위한 다양한 응답 유형을 흉내 낼 수 있다.

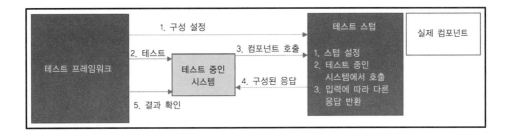

모의 객체

테스트 더블의 다른 유형으로 모의 객체$^{Mock\ object}$가 있다. 모의 객체는 시스템이 어떻게 동작하는지 기록한 다음 검증을 위해 재현한다. 예를 들면 모의 데이터베이스 컴포넌트를 사용해서 캐시 계층에서 응답해야 하는 제품에 대한 호출이 데이터베이스에서 응답이 온 것인지 아닌지 확인할 수 있다.

다음은 모의 객체를 둘러싼 생태계를 보여주는 다이어그램이다.

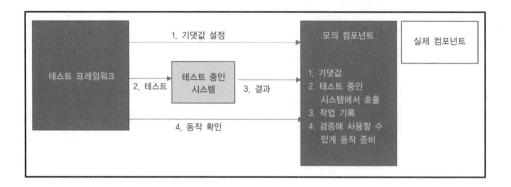

모의 API

클라우드 개발을 할 때는 다른 서비스나 주로 액세스하는 API에 의존하는 서비스를 만든다. 이렇게 직접 테스트하기 어려운 외부 서비스가 있고, 개발을 중단할 수는 없는 상황에서는 모의 서비스나 더미^{dummy} 서비스를 사용하는 것이 유용한 서비스 테스트 패턴이다.

모의 서비스는 실제 서비스의 모든 계약과 행동을 에뮬레이션^{emulation}한다. WireMock. org나 Mockable.io에 있는 API 에뮬레이션과 주요 사례 및 경계 사례, 실패 조건 테스트에 대한 예제를 참고한다.

▌ 테스트 유형

앞으로 다룰 다양한 유형의 테스트는 클라우드 컴퓨팅이 대중화되기 전에 이미 있었다. 지속적인 통합$^{CI, Continuous\ Integration}$과 지속적인 개발$^{CD, Continuous\ Development}$을 중요시하는 애자일 개발 원칙을 따른다면 이러한 유형의 테스트를 자동화해서 코드가 체크인되거나 빌드가 발생할 때마다 실행되도록 하는 게 중요하다.

단위 테스트

단위 테스트의 목적은 각 클래스나 코드 컴포넌트를 테스트하고 예상대로 수행되는지 확인하는 것이다. 자바 단위 테스트 프레임워크로는 제이유닛이 인기 있다.

모의 객체 패턴과 테스트 스텁을 사용하면 테스트 중인 서비스와 의존하는 컴포넌트를 격리해서 테스트 중인 시스템(서비스)의 테스트에 집중할 수 있다.

단위 테스트를 수행할 때 가장 많이 사용하는 도구는 제이유닛이다.

통합 테스트

컴포넌트 테스트의 목적은 product 서비스와 같은 컴포넌트가 예상대로 동작하는지 확인하는 것이다.

spring-boot-test와 같은 컴포넌트는 테스트 묶음^{suite}을 실행하고 전체 컴포넌트의 테스트를 실행하는 데 도움이 된다. 5장에서 실제로 실행해 볼 것이다

부하 테스트

부하 테스트는 테스트 중인 시스템에 대용량의 동시 요청을 일정 기간 보내고 시스템의 응답 시간 및 오류율과 같은 결과를 관찰하는 것이다. 서비스 인스턴스를 추가해서 더 많은 로드를 처리할 수 있다면 시스템을 수평 확장할 수 있다고 말할 수 있다.

부하 테스트 도구로는 제이미터^{JMeter}와 개틀링^{Gatling}이 인기 있다.

회귀 테스트

새로운 기능을 도입하더라도 기존 기능이 깨지면 안 된다. 회귀 테스트를 이용해서 이를 방지한다.

셀레늄^{Selenium}은 회귀 테스트를 수행할 때 많이 사용하는 웹 브라우저 기반의 오픈소스 도구다.

코드 리뷰와 커버리지

코드 리뷰를 자동 코드 리뷰 도구로 보강하면 코드에서 발생할 수 있는 오류의 식별과 코드 커버리지, 모든 경로가 테스트되는지 등을 확인할 수 있다.

나중에 코드 커버리지 도구 JaCoCo를 살펴볼 것이다.

▌ 제품 서비스 테스트

지금까지 배운 테스트 원칙을 앞에서 만든 product 서비스에 적용해보자. 사용자 관점으로 사용자 인수 테스트부터 시작한다.

큐컴버를 이용한 BDD

첫 단계는 제품 서비스의 명세를 다시 상기하는 것이다. 4장에서는 product 서비스에 제품을 가져오는 기능과 제품의 추가, 수정, 삭제 및 제품 카테고리에 속한 제품의 ID 목록을 가져오는 등의 몇 가지 기능을 만들었다.

이제 큐컴버의 기능을 살펴보자.

큐컴버의 특징

큐컴버는 게르킨^{Gherkin}이라는 영어와 비슷한 언어로 동작을 표현한다. 일종의 공용어로, 도메인 기반의 용어를 바탕으로 한 언어를 사용하기 때문에 개발자와 비즈니스 팀, 테스트 팀 간의 의사소통이 원활해진다.

큐컴버의 동작 방식

큐컴버의 동작 방식을 알아보자.

1. 큐컴버는 Given-When-Then 조건과 시나리오를 사용해 사용자 스토리를 기능으로 표현한다.
   - Given: 동작의 전제 조건 설정
   - When: 시스템의 상태를 변경하는 트리거(예: 서비스 요청)
   - Then: 서비스의 응답
2. 큐컴버-스프링 변환 레이어를 사용하면 자동화된 테스트 케이스로 변환해서 실행할 수 있다.

간단한 기능인 getProduct의 인수 테스트 케이스부터 작성해보자. 제품 ID로 제품을 찾을 수 있으면 제품을 반환하고, 아니면 오류를 반환하는 간단한 기능을 게르킨으로 작성한다.

BDD 스타일로 다음과 같은 기능을 구현해보자. 제품 ID로 조회하면 제품 설명과 카테고리 ID 등의 제품 세부 사항을 반환하는 조회 API를 Product 서비스에 만든다. 이 API는 제품을 찾을 수 없는 경우에는 오류(예: 404)를 반환한다. 이 두 동작을 게르킨 기능feature 파일에 두 개의 별도 시나리오로 기술하자.

기능: getProduct

제품 ID로 제품 세부 정보를 조회한다.

시나리오 1: 제품 ID가 유효하고 존재한다. 제품 이름과 카테고리가 반환된다.

1. Given 제품 서비스가 실행 중이다.
2. When 존재하는 제품 ID 1로 getProduct 서비스를 호출한 경우
3. Then HTTP 상태 코드 200으로 응답한다.

4. **And** 이름은 Apples고, 카테고리 ID는 1인 제품 세부 정보를 반환한다.

시나리오 2: 제품 ID가 잘못됐거나 존재하지 않는다. 오류가 반환된다.

1. **Given** 제품 서비스가 실행 중이다.
2. **When** 존재하지 않는 제품 ID 456으로 getProduct 서비스를 호출한 경우
3. **Then** 상태 코드 404(찾을 수 없음)로 응답한다.
4. **And** ID가 456인 제품을 찾을 수 없다는 오류 메시지를 반환한다.

시나리오 1은 해당 ID의 제품이 데이터베이스에 있어서 반환되며, 유효성도 확인되는 성공적인 시나리오다.

시나리오 2는 데이터베이스에 해당 ID의 제품이 존재하지 않는 실패 상황을 확인한다.

각 시나리오는 여러 부분으로 나뉘는데, 성공적인 시나리오는 다음과 같다.

- **Given** 전제 조건을 설정한다. 이 시나리오에서는 단순히 제품 서비스가 실행 돼 있기만 하면 된다.
- **When** 시스템의 상태를 변경한다. 이 시나리오에서는 제품 ID로 서비스에 제 품 조회를 요청한다.
- **Then**과 **And**는 시스템에서 예상되는 결과다. 이 시나리오에서는 서비스가 성 공 코드 200을 반환하고 조회한 제품에 맞는 설명과 카테고리 코드를 반환할 것을 기대한다.

앞서 말했듯이 이는 개발자와 비즈니스 팀, 테스트 팀 모두가 이해할 수 있게 서비스를 설명한 문서로 특정 기술에 종속되지 않는다. 즉, 스프링 부트나 루비^{Ruby}, .NET 마이크로서비스 등 어떤 기술을 사용해서 구현하더라도 변경되지 않는다.

다음 절에서는 우리가 개발한 스프링 부트 애플리케이션에 서비스를 매핑할 것이다.

스프링 부트 테스트

스프링 부트 테스트는 스프링 프레임워크가 제공하는 스프링 테스트 모듈을 확장하고 단순화했다. 인수 테스트 작성의 필수 요소를 먼저 살펴보고, 뒤에서 세부 사항을 다시 살펴보자.

1. 4장에서 만든 HSQLDB와 Hazelcast를 사용하는 프로젝트를 복사해 5장에서 사용하기 위한 새 프로젝트를 만든다.

2. 메이븐 POM 파일에 다음과 같이 의존성을 추가한다.

```
<dependency>
    <groupId>org.springframework.boot</groupId>
    <artifactId>spring-boot-starter-test</artifactId>
    <scope>test</scope>
</dependency>
```

이미 눈치 챘겠지만, 의존성의 scope가 test로 변경됐다. 이는 앞서 정의한 의존성이 컴파일과 테스트 실행을 위해서만 필요하고 일반적인 실행에는 필요 없다는 것을 의미한다.

3. 메이븐에 두 개의 의존성을 추가한다. 이제 앞서 추가한 spring-boot-starter-test와 함께 큐컴버 제이유닛과 스프링 라이브러리까지 추가됐다.

```
<dependency>
    <groupId>info.cukes</groupId>
    <artifactId>cucumber-spring</artifactId>
    <version>1.2.5</version>
    <scope>test</scope>
</dependency>
<dependency>
    <groupId>info.cukes</groupId>
    <artifactId>cucumber-junit</artifactId>
```

```
    <version>1.2.5</version>
    <scope>test</scope>
  </dependency>
```

CucumberTest 클래스는 큐컴버 테스트를 시작하기 위한 중심 클래스다.

```
@RunWith(Cucumber.class)
@CucumberOptions(features = "src/test/resources")
public class CucumberTest {
}
```

RunWith는 제이유닛의 스프링 테스트 지원 기능이 큐컴버를 사용하게 한다. CucumberOptions에는 앞에서 설명한 게르킨 테스트 케이스를 정의한 .feature 파일의 경로를 넣는다.

Productservice.feature 파일은 앞서 설명한 게르킨 언어의 시나리오가 포함된 텍스트 파일이다. 이 파일에는 두 가지 테스트 케이스가 있으며, src/test/resources 폴더에 있다.

CucumberTestSteps 클래스는 게르킨으로 정의한 각 단계를 동등한 자바 코드로 변환한 것이다. 각 단계는 이에 대응하는 메소드로 정의되며, 이는 게르킨 파일의 시나리오 구성에 맞춰 호출된다. 하나의 유스케이스와 관련된 전체 단계를 살펴보자.

```
@SpringBootTest(webEnvironment = SpringBootTest.WebEnvironment.RANDOM_PORT)
@ContextConfiguration
public class CucumberTestSteps {
  @Autowired
  private TestRestTemplate restTemplate;
  private ResponseEntity<Product> productResponse;
  private ResponseEntity<String> errResponse;
```

```
    @Given("(.*) Service is running")
    public void checkServiceRunning(String serviceName) {
        ResponseEntity<String> healthResponse =
restTemplate.getForEntity("/health",String.class, new HashMap<>());
        Assert.assertEquals(HttpStatus.OK, healthResponse.getStatusCode());
    }
    @When("get (.*) service is called with existing product id (\d+)$")
    public void callService(String serviceName, int prodId) throws Throwable {
        productResponse = this.restTemplate.getForEntity("/"+serviceName+"/"
+ prodId, Product.class, new HashMap<>());
    }
    @Then("I should get a response with HTTP status code (.*)")
    public void shouldGetResponseWithHttpStatusCode(int statusCode) {
        Assert.assertEquals(statusCode,
productResponse.getStatusCodeValue());
    }
    @And("return Product details with name (.*) and category (\d+)$")
    public void theResponseShouldContainTheMessage(String prodName, int
categoryId) {
        Product product = productResponse.getBody() ;
        Assert.assertEquals(prodName, product.getName());
        Assert.assertEquals(categoryId, product.getCatId());
    }
```

테스트 클래스임을 스프링 부트 프레임워크에 알리기 위해 @SpringBootTest 애노테
이션을 사용한다.

RANDOM_PORT는 테스트 서비스가 무작위로 선정한 포트로 테스트용 톰캣을 실행한다
는 것을 나타낸다.

테스트할 HTTP/REST 서비스에 접속하고 응답을 수신하기 위해 restTemplate을 오
토 와이어드autowired 방식으로 주입inject한다.

이제 @Given과 @When, @Then 애노테이션이 붙은 메소드를 주목하자. 각 메소드는 정

규 표현식을 사용해 feature 파일에서 변수를 추출하고, 이를 메소드 검증을 위해 사용한다. 다음과 같이 체계적으로 테스트를 수행한다.

1. 먼저 /health에 접속해서 서비스가 실행 중인지 확인한다(2장에서 스프링 액추에이터로 했던 것처럼).

2. 제품 ID로 서비스를 호출한다.

3. 반환된 코드가 **200**이고, 응답의 제품 설명과 카테고리가 예상한 결과와 일치하는지 확인한다.

4. 테스트를 실행한다.

5. CucumberTest.java 파일을 오른쪽 클릭하고 Run As ❯ JUnit Test를 선택한다.

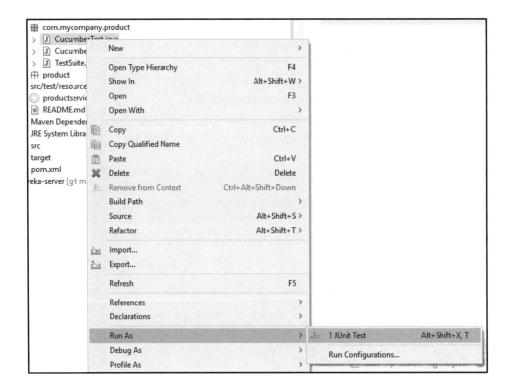

시작 메시지와 함께 콘솔이 나타난다. 테스트가 종료되면 다음과 같은 제이유닛 테스트 결과를 볼 수 있다.

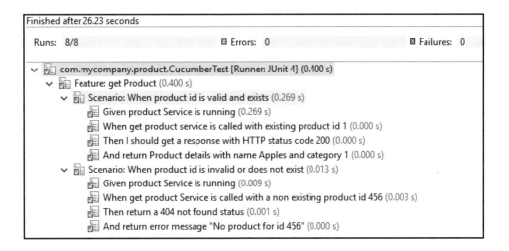

연습 삼아 ProductService 클래스의 제품 삽입과 업데이트, 삭제 메소드를 위한 테스트 케이스를 추가해보자.

JaCoCo를 이용한 코드 커버리지

JaCoCo는 EclEmma 팀이 개발한 코드 커버리지 라이브러리로, 탐색한 코드 경로를 검색해서 보고서를 작성하는 JVM 에이전트를 내장하고 있다.

이 보고서는 소나큐브^{SonarQube}처럼 좀 더 범위가 넓은 데브옵스 코드 품질 도구에서 가져갈 수 있다. 소나큐브는 다수의 플러그인으로 코드 품질을 관리하고 데브옵스 프로세스와 잘 통합되는 플랫폼이다. 오픈소스지만 상업용 버전도 있으며, 컴퓨트 엔진 서버^{Compute Engine Server}, 웹 서버, 일래스틱서치 등의 서버 컴포넌트와 데이터베이스, 언어별 스캐너 등의 컴포넌트가 있는 플랫폼이다.

JaCoCo 통합

JaCoCo를 기존 프로젝트에 통합해보자.

1. 먼저 POM 파일에 JaCoCo 플러그인을 추가한다.

```xml
<plugin>
    <groupId>org.jacoco</groupId>
    <artifactId>jacoco-maven-plugin</artifactId>
    <version>0.7.9</version>
</plugin>
```

 두 번째와 세 번째 단계는 JaCoCo 플러그인의 실행 전(pre-executions)과 실행 후 (post-executions) 과정이다.

2. 실행 전 단계에서는 에이전트를 구성하고 커맨드라인에 추가한다.
3. 실행 후 단계에서는 보고서를 출력 폴더에 생성한다.

```xml
<executions>
    <execution>
        <id>pre-unit-test</id>
        <goals>
            <goal>prepare-agent</goal>
        </goals>
        <configuration>
            <destFile>${project.build.directory}/coverage-reports/
jacoco-ut.exec</destFile>
            <propertyName>surefireArgLine</propertyName>
        </configuration>
    </execution>
    <execution>
```

```
    <id>post-unit-test</id>
    <phase>test</phase>
    <goals>
        <goal>report</goal>
    </goals>
    <configuration>
        <dataFile>${project.build.directory}/coverage-reports/
jacoco-ut.exec</dataFile>
        <outputDirectory>${project.reporting.outputDirectory}
/jacoco-ut</outputDirectory>
    </configuration>
</execution>
</executions>
```

4. 마지막으로 앞에서 만든 커맨드라인 인자를 다음과 같이 maven-surefire-plugin에 삽입한다.

```
<plugin>
    <groupId>org.apache.maven.plugins</groupId>
    <artifactId>maven-surefire-plugin</artifactId>
    <configuration>
        <!-- Sets the VM argument line used when unit tests are run. -->
        <argLine>${surefireArgLine}</argLine>
        <excludes>
            <exclude>**/IT*.java</exclude>
        </excludes>
    </configuration>
</plugin>
```

5. 이제 커버리지 보고서를 만들 준비가 끝났다. 프로그램을 테스트하기 위해 다음 스크린샷처럼 프로젝트를 오른쪽 클릭하고 Run As ❯ Maven test를 선택한다.

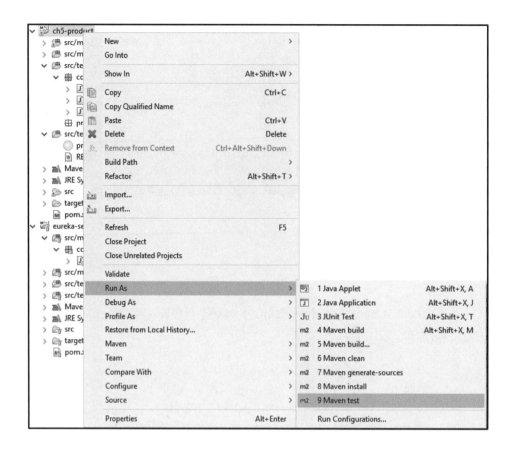

6. 스프링 부트 초기화에 대한 내용으로 콘솔이 채워진 뒤에 다음과 같은 내용을
볼 수 있을 것이다.

```
2 Scenarios ([32m2 passed[0m)
8 Steps ([32m8 passed[0m)
0m0.723s
Tests run: 10, Failures: 0, Errors: 0, Skipped: 0, Time elapsed: 26.552 sec
- in com.mycompany.product.CucumberTest......Results :Tests run: 10,
Failures: 0, Errors: 0, Skipped: 0[INFO] [INFO] ---
jacoco-maven-plugin:0.7.9:report (post-unit-test) @ product ---[INFO]
Loading execution data file
D:AppswkNeonch5-producttargetcoverage-reportsjacoco-ut.exec[INFO]
```

7. 이 로그는 8단계에 걸쳐서 2개의 시나리오가 실행된 것을 알려준다. 또한 타깃 디렉터리에 coverage-reports 디렉터리가 생성된다.

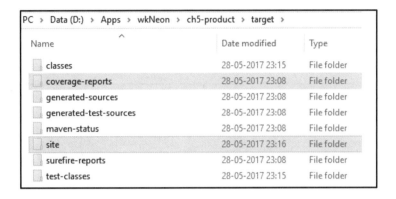

8. site 폴더에 있는 index.html을 연다. 다음과 같은 커버리지 보고서를 볼 수 있다.

9. product 패키지를 분석한 결과를 보면 다음 스크린샷과 같이 ProductService 의 커버리지는 24%에 불과한 것을 알 수 있다.

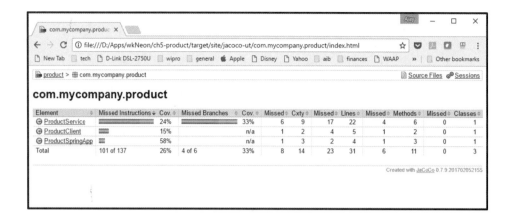

10. 커버리지가 낮은 이유는 서비스에서 getProduct만 테스트하고, insertProduct
와 updateProduct 등은 테스트하지 않기 때문이다. 이는 다음 스크린샷의
드릴다운drill-down 보고서에 나타난다.

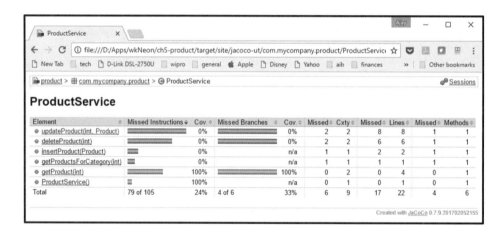

11. getProduct 메소드는 커버리지가 완료됐다. 두 가지 시나리오에 성공적인 경로와 오류 상황을 모두 포함했기 때문이다.

12. 반면에 ExceptionHandler 클래스는 다음과 같이 코드 일부분이 테스트되지 않은 것을 볼 수 있다.

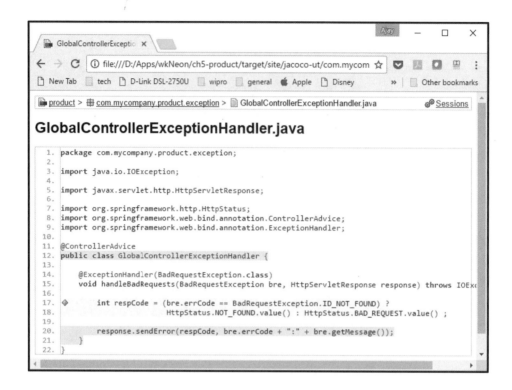

▌ 요약

6장에서는 배포 메커니즘을 살펴보고, 데브옵스 파이프라인과 커버리지^{coverage} 보고서를 통합해서 CI와 CD 과정에서 사용한다.

06

클라우드 네이티브 애플리케이션 배포

클라우드 네이티브 애플리케이션의 가장 독특한 특징 중 하나는 배포다. 전통적인 방식의 애플리케이션 배포는 배포 담당자가 서버에 로그인해서 애플리케이션을 설치하는 방식이었다. 그러나 클라우드 환경에서는 대개 서버가 많아서 각각의 서버에 로그인해 애플리케이션을 직접 설치하는 건 어렵고 오류가 발생할 확률도 매우 높다. 이런 문제를 해결하기 위해 클라우드 네이티브 애플리케이션의 배포를 자동화하는 클라우드 프로비저닝 도구를 사용한다.

6장에서는 애플리케이션을 도커 컨테이너로 패키징하는 방법과 CI/CD 파이프라인을 설정하는 방법, **서비스 거부 공격**^{DDoS, distributed denial of service} 등의 보안 공격에서 서비스를 보호하는 방법 등을 비롯한 마이크로서비스 배포 모델에 대해 알아본다. 6장에서 다루는 내용은 다음과 같다.

- 배포 모델, 패키징, 도커를 이용한 컨테이너화^{containerization}
- 배포 패턴(블루/그린, 카나리아 배포, 은밀한 개시)
- DDoS
- CI/CD

█ 배포 모델

클라우드 환경에서 애플리케이션을 배포할 때 사용하는 배포 모델을 살펴보자.

가상화

클라우드의 기본 구성 요소는 가상 머신^{VM, Virtual Machine}이다. 사용자가 접속해서 애플리케이션을 설치하거나 유지 보수한다는 점은 물리 서버^{physical server}와 같지만, 단일 호스트에서 여러 개의 VM을 호스팅하기 때문에 자원 사용률이 높아진다는 점이 다르다. 이는 호스트에 설치된 하이퍼바이저를 이용한 가상화^{virtualization}로 구축하는데, 하이퍼바이저는 호스트의 컴퓨팅, 메모리, 스토리지 등의 자원을 분배하고 다른 VM과의 네트워킹을 수행한다. 다음과 같은 전략을 사용해 클라우드 네이티브 애플리케이션을 VM에 배포한다.

- 하나의 VM에 애플리케이션을 여러 개 배포
- 하나의 VM에 애플리케이션을 하나 배포

VM 하나에서 여러 애플리케이션을 실행하는 경우에는 하나의 애플리케이션이 VM의 모든 자원을 독점해서 다른 애플리케이션이 사용할 자원이 없을 수도 있다. 반면에 하나의 VM에서 하나의 애플리케이션을 실행하면 서로 영향을 주지 않게 애플리케이션을 격리할 수 있지만, 항상 모든 자원을 사용하진 않기 때문에 리소스가 낭비된다는 단점이 있다.

PaaS

PaaS는 클라우드 네이티브 애플리케이션을 배포할 때 인기 있는 옵션 중 하나다. PaaS는 클라우드 네이티브 애플리케이션의 개발, 확장, 유지 보수를 돕는 추가 서비스를 제공한다. 빌드팩^{buildpack} 등을 이용한 자동화된 빌드 및 배포 서비스는 이런 활동을 지원하기 위한 추가 인프라 설정에 소요되는 시간을 크게 줄인다. PaaS는 모니터링과 로그 집계, 보안 정보 관리, 로드 밸런싱 등의 기본적인 인프라 서비스도 제공한다. 클라우드 파운드리, 구글 앱 엔진, 허로쿠, 오픈시프트 등의 PaaS가 있다.

컨테이너

독립적인 운영에 필요한 격리 수준을 제공하고 자원을 효율적으로 사용하기 위해 컨테이너 기술이 개발됐다. 컨테이너는 리눅스 커널의 기능을 활용해 프로세스 수준에서 CPU와 메모리, 저장소, 네트워크를 격리한다. 다음 그림은 가상화와 컨테이너의 차이점을 보여준다.

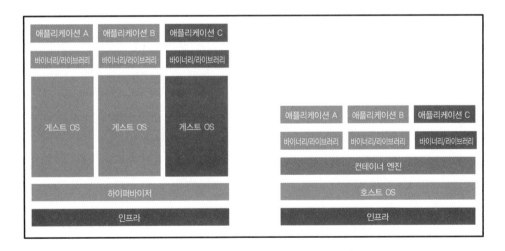

컨테이너를 사용하면 게스트 OS가 필요 없기 때문에 같은 호스트에서 실행할 수 있는 VM과 비교하면 훨씬 많은 수의 컨테이너를 실행할 수 있다. 또한 컨테이너는 크기가

MB 단위 정도로 작지만, VM은 수 GB를 넘는 경우가 많다.

컨테이너는 운영체제 전체를 실행할 때 지원해야 하는 많은 주변 시스템을 지원할 필요가 없기 때문에 CPU와 메모리의 사용량 측면에서 자원 효율적이다.

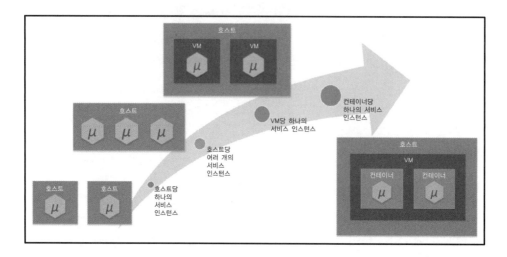

이 그림은 애플리케이션을 격리하고 리소스 사용률을 높이기 위한 클라우드 네이티브 애플리케이션 배포 전략의 진화를 보여준다. 스택의 맨 위에는 호스트에서 실행 중인 VM 안에서 컨테이너가 실행 중이다. 이렇게 하면 다음과 같이 애플리케이션을 두 단계로 확장할 수 있다.

- VM 안의 컨테이너 수 증가
- 컨테이너를 실행 중인 VM 수 증가

도커

도커는 인기 있는 컨테이너 런타임으로, 클라우드 네이티브 애플리케이션 배포를 위한 강력한 플랫폼으로 자리잡았다. 도커는 윈도우, 맥, 리눅스 등 모든 주요 플랫폼에서 사용할 수 있지만, 컨테이너에는 리눅스 커널이 필요하기 때문에 리눅스 환경에서 도커 엔진을 실행하는 게 더 쉽다. 그러나 도커 컨테이너를 윈도우와 맥 환경에서 쉽게 실행할 수 있게 하는 몇 가지 도구가 있다. 이제 지금까지 개발한 서비스를 도커 컨테이너로 배포하고, 자체 컨테이너로 실행 중인 외부 데이터베이스와 연결해보자.

이 예에서는 도커 툴박스^{Docker Toolbox}를 사용해서 도커 머신^{Docker Machine}으로 도커 엔진이 실행되는 VM을 만든다. 도커 커맨드라인 클라이언트로 이 엔진에 연결해서 다양한 명령을 사용해 볼 것이다.

도커 이미지 빌드

5장에서 작업한 프로젝트를 도커 컨테이너 여러 개로 만든다. 프로젝트에 속한 각 서버를 순차적으로 컨테이너화할 것이다.

유레카 서버

1. 다음과 같은 내용으로 $WORKSPACE/eureka−server/.dockerignore 파일을 만든다.

```
.*
target/*
!target/eureka-server-*.jar
```

2. 다음과 같은 내용으로 $WORKSPACE/eureka−server/Dockerfile 파일을 만든다.

```
FROM openjdk:8-jdk-alpine

RUN mkdir -p /app

ADD target/eureka-server-0.0.1-SNAPSHOT.jar /app/app.jar

EXPOSE 8761
```

```
ENTRYPOINT [ "/usr/bin/java", "-jar", "/app/app.jar" ]
```

3. 다음 명령으로 실행 가능한 JAR를 빌드한다. JAR 파일은 target 폴더에 생성된다.

```
mvn package
```

4. 도커 컨테이너를 빌드한다.

```
docker build -t cloudnativejava/eureka-server .
```

명령을 실행한 결과는 다음 스크린샷에서 볼 수 있다.

```
$ docker build -t cloudnativejava/eureka-server .
Sending build context to Docker daemon  39.92MB
Step 1/5 : FROM openjdk:8-jdk-alpine
 ---> 478bf389b75b
Step 2/5 : RUN mkdir -p /app
 ---> Using cache
 ---> 9a09e0b0d6f2
Step 3/5 : ADD target/eureka-server-0.0.1-SNAPSHOT.jar /app/app.jar
 ---> 2964965b585e
Removing intermediate container f757ed7f6818
Step 4/5 : EXPOSE 8761
 ---> Running in 848041f9fdee
 ---> d9484343075e
Removing intermediate container 848041f9fdee
Step 5/5 : ENTRYPOINT /usr/bin/java -jar /app/app.jar
 ---> Running in a6ea9f525f56
 ---> 76e53a88d2ce
Removing intermediate container a6ea9f525f56
Successfully built 76e53a88d2ce
Successfully tagged cloudnativejava/eureka-server:latest
```

5. 컨테이너를 실행하기 전에 각 컨테이너가 서로 자유롭게 통신할 수 있는 네트워크를 만들어야 한다. 다음 명령을 실행해서 네트워크를 만든다.

222

```
docker network create app_nw
```

명령을 실행한 결과는 다음 스크린샷에서 볼 수 있다.

```
$ docker network create app_nw
5828658b7d30f10391c6ce4dcfd7bef0c966873eb6df81c7b6f678fbf62c58f7
```

6. eureka라는 이름으로 컨테이너를 실행하고, 앞에서 만든 네트워크에 연결
   한다.

```
docker run -d --network app_nw --name eureka
cloudnativejava/eureka-server
```

명령을 실행한 결과는 다음 스크린샷에서 볼 수 있다.

```
$ docker run -d --network app_nw --name eureka cloudnativejava/eureka-server
c26a460a4cb384204dde3ff27a07773f0070fc809a9238145b88b34641a6c32c
```

제품 API

이제 제품 API 프로젝트를 컨테이너화한다.

1. docker라는 이름의 새 스프링 프로필을 기존 application.yml 파일에 추가
   한다.

```
---
spring:
  profiles: docker
eureka:
  instance:
    preferIpAddress: true
```

```
    client:
      serviceUrl:
        defaultZone: http://eureka:8761/eureka/
```

2. application.yml의 변경 사항을 반영하기 위해 JAR 파일을 다시 빌드한다.

```
mvn clean package
```

3. 다음과 같은 내용으로 .dockerignore 파일을 만든다.

```
.*
target/*
!target/product-*.jar
```

4. 다음과 같은 내용으로 Dockerfile 파일을 만든다.

```
FROM openjdk:8-jdk-alpine

RUN mkdir -p /app

ADD target/product-0.0.1-SNAPSHOT.jar /app/app.jar

EXPOSE 8080

ENTRYPOINT [ "/usr/bin/java", "-jar", "/app/app.jar", "--
spring.profiles.active=docker" ]
```

5. 도커 컨테이너를 빌드한다.

```
docker build -t cloudnativejava/product-api .
```

명령을 실행한 결과는 다음 스크린샷에서 볼 수 있다.

```
$ docker build -t cloudnativejava/product-api .
Sending build context to Docker daemon  61.06MB
Step 1/5 : FROM openjdk:8-jdk-alpine
 ---> 478bf389b75b
Step 2/5 : RUN mkdir -p /app
 ---> Using cache
 ---> 9a09e0b0d6f2
Step 3/5 : ADD target/product-0.0.1-SNAPSHOT.jar /app/app.jar
 ---> Using cache
 ---> 4facc6546ab1
Step 4/5 : EXPOSE 8080
 ---> Using cache
 ---> 4982d78f6443
Step 5/5 : ENTRYPOINT /usr/bin/java -jar /app/app.jar --spring.profiles.active=docker
 ---> Using cache
 ---> f3fe921a8988
Successfully built f3fe921a8988
Successfully tagged cloudnativejava/product-api:latest
```

6. 포트를 달리해서 도커 컨테이너를 여러 개 시작한다.

```
docker run -d -p 8011:8080 \
    --network app_nw \
    cloudnativejava/product-api

docker run -d -p 8012:8080 \
    --network app_nw \
    cloudnativejava/product-api
```

명령을 실행한 결과는 다음 스크린샷에서 볼 수 있다.

```
$ docker run -d -p 8011:8080 \
>     --network app_nw \
>     cloudnativejava/product-api
74cc71e3baf4c10df238235c642d3a264d22c03b669b4552821d901b64f33d20
$ docker run -d -p 8012:8080 \
>     --network app_nw \
>     cloudnativejava/product-api
f57adbd3bb3bb0628ef11d90b6ed98457e3290064cc588313e29cecc4e7c3708
```

이제 다음 URL에 접속해서 제품 API를 사용할 수 있다.

- http://<docker-host>:8011/product/1
- http://<docker-host>:8012/product/1

외부의 Postgres 컨테이너에 연결

product API를 인메모리in-memory 데이터베이스 대신 외부 데이터베이스에 연결하려면 일단 데이터를 미리 채워둔 컨테이너 이미지를 만든다.

1. 다음과 같은 내용으로 import-postgres.sql 파일을 만든다.

```
create table product(id serial primary key, name varchar(20),
cat_id int not null);
begin;
insert into product(name, cat_id) values ('Apples', 1);
insert into product(name, cat_id) values ('Oranges', 1);
insert into product(name, cat_id) values ('Bananas', 1);
insert into product(name, cat_id) values ('Carrots', 2);
insert into product(name, cat_id) values ('Beans', 2);
insert into product(name, cat_id) values ('Peas', 2);
commit;
```

2. 다음과 같은 내용으로 Dockerfile.postgres 파일을 만든다.

```
FROM postgres:alpine

ENV POSTGRES_USER=dbuser
    POSTGRES_PASSWORD=dbpass
    POSTGRES_DB=product

EXPOSE 5432

RUN mkdir -p /docker-entrypoint-initdb.d
```

```
ADD import-postgres.sql /docker-entrypoint-initdb.d/import.sql
```

3. 이제 import—postgres.sql 파일로 데이터베이스를 초기화하는 Postgres 컨테이너 이미지를 빌드한다.

```
docker build -t cloudnativejava/datastore -f Dockerfile.postgres .
```

명령을 실행한 결과는 다음 스크린샷에서 볼 수 있다.

```
$ docker build -t cloudnativejava/datastore -f Dockerfile.postgres .
Sending build context to Docker daemon  61.06MB
Step 1/5 : FROM postgres:alpine
 ---> e9e9c4470522
Step 2/5 : ENV POSTGRES_USER dbuser POSTGRES_PASSWORD dbpass POSTGRES_DB product
 ---> Using cache
 ---> 20dcc938b14b
Step 3/5 : EXPOSE 5432
 ---> Using cache
 ---> aba503937193
Step 4/5 : RUN mkdir -p /docker-entrypoint-initdb.d
 ---> Using cache
 ---> b162459a436a
Step 5/5 : ADD import-postgres.sql /docker-entrypoint-initdb.d/import.sql
 ---> Using cache
 ---> d5def9256c7e
Successfully built d5def9256c7e
Successfully tagged cloudnativejava/datastore:latest
```

4. postgres라는 이름의 새 스프링 프로필을 기존 application.yml 파일에 추가한다.

```
---
spring:
  profiles: postgres
  datasource:
    url: jdbc:postgresql://<docker-host>:5432/product
    username: dbuser
    password: dbpass
```

```
        driver-class-name: org.postgresql.Driver
    jpa:
        database-platform: org.hibernate.dialect.PostgreSQLDialect
        hibernate:
            ddl-auto: none
```

<docker-host>는 본인 환경에 맞는 값으로 바꾼다.[1]

5. application.yml의 변경 사항을 반영하기 위해 JAR 파일을 다시 빌드한다.

```
mvn clean package
```

6. 도커 컨테이너를 빌드한다.

```
docker build -t cloudnativejava/product-api .
```

명령을 실행한 결과는 다음 스크린샷에서 볼 수 있다.

```
$ docker build -t cloudnativejava/product-api .
Sending build context to Docker daemon  61.06MB
Step 1/5 : FROM openjdk:8-jdk-alpine
 ---> 478bf389b75b
Step 2/5 : RUN mkdir -p /app
 ---> Using cache
 ---> 9a09e0b0d6f2
Step 3/5 : ADD target/product-0.0.1-SNAPSHOT.jar /app/app.jar
 ---> Using cache
 ---> 4facc6546ab1
Step 4/5 : EXPOSE 8080
 ---> Using cache
 ---> 4982d78f6443
Step 5/5 : ENTRYPOINT /usr/bin/java -jar /app/app.jar --spring.profiles.active=docker
 ---> Using cache
 ---> f3fe921a8988
Successfully built f3fe921a8988
Successfully tagged cloudnativejava/product-api:latest
```

---

1. Docker Quickstart Terminal에서 docker-machine url 명령을 실행하면 IP 주소를 알 수 있다. – 옮긴이

7. 예전 이미지로 실행 중인 컨테이너가 있으면 중지한 후 제거한다.

```
old_ids=$(docker ps -f ancestor=cloudnativejava/product-api -q)
docker stop $old_ids
docker rm $old_ids
```

8. 데이터베이스 컨테이너를 시작한다.

```
docker run -d -p 5432:5432
    --network app_nw
    --name datastore
    □cloudnativejava/datastore
```

명령을 실행한 결과는 다음 스크린샷에서 볼 수 있다.

```
$ docker run -d -p 5432:5432 \
>       --network app_nw \
>       --name datastore \
>     cloudnativejava/datastore
0663e27115b1807b2924903c3996cd0f927c248624cf8f18ef617168fc31a53b
```

9. 제품 API 컨테이너를 여러 개 시작한다.

```
docker run -d -p 8011:8080
    --network app_nw
    cloudnativejava/product-api
    --spring.profiles.active=postgres

docker run -d -p 8012:8080
    --network app_nw
    cloudnativejava/product-api
    --spring.profiles.active=postgres
```

명령을 실행한 결과는 다음 스크린샷에서 볼 수 있다.

```
$ docker run -d -p 8011:8080 \
>     --network app_nw \
>     cloudnativejava/product-api \
>     --spring.profiles.active=postgres
a1b5e68cf251f3073961b75f91caf10bb39c321712114836fc474c002bc1d73a

$ docker run -d -p 8012:8080 \
>     --network app_nw \
>     cloudnativejava/product-api \
>     --spring.profiles.active=postgres
6b9081236786544df3012d3d018c6e17003977d3e6b99715ac1eeb3931b1072b
```

이제 다음 URL에 접속해서 제품 API를 사용할 수 있다.

- `http://<docker-host>:8011/product/1`

- `http://<docker-host>:8012/product/1`

▌ 배포 패턴

클라우드 네이티브 애플리케이션의 패키징 및 배포 모델을 배웠으니 이제 클라우드 네이티브 애플리케이션을 배포할 때 사용하는 패턴을 알아보자. 전통적으로 애플리케이션은 개발, 테스트, 스테이징, 운영 준비pre-production 등의 여러 환경에 배포되며, 각 환경은 최종 운영 환경의 축소된 버전이라고 할 수 있다. 애플리케이션은 일련의 운영 준비 환경을 거친 후에 마지막으로 운영 환경에 배포된다. 그러나 운영 환경 이외의 다른 환경에서는 가동 중단이 허용되지만, 운영 환경에서의 가동 중단은 비즈니스상 심각한 결과로 이어질 수 있다는 큰 차이점이 있다.

클라우드 네이티브 애플리케이션은 가동 중단 없이 소프트웨어를 출시할 수 있다. 이는 애플리케이션의 개발, 테스트, 배포 등 모든 측면에서 엄격하게 자동화를 적용하기 때문에 가능하다. 다음 절에서는 CIContinuous Integration/CDContinuous Deployment에 대해 다루는데, 그전에 애플리케이션을 신속하게 배포할 수 있는 몇 가지 패턴을 소개한다. 이런 배포 패턴은 라우터 컴포넌트에 의존하는데, 라우터 컴포넌트는 로드 밸런서와 다르게 요청을 특정 애플리케이션의 인스턴스 집합으로 라우팅할 수 있다. 애플리케이션에 기능 플래그를 두고, 애플리케이션의 구성 변경으로 기능을 활성화하는 방식도 함께 쓰인다.

블루/그린 배포

블루/그린 배포는 세 단계에 걸쳐 발생하는 패턴이다. 다음 그림에서 보여주는 것이 초기 배포 상태다. 애플리케이션의 모든 트래픽은 기존 인스턴스로 라우팅된다.

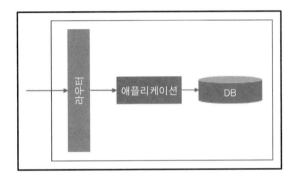

블루/그린 배포의 첫 번째 단계는 새로 출시할 애플리케이션 배포의 새 인스턴스 세트를 준비하는 것이다. 이 단계에서 최종 사용자는 그린 애플리케이션 인스턴스를 사용할 수는 없고, 내부에서만 확인한다. 그림으로 표현하면 다음과 같다.

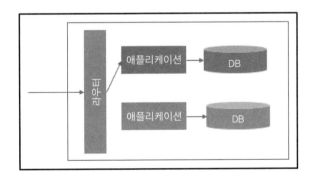

배포의 다음 단계에서는 어떤 신호가 발생하면 모든 요청을 블루 인스턴스 대신 그린 인스턴스로 라우팅한다. 블루 인스턴스는 검증하는 동안만 유지되는데, 중요한 이슈가 발견되면 이전의 애플리케이션 인스턴스로 배포를 바로 롤백할 수 있다.

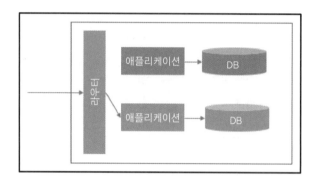

배포의 마지막 단계에서는 이전의 블루 애플리케이션 인스턴스가 사라지고 그린 인스턴스가 안정stable 운영 버전이 된다.

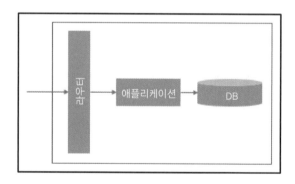

블루/그린 배포는 애플리케이션 안정 버전 두 개를 상호 전환할 때 효과적이며, 대체 fallback 환경이 준비돼 있기 때문에 빠른 복구가 보장된다.

카나리아 배포

카나리아 배포는 블루/그린 배포의 변형이다. 카나리아 배포는 짧은 시간 동안이긴 하지만, 동시에 두 개의 프로덕션 인스턴스를 실행해서 프로비저닝할 때 낭비되는 자원을 줄여준다. 카나리아 배포에서 그린 환경은 블루 환경의 축소 버전이며, 요청 대부분은 블루 환경으로 라우트하고 요청의 작은 부분만 새로운 그린 환경으로 라우트하는 라우터의 기능에 의존한다. 다음 그림은 이를 보여준다.

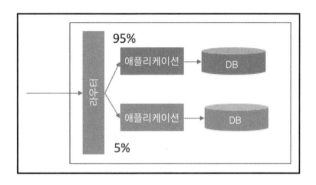

이 방식은 특히 일부 베타테스터를 대상으로 테스트가 필요한 애플리케이션의 새 기능을 배포한 후 이 사용자군의 피드백을 전체 사용자에게 공개할 때 유용하다. 그린 환경의 롤아웃^{roll-out} 준비가 완료되면 그린 환경의 인스턴스 수를 늘림과 동시에 블루 환경의 인스턴스를 줄인다. 다음의 연속된 그림이 이를 잘 보여준다.

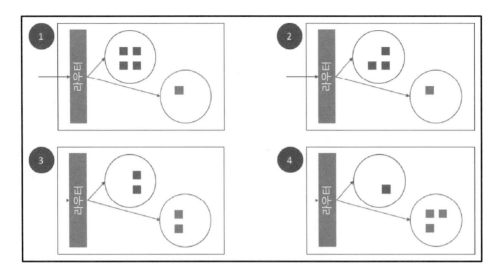

이렇게 하면 운영 레벨의 환경을 두 개로 유지해야 하는 문제를 피할 수 있으며, 한 버전에서 다른 버전으로 순조롭게 전환할 수 있다. 또한 이전 버전으로 손쉽게 돌아갈 수 있다.

은밀한 개시

클라우드 네이티브 애플리케이션을 배포할 때 사용하는 인기 있는 배포 패턴 중 하나로 은밀한 개시Dark launch가 있다. 이 패턴에서는 새로운 기능을 기능 플래그를 이용해서 숨기고 일부 사용자만 사용할 수 있게 설정한다. 혹은 애플리케이션이 사용자 동작을 모방해서 애플리케이션의 숨겨진 기능을 학습하는 동안 사용자는 기능을 전혀 인식하지 못하게 할 수도 있다. 기능이 준비돼서 모든 사용자에게 공개해도 안정적이라고 여기면 기능 플래그를 전환해서 사용할 수 있게 설정한다.

자동화를 위한 CI/CD 적용

클라우드 네이티브 애플리케이션 배포의 핵심 요소 중 하나는 효과적인 자동화와 소프트웨어 전달 파이프라인에 의존한다는 점이다. 이는 소스 저장소에서 소스코드를 가져와 테스트 및 배포본 빌드 후 대상 환경에 배포하는 CI/CD 도구를 이용해서 주로 수행한다. 젠킨스^{Jenkins} 등의 최신 CI/CD 도구는 스크립트 형태의 구성 파일을 기반으로 여러 아티팩트^{artifact}를 빌드하는 데 사용할 수 있는 빌드 파이프라인 구성을 지원한다.

젠킨스 파이프라인 스크립트 예제를 바탕으로 간단한 빌드 파이프라인 구성 방법을 살펴보자. 이 예제에서는 eureka-server와 product-api라는 이름의 실행 가능한 JAR 파일 두 개를 빌드한다. 다음과 같은 내용으로 Jenkinsfile 파일을 만든다.

```
node {
    def mvnHome
    stage('Preparation') { // 표출 목적
        // GitHub 저장소에서 코드를 가져옴
        git 'https://github.com/write2munish/CloudNativeJava.git'
        // 메이븐 준비
        // ** 참고: 메이븐을 의미하는 'M3'는 전역 구성에서 설정해야 한다.
        mvnHome = tool 'M3'
    }
    stage('Eureka Server') {
        dir('eureka-server') {
            stage('Build - Eureka Server') {
                // 메이븐 빌드 실행
                if (isUnix()) {
                    sh "'${mvnHome}/bin/mvn' -Dmaven.test.failure.ignore clean
package"
                } else {
                    bat(/"${mvnHome}\bin\mvn" -Dmaven.test.failure.ignore clean
package/)
                }
```

```
                }
                stage('Results - Eureka Server') {
                    archiveArtifacts 'target/*.jar'
                }
            }
        }
        stage('Product API') {
            dir('product') {
                stage('Build - Product API') {
                    // 메이븐 빌드 실행
                    if (isUnix()) {
                        sh "'${mvnHome}/bin/mvn' -Dmaven.test.failure.ignore clean
package"
                    } else {
                        bat(/"${mvnHome}\bin\mvn" -Dmaven.test.failure.ignore clean
package/)
                    }
                }
                stage('Results - Product API') {
                    junit '**/target/surefire-reports/TEST-*.xml'
                    archiveArtifacts 'target/*.jar'
                }
            }
        }
    }
}
```

파이프라인 스크립트는 다음과 같이 빌드를 수행한다.

1. 깃허브에서 소스코드를 체크아웃한다.

2. 메이븐 도구를 구성한다.

3. 소스 저장소를 체크아웃한 디렉터리 두 곳에서 메이븐 빌드를 실행해서 아티
   팩트 두 개를 만든다.

4. 빌드 후 생성된 테스트 결과와 JAR 파일을 저장한다.

젠킨스에서 새 파이프라인 잡[job]을 만든다.

파이프라인 구성에서 깃허브 저장소 주소를 입력하고 깃 저장소에 있는 Jenkinsfile의
경로를 지정한다.

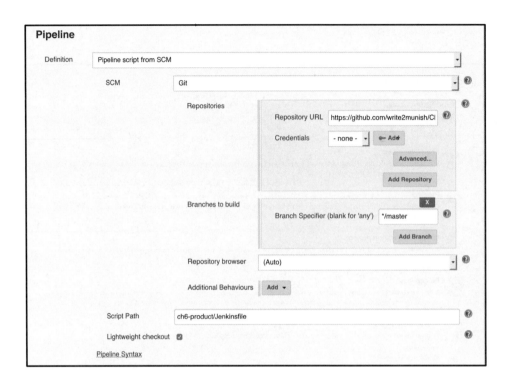

빌드를 실행하면 두 개의 아티팩트가 생성된다.

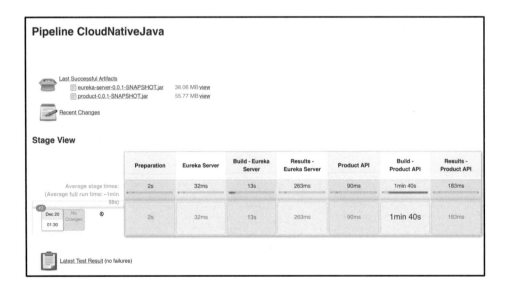

6장의 앞부분에서는 수작업으로 도커 컨테이너를 빌드했는데, 파이프라인 스크립트를 젠킨스 도커 플러그인을 이용해서 확장하면 자동화할 수 있다.

▌ 요약

6장에서는 클라우드 네이티브 애플리케이션을 배포할 때 사용할 수 있는 다양한 배포 패턴과 젠킨스 등의 지속적인 통합 도구를 이용해서 빌드 및 배포를 자동화하는 방법을 알아봤다. 또한 도커 컨테이너로 클라우드 네이티브 애플리케이션을 빌드하고 실행하는 방법도 알아봤다.

07

클라우드 네이티브
애플리케이션 런타임

6장에서는 애플리케이션을 개발 및 테스트한 후 이를 젠킨스 파이프라인을 통해 배포해봤다. 7장에서는 애플리케이션이나 서비스가 실행되는 런타임 생태계에 대해 알아본다.

7장에서 다루는 내용은 다음과 같다.

- 통합 런타임의 필요성과 다수의 서비스를 운영 및 관리할 때 발생하는 문제 요약
- 참조 런타임 아키텍처 구현
  - 서비스 레지스트리
  - 컨피그 서버
  - 서비스 프론트엔드, API 게이트웨이, 리버스 프록시, 로드 밸런서

- 주울^{Zuul}을 리버스 프록시로 다루기

※ 위 표기는 실제로는 주울^{Zuul}을 으로, 아래와 같이 수정

- 주울^{Zuul}을 리버스 프록시로 다루기
  - 쿠버네티스와 Minikube를 이용한 컨테이너 관리 및 오케스트레이션
- PaaS에서 서비스 실행
  - PaaS 플랫폼이 6장에서 설명한 서비스 런타임 참조 아키텍처 구현에 유용한 이유
  - 클라우드 파운드리의 설치 방법과 클라우드 파운드리에서 **product** 서비스를 실행하는 방법

▌ 런타임의 필요성

지금까지는 서비스를 개발하고 테스트 작성, 지속적인 통합 자동화, 컨테이너에서의 실행 등을 수행했다. 이제 무엇이 더 필요할까?

다수의 대규모 상용 서비스를 운영하는 것은 어려운 일이다. 더 많은 서비스를 운영 환경에 배포할수록 관리는 더 복잡해진다.

이제 문제점을 다시 살펴보자. 다음은 마이크로서비스 생태계에서 설명하고, 6장의 코드 예제로 해결한 것들이다.

- **클라우드에서 실행되는 서비스**: 전통적인 대규모 애플리케이션은 하나의 애플리케이션 서버에서 하나의 IP 주소와 포트를 갖고 실행된다. 반면에 마이크로서비스는 다수의 컨테이너에서 다수의 IP 주소와 포트를 사용해 실행된다. 따라서 서비스의 추적은 더 까다롭다.
- **유연한 서비스 확장과 축소**: 클라우드 공간에는 수많은 서비스가 실행되고 있다. 애자일과 데브옵스를 실천하는 많은 팀이 새로운 서비스를 배포하고 오래된 서비스를 내린다. 따라서 마이크로서비스 기반의 클라우드 환경은 매우 역동적이라고 할 수 있다.

이 두 가지 문제는 서비스 레지스트리 검색 서비스로 해결한다. 클라이언트는 이름으로 서비스가 어디에 있는지 찾을 수 있으며, 이를 위해 클라이언트 측 로드 밸런싱 패턴을 사용한다.

클라이언트가 서비스의 실제 주소를 알 필요가 없게 추상화하려면 서버 측 로드 밸런싱 패턴을 사용한다. 엔진엑스 같은 로드 밸런서, Apigee 같은 API 게이트웨이, 주울 같은 리버스 프록시나 라우터가 이를 지원한다.

- **전체 마이크로서비스의 구성 관리**: 배포 단위가 여러 서비스로 분할된 경우에 각 서비스에는 접속 주소, 사용자 아이디, 로깅 레벨 등 일련의 구성 정보를 담고 있는 속성 파일이 있다. 서비스 묶음이나 흐름의 로그 레벨을 변경하고 싶다면 모든 애플리케이션의 속성 파일을 변경해야 할까? 이제 스프링 컨피그 서버나 컨설^{Consul}을 이용해서 속성 파일을 한곳으로 모으고, 속성을 계층 구조로 관리하는 방법을 알아본다.

- **대량의 로그 파일 관리**: 각 마이크로서비스는 하나 이상의 .out이나 .err, Log4j 형식의 로그 파일을 생성한다. 여러 서비스에서 생성한 다수의 로그 파일에서 로그 메시지를 어떻게 검색할 수 있을까?

  상용 도구인 스플렁크^{Splunk}나 오픈소스 도구인 로그스태시^{Logstash}, 갤럭시아^{Galaxia} 등이 제공하는 로그 집합^{log aggregation} 패턴으로 이 문제를 해결한다. 로그 집합 패턴은 피보탈 클라우드 파운드리^{PCF, Pivotal Cloud Foundry} 같은 PaaS에서는 기본으로 제공하기도 한다.

  이 외에 로그를 Kafka와 같은 집계기^{aggregator}로 스트리밍해 한곳으로 모으는 방법도 있다.

- **각 서비스의 메트릭^{metrics}**: 2장에서는 엔드포인트로 노출되는 스프링 액추에이터의 메트릭을 추가했다. 이 외에도 드롭위자드^{Dropwizard} 메트릭 같이 지표를 수집하거나 노출할 수 있는 다른 메트릭이 많다.

  에이전트가 모든 서비스의 액추에이터 메트릭을 모니터링하는 방식이나 반출한 후에 모니터링 도구나 레포팅 도구에서 집계하는 방식, 다이나트레이스

Dynatrace나 앱다이나믹스^{AppDynamics} 같은 애플리케이션 모니터링 도구를 사용해서 애플리케이션을 모니터링해 메트릭을 자바 단에서 추출하는 방식이 있다.

▌ 참조 런타임 아키텍처 구현

앞 절에서 설명한 문제는 다음의 참조 런타임 아키텍처로 해결한다.

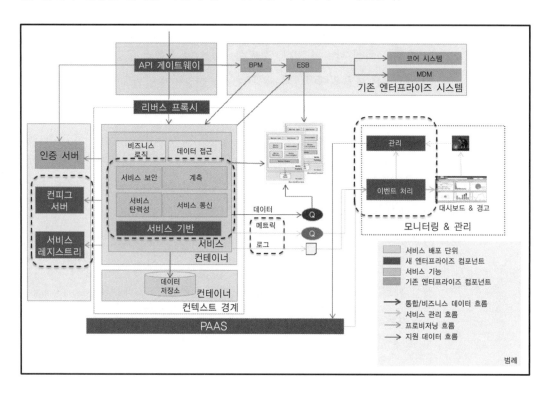

그림에 나온 모든 컴포넌트에 대해서는 이미 1장에서 설명했다. 이제 필요한 기술을 선택하고 구현해보자.

서비스 레지스트리

서비스 레지스트리 유레카를 실행하는 방법은 2장에서 설명했다. product 서비스를 서비스 레지스트리에 등록하는 방법과 클라이언트가 리본 및 유레카를 이용해서 product 서비스를 찾는 방법을 복습하려면 2장을 참조하라.

쿠버네티스 등의 도커 오케스트레이션 지원 도구를 사용하면 서비스 레지스트리의 중요성은 감소한다. 쿠버네티스는 서비스 등록과 조회, 리디렉션을 자체 지원한다.

컨피그 서버

컨피그 서버는 구성 정보를 계층 구조로 저장한다. 애플리케이션은 컨피그 서버의 주소만 알면 컨피그 서버에 접속해서 나머지 구성 정보를 가져올 수 있다.

인기 있는 컨피그 서버가 두 개 있는데, 하나는 Hashicorps의 컨설이고 다른 하나는 스프링 컨피그 서버다. 여기서는 스프링 스택의 일관성 유지를 위해 스프링 컨피그 서버를 사용한다.

컨피그 서버를 사용해보자. 구성 정보 외부화externalized configuration는 서버와 클라이언트 두 부분으로 나뉜다.

컨피그 서버의 서버 부분

HTTP 연결을 통해 구성 정보를 제공하는 여러 제품 중 컨설과 주키퍼Zookeeper가 인기 있다. 하지만 스프링 클라우드는 스프링 기반의 프로젝트를 위해서 깃, 데이터베이스, 파일 시스템 등의 여러 백엔드에 연결할 수 있는 유연한 컨피그 서버를 제공한다. 구성 정보는 버전 관리 시스템에 저장하는 것이 바람직하므로, 이 예제에서는 스프링 컨피그 서버의 백엔드로 깃을 사용한다.

스프링 클라우드 컨피그Spring Cloud Config 서버의 코드와 구성, 런타임은 유레카와 매우 비슷하다. 2장에서 유레카를 실행한 것처럼 쉽게 인스턴스를 실행할 수 있다.

다음 단계를 따라 서비스 레지스트리를 실행한다.

1. 새 메이븐 프로젝트를 만들고 아티팩트 아이디^{artifact ID}를 config-server로 지정한다.

2. POM 파일에 다음 내용을 추가한다.

   1. parent에 spring-boot-starter-parent

   2. 의존성^{dependency}에 spring-cloud-config-server

   3. 의존성 관리^{dependency management}에 spring-cloud-config

```
config-server/pom.xml ⊠
 1⊖ <project xmlns="http://maven.apache.org/POM/4.0.0" xmlns:xsi="http://www.w3.org/2001/XMLSchema-instance"
 2     xsi:schemaLocation="http://maven.apache.org/POM/4.0.0 http://maven.apache.org/xsd/maven-4.0.0.xsd">
 3     <modelVersion>4.0.0</modelVersion>
 4
 5     <groupId>com.mycompany.infra</groupId>
 6     <artifactId>config-server</artifactId>
 7     <version>0.0.1-SNAPSHOT</version>
 8
 9⊖    <parent>
10         <groupId>org.springframework.boot</groupId>
11         <artifactId>spring-boot-starter-parent</artifactId>
12         <version>1.5.9.RELEASE</version>
13     </parent>
14
15⊖    <dependencyManagement>
16⊖        <dependencies>
17⊖            <dependency>
18                 <groupId>org.springframework.cloud</groupId>
19                 <artifactId>spring-cloud-config</artifactId>
20                 <version>1.4.0.RELEASE</version>
21                 <type>pom</type>
22                 <scope>import</scope>
23             </dependency>
24         </dependencies>
25     </dependencyManagement>
26
27⊖    <dependencies>
28⊖        <dependency>
29             <groupId>org.springframework.cloud</groupId>
30             <artifactId>spring-cloud-config-server</artifactId>
31         </dependency>
32     </dependencies>
33
34⊖    <build>
35⊖        <plugins>
36⊖            <plugin>
37                 <groupId>org.springframework.boot</groupId>
38                 <artifactId>spring-boot-maven-plugin</artifactId>
39             </plugin>
40         </plugins>
41     </build>
42 </project>
```

3. ConfigServiceApplication 클래스를 만들고 컨피그 서버 실행을 위한 애노테이션을 붙인다.

```java
package com.mycompany.infra.configsvr;


import org.springframework.boot.SpringApplication;

@EnableConfigServer
@SpringBootApplication
public class ConfigServiceApplication {

    public static void main(String[] args) {
        SpringApplication.run(ConfigServiceApplication.class, args);
    }
}
```

4. application.yml 파일을 애플리케이션의 config-server/src/main/resources 폴더에 만들고 다음 내용을 입력한다.

```yaml
server:
  port: 8888
spring:
  cloud:
    config:
      server:
        git:
          uri: file:../..
```

포트 번호는 컨피그 서버가 HTTP 연결을 통해 구성 요청을 수신하기 위해 사용한다.

spring.cloud.config.server.git.uri는 깃 저장소의 위치인데, 개발을 위해 로컬 폴더로 지정했다. 아직 깃 저장소로 만들지 않았다면 git init 명령을 이 폴더[1]에서 실행한다.

---

1. README.md 파일이 있는 최상위 폴더에서 git init을 실행한다. - 옮긴이

이 책에서는 깃의 인증이나 암호화를 다루지 않는다. 자세한 내용은 스프링 클라우드 컨피그 문서(https://spring.io/guides/gs/centralized-configuration/)를 참조한다.

5. product 프로젝트의 application.properties 파일에 있는 속성을 product.properties 파일로 옮길 것이다. product.properties 파일의 속성은 컨피그 서버에서 로드하게 된다. 우선 다음 속성을 입력한다.

```
testMessage=Hi There
```

이 속성 파일은 앞에서 언급한 깃 폴더에 둔다. 다음 명령을 실행해 속성 파일을 깃 저장소에 추가한다.

```
git add product.properties
git commit -m "add product.properties"
```

6. bootstrap.yml 파일을 애플리케이션의 리소스 폴더에 만들고 프로젝트 이름을 입력한다.

```
spring:
  application:
    name: configsvr
```

7. 메이븐 프로젝트를 빌드하고 시작한다.
8. 톰캣의 시작 메시지는 다음과 같다.

```
Registering beans for JMX exposure on startup
Bean with name 'configurationPropertiesRebinder' has been autodetected for JMX exposure
Bean with name 'refreshEndpoint' has been autodetected for JMX exposure
Bean with name 'environmentManager' has been autodetected for JMX exposure
Bean with name 'refreshScope' has been autodetected for JMX exposure
Located managed bean 'environmentManager': registering with JMX server as MBean [org.springframework.cloud.contex
Located managed bean 'refreshScope': registering with JMX server as MBean [org.springframework.cloud.context.scop
Located managed bean 'configurationPropertiesRebinder': registering with JMX server as MBean [org.springframework
Located managed bean 'refreshEndpoint': registering with JMX server as MBean [org.springframework.cloud.endpoint:
Starting beans in phase 0
Tomcat started on port(s): 8888 (http)
Started ConfigServiceApplication in 14.213 seconds (JVM running for 16.58)
```

ConfigurationServiceApplication이 8888 포트로 시작됐다.

앞에서 추가한 속성을 사용할 수 있는지 확인해보자.

브라우저를 띄워서 product.properties을 확인해보자. 두 가지 방법으로 확인할 수 있다. JSON 형식으로 속성 파일을 보거나 텍스트 파일 형식으로 보는 것이다.

1. http://localhost:8888/product/default

2. http://localhost:8888/product-default.properties

URL의 일부로 쓴 default는 프로필 이름이다. 스프링 부트 애플리케이션은 프로필 덮어쓰기[overrides]를 지원한다. 예를 들면 테스트나 UAT 환경에서는 product.properties를 product-test.properties로 대체할 수 있다. 따라서 컨피그 서버는 다음과 같은 형식의 URL을 지원한다.

```
http://configsvrURL/{application}/{profile}
```

```
http://configsvrURL/{application-profile}.properties
```

```
http://configsvrURL/{application-profile}.yml
```

운영 환경에서는 위와 같이 컨피그 서버에 직접 접속할 일은 없고, 클라이언트가 컨피그 서버에 접속하게 된다. 다음 절에서 이를 알아본다.

컨피그 클라이언트

앞에서 개발한 product 서비스의 코드를 기반으로 애플리케이션 속성을 컨피그 서버로 옮겨보자.

1. 이클립스에서 product 서비스 프로젝트를 복사해 7장에서 사용할 새 프로젝트를 만든다.
2. spring-cloud-starter-config 의존성을 POM 파일의 의존성[dependencies] 목록에 추가한다.

```
<dependencies>
    <dependency>
        <groupId>org.springframework.boot</groupId>
        <artifactId>spring-boot-starter-web</artifactId>
    </dependency>
    <dependency>
        <groupId>org.springframework.boot</groupId>
        <artifactId>spring-boot-starter-actuator</artifactId>
    </dependency>
    <dependency>
        <groupId>org.springframework.cloud</groupId>
        <artifactId>spring-cloud-starter-eureka</artifactId>
    </dependency>
    <dependency>
        <groupId>org.springframework.cloud</groupId>
        <artifactId>spring-cloud-starter-config</artifactId>
    </dependency>
    <dependency>
        <groupId>org.springframework.cloud</groupId>
        <artifactId>spring-cloud-starter-ribbon</artifactId>
    </dependency>
    <dependency>
        <groupId>org.springframework.boot</groupId>
        <artifactId>spring-boot-starter-data-jpa</artifactId>
    </dependency>
</dependency>
```

3. 작업은 리소스 폴더에서 진행한다. http://localhost:8888에서 실행 중인 컨피그 서버를 사용하도록 product 서비스 설정을 변경한다.

failFast 플래그를 설정하면 컨피그 서버를 못 찾았을 때 애플리케이션 로딩을 중단한다. 컨피그 서버를 못 찾는 경우에 애플리케이션이 기본 값으로 동작하는 것을 막고 싶다면 이 플래그를 설정한다.

```
spring:
  application:
    name: product

  cloud:
    config:
      uri: http://localhost:8888
      failFast: true
```

4. product 서비스의 리소스 폴더에 있는 application.properties 파일에 정의된 모든 속성을 앞 절에서 컨피그 서버의 깃 저장소에 넣은 product.properties

파일로 옮긴다. 이제 product.properties 파일에는 필수 구성 정보와 테스트를 위해 넣은 **Hi There** 메시지가 있다.

```
server.port=8082
eureka.instance.leaseRenewalIntervalInSeconds=15
logging.level.org.hibernate.tool.hbm2ddl=DEBUG
logging.level.org.hibernate.SQL=DEBUG
testMessage=Hi There
```

5. product 서비스의 리소스 폴더에 있는 application.properties 파일을 지운다.

6. 속성이 컨피그 서버에서 설정되는지 확인하기 위해 **product** 서비스에 테스트 메소드를 추가한다.

```
@Value("${testMessage:Hello default}")
private String message;
@RequestMapping("/testMessage")
String getTestMessage() {
    return message ;
}
```

7. 5장에서 설명한 대로 유레카 서버를 실행한다.

8. 앞 절에서 실행한 컨피그 서버가 실행 중인지 확인한다.

9. ProductSpringApp 메인 클래스로 **product** 서비스를 실행한다. 로그의 시작 부분에서 다음과 같은 출력을 볼 수 있다.

```
: Fetching config from server at: http://localhost:8888
: Located environment: name=product, profiles=[default], label=null,
```
ProductSpringApp을 시작하면 8888 포트로 실행된 컨피그 서버에서 구성을 가져온다.

환경 설정 값 name=product는 bootstrap.yml 파일에 넣은 애플리케이션 이름이다.

product 서비스의 수신 포트 번호와 곧 보게 될 테스트 메시지 등의 다른 속성은
모두 컨피그 서버에서 가져온 것이다.

```
: Discovery Client initialized at timestamp 1518938358612 with initial
Registering application product with eureka with status UP
Saw local status change event StatusChangeEvent [timestamp=1518938358
DiscoveryClient_PRODUCT/localhost:product:8082: registering service..
DiscoveryClient_PRODUCT/localhost:product:8082 - registration status:
Tomcat started on port(s): 8082 (http)
Updating port to 8082
Started ProductSpringApp in 20.527 seconds (JVM running for 21.081)
```

ProductSpringApp은 외부의 구성 정보를 이용해 8082 포트로 시작한다.

다음의 두 URL을 이용해서 애플리케이션을 테스트한다.

- **http://localhost:8082/testMessage**: 구성 파일에 넣은 메시지 Hi There를
  출력한다.

 product 내역 등의 다른 REST 서비스에 접속해본다. product 상세 정보를 볼 수 있으
면 서비스가 잘 동작하는 것이다.

- **http://localhost:8082/product/1**: {"id":1,"name":"Apples","catId":1}
  을 출력한다.

속성 새로 고침

중앙에서 속성을 변경하고 이를 모든 서비스에 반영하려면 어떻게 해야 할까?

1. product.properties 파일의 테스트 메시지를 Hi Spring으로 변경한다.
2. 컨피그 서버에 다시 접속해보면 변경 사항이 반영된 것을 확인할 수 있다.

하지만 이 속성은 서비스에 바로 반영되지는 않는다. http://localhost:8082/testMessage에 접속하면 이전의 메시지 **Hi There**를 출력한다. 커맨드라인에서 속성을 새로 고침하려면 어떻게 해야 할까?

액추에이터의 /refresh 명령을 사용하면 간편하다. @RefreshScope 애노테이션의 영향을 받게 설정된 빈은 Postman으로 http://localhost:8082/refresh에 POST 요청을 보내면 다시 로드된다.[2] 속성을 새로 고침 한 결과는 아래의 로그로 확인할 수 있다.

```
: Refreshing org.springframework.context.annotation.AnnotationConfigApplicationContext@169eb596: startup date
: JSR-330 'javax.inject.Inject' annotation found and supported for autowiring
: Bean 'configurationPropertiesRebinderAutoConfiguration' of type [org.springframework.cloud.autoconfigure.Con
: Fetching config from server at: http://localhost:8888
```

로그의 첫 번째 줄은 http://localhost:8082/refresh를 호출한 후에 product 서비스가 새로 고쳐진 것을 보여준다.

표시된 줄 다음으로 속성을 다시 로드하는 것을 볼 수 있다. 이후 http://localhost:8082/testMessage에 접속하면 반영된 것을 확인할 수 있다.

마이크로서비스의 프론트엔드

마이크로서비스의 프론트엔드에는 복잡도 순으로 리버스 프록시, 로드 밸런서, 에지 게이트웨이^{edge gateway}, API 게이트웨이를 사용하는 것이 일반적인 패턴이다.

---

2. /refresh 엔드포인트에 접속하려면 인증이 필요하다. product 서비스의 bootstrap.yml 파일에 다음의 설정을 추가하면 인증 없이 접속 가능하다. - 옮긴이

    management.security.enabled: false

- **리버스 프록시:** 리버스 프록시는 내부 서버의 리소스를 마치 자신이 보낸 것처럼 해주는 프로세스라고 정의할 수 있다. 이 관점으로 보면 웹 서버 프론트엔드와 애플리케이션 서버는 리버스 프록시 역할을 한다. 리버스 프록시는 2장에서 본 것처럼 클라이언트가 서비스를 직접 찾아 접근할 필요가 없게 해주기 때문에 클라우드 네이티브 애플리케이션에 유용하다. 리버스 프록시는 마이크로서비스를 검색하고 호출하고 결과를 클라이언트가 사용할 수 있게 한다.

- **로드 밸런서:** 로드 밸런서는 리버스 프록시의 확장된 형식으로, 여러 서비스에 걸쳐 수신되는 클라이언트 요청의 균형을 맞춰서 서비스의 가용성을 높인다. 로드 밸런서는 서비스 레지스트리를 이용해 활성화된 서비스를 찾아 요청을 분배한다. 엔진엑스, HAProxy를 마이크로서비스 프론트엔드에 많이 사용한다.

- **에지 게이트웨이:** 이름에서 알 수 있듯이 에지 게이트웨이는 기업이나 부서의 경계에 배포해서 사용하는 고순위 컴포넌트다. 인증, 권한 부여, 트래픽 제어, 라우팅^{routing} 등 로드 밸런서보다 많은 기능을 갖고 있으며, 넷플릭스 주울이 대표적이다. 이 절에서는 주울의 코드 예제를 볼 것이다.

- **API 게이트웨이:** 모바일 및 API의 대중화로, 이 컴포넌트는 여러 서비스로 요청을 분산해 조정하고 요청을 가로채서 개선하거나 요청에 대한 정교한 분석을 수행하는 등의 좀 더 복잡한 기능을 제공한다. API 게이트웨이, 로드 밸런서, 리버스 프록시, 에지를 하나의 흐름으로 사용하는 것도 가능하다. 이 접근법은 책임을 나누는 데에는 도움이 되지만 경로의 추가로 인해 대기 시간은 증가한다. API 게이트웨이는 8장에서 다룬다.

넷플릭스 주울

넷플릭스 주울은 넷플릭스에서 대중화한 에지 게이트웨이로, 스프링 클라우드에 포함돼 있다. 주울은 문지기를 의미하며, 앞서 설명했듯이 인증과 트래픽 제어, 주요 기능인 라우팅 등을 수행한다. 또한 유레카 및 히스트릭스와 통합해 서비스 검색 및 메트릭을 보고하며, 기업이나 도메인의 프론트엔드로도 사용한다.

product 서비스의 앞에 주울 게이트웨이를 놓아보자.

1. 새 메이븐 프로젝트를 만들고 아티팩트 아이디를 zuul-server로 설정한다.
2. POM 파일에 다음 내용을 추가한다.
   1. parent에 spring-boot-starter-parent
   2. 의존성에 spring-cloud-starter-zuul, spring-cloud-starter-eureka, spring-boot-starter-web
   3. 의존성 관리에 spring-cloud-starter-netflix

```
M ch7-zuul/pom.xml ⊠
 5          <groupId>com.mycompany.infra</groupId>
 6          <artifactId>zuul-server</artifactId>
 7          <version>0.0.1-SNAPSHOT</version>
 8
 9⊖        <parent>
10              <groupId>org.springframework.boot</groupId>
11              <artifactId>spring-boot-starter-parent</artifactId>
12              <version>1.5.9.RELEASE</version>
13          </parent>
14
15⊖        <dependencyManagement>
16⊖            <dependencies>
17⊖                <dependency>
18                      <groupId>org.springframework.cloud</groupId>
19                      <artifactId>spring-cloud-starter-netflix</artifactId>
20                      <version>1.4.0.RELEASE</version>
21                      <type>pom</type>
22                      <scope>import</scope>
23                  </dependency>
24              </dependencies>
25          </dependencyManagement>
26
27⊖        <dependencies>
28⊖            <dependency>
29                  <groupId>org.springframework.cloud</groupId>
30                  <artifactId>spring-cloud-starter-zuul</artifactId>
31              </dependency>
32⊖            <dependency>
33                  <groupId>org.springframework.boot</groupId>
34                  <artifactId>spring-boot-starter-web</artifactId>
35              </dependency>
36⊖            <dependency>
37                  <groupId>org.springframework.cloud</groupId>
38                  <artifactId>spring-cloud-starter-eureka</artifactId>
39              </dependency>
40          </dependencies>
```

256

3. 애플리케이션 클래스를 만들고 주울 프록시를 활성화하는 애노테이션을 붙인다.

```
M ch7-zuul/pom.xml        J ZuulProxy.java  ⊠
   1  package com.mycompany.infra.edge;
   2
   3
   4⊕ import org.springframework.boot.SpringApplication;
   7
   8  @EnableZuulProxy
   9  @SpringBootApplication
  10  public class ZuulProxy {
  11
  12⊖     public static void main(String[] args) {
  13             SpringApplication.run(ZuulProxy.class, args);
  14     }
  15  }
```

application.yml의 구성 정보는 주울에게 매우 중요하다. 적합한 마이크로서비스로 리디렉션하는 주울의 라우팅 기능을 이 파일에서 구성한다.

1. 주울은 유레카와 원활한 상호작용을 할 수 있어서 이를 활용한다.

```
eureka:
  client:
      serviceUrl:
defaultZone: http://127.0.0.1:8761/eureka/
```

이 설정은 주울이 해당 포트에서 실행 중인 유레카 레지스트리에서 서비스를 검색하게 한다.

2. 수신 포트는 8080으로 구성한다.

3. 마지막으로 라우트route를 구성한다.

REST 요청 URL을 이를 처리할 서비스로 매핑하는 설정은 다음과 같다.

```
zuul:
  routes:
```

```
product:
    path: /product*/**
    stripPrefix: false
```

배후에서 일어나는 일

배후에서 일어나는 일을 살펴보자.

1. product의 라우트 경로 정의는 /product*/** 형식이다. product 서비스가
   유레카 레지스트리에 존재하면 product 서비스로 리디렉트로 하도록 주울 서
   버에 지시한다.

2. 경로는 /product*/**로 구성돼 있는데, 왜 * 문자가 세 개일까? 기억할지 모
   르겠지만 product 서비스는 두 가지 유형의 REST 서비스를 처리한다.
   /product/1 GET과 /product PUT, DELETE, POST 요청이다. /products?id=1
   GET 요청은 주어진 카테고리 ID에 맞는 제품 목록을 반환하게 요청한다. 따라
   서 product*는 /product와 /products에 모두 매핑된다.

3. stripPrefix를 false로 설정하면 /product/가 product 서비스로 전달된다.
   true로 설정하면 /product*/ 뒤에 오는 나머지 URL만 마이크로서비스로 전
   달된다. product 서비스는 매핑에 /product를 포함하므로, 접두사를 그대로
   product 서비스에 전달한다.

한 번에 모두 실행

다른 모든 생태계 서비스와 더불어 product 서비스를 실행한다.

1. 의존성이 없는 서비스부터 차례로 각 서비스를 실행한다.
2. 컨피그 서버와 유레카 서버를 메인 클래스나 메이븐을 이용해 실행한다.
3. product 서비스를 실행한다.

4. 주울 서비스를 실행한다.

   로그 창을 확인해 모든 서버가 시작될 때까지 기다린다.

5. 브라우저에서 다음의 주소에 접속해 확인한다.

   - http://localhost:8080/product/3

   - http://localhost:8080/products?id=1

첫 번째 요청으로는 ID가 3인 제품의 정보를, 두 번째 요청으로는 카테고리 ID가 1인 제품의 목록을 볼 수 있어야 한다.

주울과 product 서비스의 로그를 보자.

- 주울의 로그에서는 /product*/** 매핑이 잘 동작하고 product 서비스의 엔드포인트를 유레카에서 가져온 것을 볼 수 있다.

주울 에지에 product 서비스를 위한 요청을 매핑해서 유레카가 가리키는 주소로 전달한다.

- product 서비스에서는 데이터베이스에 쿼리하는 서비스가 실행된다.

```
: FrameworkServlet 'dispatcherServlet': initialization started
: FrameworkServlet 'dispatcherServlet': initialization completed in 29 ms
: [10.10.255.59]:5701 [ProductCluster] [3.7.8] Initializing cluster partition table arrangement...
: HHH000397: Using ASTQueryTranslatorFactory
: select product0_.id as id1_0_, product0_.cat_id as cat_id2_0_, product0_.name as name3_0_ from product product0_ where product0_.cat_id=?
```

데이터베이스 쿼리 실행 로그

▌ 쿠버네티스: 컨테이너 오케스트레이션

지금까지 유레카, 컨피그 서버, product 서비스, 주울을 각각 배포했다.

6장에서는 젠킨스^{Jenkins}와 같은 CI 도구를 이용해서 배포를 자동화하고, 도커 컨테이너로 배포하는 방법을 알아봤다.

동작 중인 컨테이너는 서로 독립적으로 실행된다. 컨테이너의 규모를 조정하거나 컨테이너가 실패할 경우에 재시작하는 장치가 없으며, 어떤 서비스를 어떤 VM에 배포할지를 사람이 결정해야 한다. 즉, 서비스는 지능적으로 조합돼서 자리를 찾는 것이 아니라 언제나 특정 VM에 배포된다. 즉, 애플리케이션 서비스를 관리하는 오케스트레이션 계층이 없다.

쿠버네티스는 배포와 런타임 관리를 손쉽게 하는 인기 있는 오케스트레이션 도구다.

쿠버네티스 아키텍처와 서비스

쿠버네티스는 구글이 주도하는 오픈소스 프로젝트다. Borg라는 사내 컨테이너 오케스트레이션 시스템에서 구현해 검증 및 테스트를 거친 일부 개념을 구현한다. 쿠버네티스 아키텍처는 마스터 노드^{master node}와 미니언 노드^{minion node}라는 두 가지 컴포넌트로 구성된다. 마스터 노드에는 다음과 같은 컴포넌트가 있다.

- **컨트롤러**: 노드, 복제^{replica}, 서비스^{service}를 관리한다.
- **API 서버**: kubectl 클라이언트와 미니언 노드가 사용하는 REST 엔드포인트를 제공한다.

260

- **스케줄러:** 특정 컨테이너가 어디에 생성될지 결정한다.
- **Etcd:** 클러스터와 구성 정보를 저장한다.

미니언 노드에는 다음과 같은 두 가지 컴포넌트가 있다.

- **큐브릿**Kublet**:** 리소스 가용성을 마스터에 알리고 스케줄러가 지정한 컨테이너를 실행하는 에이전트
- **프록시**Proxy**:** 네트워크 요청을 쿠버네티스 서비스로 라우팅

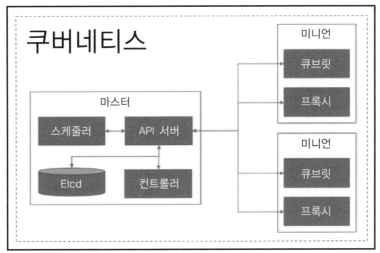

쿠버네티스의 컴포넌트 구성

쿠버네티스는 포드pod와 서비스라는 두 가지 기본 요소를 사용하는 컨테이너 스케줄러다. 포드는 특정 라벨Label로 태그를 붙일 수 있는 연관성 있는 컨테이너의 집합이다. 서비스는 라벨을 이용해서 대상 포드를 지정하고 엔드포인트를 노출한다. 다음 그림은 이 개념을 보여준다.

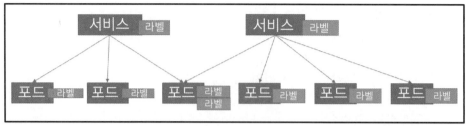

서비스와 포드의 관계

쿠버네티스에서 포드는 일시적인 것으로 여겨 삭제할 수 있다. 그러나 ReplicaSet으로 포드를 만들면 해당 포드의 복제나 인스턴스가 몇 개 있어야 하는지 지정할 수 있다. 이 경우 쿠버네티스 스케줄러는 자동으로 포드의 새 인스턴스를 스케줄링해 사용할 수 있게 하며, 서비스가 트래픽을 라우팅하기 시작한다. 라벨이 일치하는 포드는 여러 서비스에서 대상으로 삼을 수 있는데, 이는 롤링rolling 배포를 할 때 유용하다.

이제 쿠버네티스에 간단한 API를 배포하고 롤링 업그레이드하는 방법을 알아본다.

Minikube

Minikube는 단일 노드 쿠버네티스를 가상 머신에서 실행하게 해주는 프로젝트다. Minikube를 설치하려면 https://github.com/kubernetes/minikube의 지침을 따른다. 윈도우 사용자는 다음 단계를 따라 설치한다.

- kubectl 바이너리를 다운로드한 후 시스템 경로에 추가하면 명령 프롬프트에서 Minikube로 실행한 쿠버네티스 리소스와 통신하고 관리할 수 있다. kubectl은 https://storage.googleapis.com/kubernetes-release/release/v1.9.0/bin/windows/amd64/kubectl.exe에서 다운로드한다.

- 사용자Users 디렉터리가 있는 드라이브(예: C:)에서 Minikube를 실행해야 한다.

쿠버네티스에서 product 서비스 실행

쿠버네티스의 컨테이너 오케스트레이션 기능으로 서비스를 실행하기 위해 product 서비스를 변경해보자.

```
$ minikube start
Starting local Kubernetes v1.9.0 cluster...
Starting VM...
Downloading Minikube ISO
 142.22 MB / 142.22 MB [===============================] 100.00% 0s
Getting VM IP address...
Moving files into cluster...
Downloading localkube binary
 162.41 MB / 162.41 MB [===============================] 100.00% 0s
 0 B / 65 B [                                       ]    0.00%
 65 B / 65 B [==================================] 100.00% 0sSetting up certs...
Connecting to cluster...
Setting up kubeconfig...
Starting cluster components...
Kubectl is now configured to use the cluster.
Loading cached images from config file.
$
```

minikube 시작 로그

1. 다음 그림과 같이 명령을 실행해서 구성이 제대로 됐는지 테스트한다.

kubectl get svc 실행

2. 다음과 같이 도커 클라이언트와 Minikube VM에서 실행되는 도커 데몬을 연결하도록 설정한다.[3]

도커 클라이언트 연결

3. 다음과 같이 6장에서 도커 이미지를 만들 때의 지침을 따라 도커 이미지를 빌드한다.[4]

---

3. 윈도우 사용자는 다음의 명령을 실행한다. - 옮긴이

   @FOR /f "tokens=*" %i IN ('minikube docker-env') DO @%i

4. 6장의 product 서비스 소스를 빌드해서 이미지를 만들어야 한다. 7장의 소스는 컨피그 서버 등의 다른 지원 서버를 배포하는 등의 작업이 더 필요하다. - 옮긴이

```
$ docker build -t cnj/product-api .
Sending build context to Docker daemon  58.55MB
Step 1/5 : FROM openjdk:8-jdk-alpine
 ---> 224765a6bdbe
Step 2/5 : RUN mkdir -p /app
 ---> Using cache
 ---> b77b32c3d77b
Step 3/5 : ADD target/product-0.0.1-SNAPSHOT.jar /app/app.jar
 ---> aa5d22ada069
Step 4/5 : EXPOSE 8080
 ---> Running in 497306e36f52
 ---> 147b0640c16b
Removing intermediate container 497306e36f52
Step 5/5 : ENTRYPOINT /usr/bin/java -jar /app/app.jar --spring.profiles.active=docker
 ---> Running in 19d66666d16c
 ---> 5b294eb92199
Removing intermediate container 19d66666d16c
Successfully built 5b294eb92199
Successfully tagged cnj/product-api:latest
$
```

docker build 실행

4. 배포^{deployment} 파일을 만든다. 쿠버네티스의 기본 동작은 이미지를 도커 레지
스트리에서 가져오는 것이라서 imagePullPolicy를 Never로 설정했다.

```
deployment.yml ✖
apiVersion: apps/v1beta2
kind: Deployment
metadata:
  name: product-api
  labels:
    app: product-api
spec:
  replicas: 3
  selector:
    matchLabels:
      app: product-api
  template:
    metadata:
      labels:
        app: product-api
    spec:
      containers:
      - name: product-api
        image: cnj/product-api:latest
        imagePullPolicy: Never
        ports:
        - containerPort: 8080
```

다음과 같이 deployment.yml 파일을 실행한다.

264

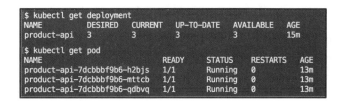

```
$ kubectl create -f deployment.yml
deployment "product-api" created
```

5. 인스턴스 세 개가 실행 중인지 확인한다.

```
$ kubectl get deployment
NAME            DESIRED    CURRENT    UP-TO-DATE    AVAILABLE    AGE
product-api     3          3          3             3            15m

$ kubectl get pod
NAME                            READY    STATUS     RESTARTS    AGE
product-api-7dcbbbf9b6-h2bjs     1/1      Running    0           13m
product-api-7dcbbbf9b6-mttcb     1/1      Running    0           13m
product-api-7dcbbbf9b6-qdbvq     1/1      Running    0           13m
```

6. 포드에 접근할 수 있게 service.yml 만든다.

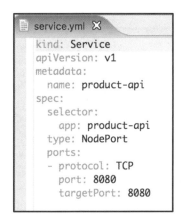

```
📄 service.yml ✖

kind: Service
apiVersion: v1
metadata:
  name: product-api
spec:
  selector:
    app: product-api
  type: NodePort
  ports:
  - protocol: TCP
    port: 8080
    targetPort: 8080
```

다음과 같이 service.yml 파일을 실행한다.

```
$ kubectl create -f service.yml
service "product-api" created
$ kubectl get service
NAME          TYPE        CLUSTER-IP       EXTERNAL-IP    PORT(S)          AGE
kubernetes    ClusterIP   10.96.0.1        <none>         443/TCP          2h
product-api   NodePort    10.108.166.132   <none>         8080:31709/TCP   5s
$
```

다음과 같이 서비스 주소를 확인한다.

```
$ minikube service —url product-api
http://192.168.99.100:31709
$
```

서비스 주소 확인 명령

이제 3개의 포드에 요청을 라우팅하는 API에 접근할 수 있다.

```
$ curl http://192.168.99.100:31709/product/1
{"id":1,"name":"Apples","catId":1}
$ curl http://192.168.99.100:31709/products?id=1
[{"id":1,"name":"Apples","catId":1},{"id":2,"name":"Oranges","catId":1},{"id":3,"name":"Bananas","catId":1}]
$ curl -XDELETE http://192.168.99.100:31709/product/1
{"id":1,"name":"Apples","catId":1}
```

curl http://192.168.99.100:31709/product/1〉

각 명령에 -v 옵션을 사용하면 다음과 같이 상세한 내용을 확인할 수 있다.

```
$ curl -v http://192.168.99.100:31709/product/1
*   Trying 192.168.99.100...
* TCP_NODELAY set
* Connected to 192.168.99.100 (192.168.99.100) port 31709 (#0)
> GET /product/1 HTTP/1.1
> Host: 192.168.99.100:31709
> User-Agent: curl/7.54.0
> Accept: */*
>
< HTTP/1.1 200
< X-Application-Context: product:docker
< Content-Type: application/json;charset=UTF-8
< Transfer-Encoding: chunked
< Date: Fri, 19 Jan 2018 21:00:45 GMT
<
* Connection #0 to host 192.168.99.100 left intact
{"id":1,"name":"Apples","catId":1}
$
```

curl with -v 옵션 실행

7. 다음과 같이 코드를 변경한다.

266

```java
ProductService.java ✕
    package com.mycompany.product;

  import java.util.List;

    @RestController
    public class ProductService {

        @Value("${version:v0.0.0}")
        String version;

        @Autowired
        ProductRepository prodRepo ;

        @RequestMapping(value="/product/{id}", method = RequestMethod.GET )
        ResponseEntity<Product> getProduct(@PathVariable("id") int id) {
            Product prod = prodRepo.findOne(id);
            if (prod == null)
                throw new BadRequestException(BadRequestException.ID_NOT_FOUND, "No product for id " + id) ;
            else {
                HttpHeaders responseHeaders = new HttpHeaders();
                responseHeaders.set("X-Application-Version", version);
                return new ResponseEntity<>(prod, responseHeaders, HttpStatus.OK);
            }
        }
    }
```

ProductService.java

8. 새 태그를 붙여 도커 이미지를 빌드한다.

```
$ docker build -t cnj/product-api:v1.0.1 .
Sending build context to Docker daemon  58.55MB
Step 1/5 : FROM openjdk:8-jdk-alpine
 ---> 224765a6bdbe
Step 2/5 : RUN mkdir -p /app
 ---> Using cache
 ---> b77b32c3d77b
Step 3/5 : ADD target/product-0.0.1-SNAPSHOT.jar /app/app.jar
 ---> 41625a85e526
Step 4/5 : EXPOSE 8080
 ---> Running in ab7936f82d38
 ---> 18e8b967a8f7
Removing intermediate container ab7936f82d38
Step 5/5 : ENTRYPOINT /usr/bin/java -jar /app/app.jar --spring.profiles.active=docker
 ---> Running in 5a84379a5912
 ---> 2a6c03bd5a15
Removing intermediate container 5a84379a5912
Successfully built 2a6c03bd5a15
Successfully tagged cnj/product-api:v1.0.1
$
```

docker build 실행

9. deployment.yml 파일을 업데이트한다.

```
deployment.yml ✕

apiVersion: apps/v1beta2
kind: Deployment
metadata:
  name: product-api
  labels:
    app: product-api
spec:
  replicas: 3
  selector:
    matchLabels:
      app: product-api
  template:
    metadata:
      labels:
        app: product-api
    spec:
      containers:
      - name: product-api
        image: cnj/product-api:v1.0.1
        imagePullPolicy: Never
        ports:
        - containerPort: 8080
```

10. 변경 사항을 적용한다.

```
$ kubectl apply -f deployment.yml
deployment "product-api" configured

$ kubectl rollout status deployment/product-api
deployment "product-api" successfully rolled out

$ kubectl get pods
NAME                          READY    STATUS         RESTARTS    AGE
product-api-55946666bc-2qddd  1/1      Running        0           14s
product-api-55946666bc-5bgrc  1/1      Running        0           11s
product-api-55946666bc-hd2fw  1/1      Running        0           8s
product-api-7dcbbbf9b6-6h7n4  0/1      Terminating    0           1m
product-api-7dcbbbf9b6-d79kk  0/1      Terminating    0           1m
product-api-7dcbbbf9b6-g7hm2  0/1      Terminating    0           1m

$ curl -v http://192.168.99.100:31709/product/1
*   Trying 192.168.99.100...
* TCP_NODELAY set
* Connected to 192.168.99.100 (192.168.99.100) port 31709 (#0)
> GET /product/1 HTTP/1.1
> Host: 192.168.99.100:31709
> User-Agent: curl/7.54.0
> Accept: */*
>
< HTTP/1.1 200
< X-Application-Context: product:docker
< X-Application-Version: v1.0.1
< Content-Type: application/json;charset=UTF-8
< Transfer-Encoding: chunked
< Date: Fri, 19 Jan 2018 21:17:49 GMT
<
* Connection #0 to host 192.168.99.100 left intact
{"id":1,"name":"Apples","catId":1}
$
```

▌ 서비스로서의 플랫폼

또 다른 인기 있는 클라우드 네이티브 애플리케이션 런타임은 PaaS다. PaaS는 클라우드 네이티브 애플리케이션을 손쉽게 배포하는 방법을 제공하고, 파일 저장소와 키-값 저장소, 암호화, 데이터베이스 등의 애플리케이션과 쉽게 엮을 수 있는 추가 서비스를 제공한다. 또한 클라우드 네이티브 애플리케이션을 쉽게 확장할 수 있는 방법도 제공한다. 이제 왜 PaaS가 클라우드 네이티브 애플리케이션을 위한 훌륭한 런타임인지 알아보자.

PaaS의 사례

런타임 아키텍처의 실현 측면에서 봤을 때 확장 가능한 마이크로서비스 아키텍처를 실현하려면 컨피그 서버, 서비스 레지스트리, 리버스 프록시, 모니터링, 로그 집계, 메트릭 등 여러 가지 컴포넌트를 모아야 한다. product 서비스의 비즈니스 로직을 제외한 나머지 서비스와 컴포넌트는 순수한 지원 컴포넌트로 많은 플랫폼 구축과 엔지니어링이 필요했다.

이 모든 컴포넌트가 플랫폼 서비스로 바로 제공된다면 어떨까? PaaS는 컨테이너 오케스트레이션보다 추상화 수준이 높다. PaaS는 컨테이너 오케스트레이션에서 설명한 서비스의 재시작 및 스케일링scaling, 로드 밸런싱 등의 모든 기본 인프라 서비스를 즉시 제공한다. 또한 PaaS는 클라우드 네이티브 애플리케이션을 개발하고 스케일링하고 유지 보수하는 데 필요한 추가 서비스도 제공한다. 이 접근법은 컴포넌트의 선택 및 조정에서 선택의 범위를 좁힌다는 단점이 있다. 그러나 비즈니스 문제의 해결에 집중하는 대부분의 기업에게는 좋은 절충점이 될 것이다.

PaaS를 사용하면 개발자는 코드 작성에만 집중할 수 있으며, 배포할 인프라에 대해 걱정할 필요가 없다. 이제 모든 엔지니어링은 개발자와 운영자가 환경을 설정하는 구성에 대한 것이 된다.

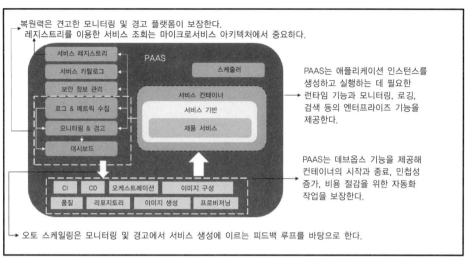

일반적인 PaaS의 구조

PaaS의 또 다른 장점은 다음과 같다.

- **런타임:** 개발자가 자바, Go, Node.js, .NET 등의 서비스를 개발할 수 있게 다양한 런타임을 제공한다. 따라서 개발자는 PaaS 환경에서 제공하는 다양한 런타임에서 실행할 수 있는 배포본의 생성에 집중한다.

- **서비스:** PaaS는 애플리케이션이 사용할 수 있는 데이터베이스, 메시징 등의 애플리케이션 서비스를 제공한다. 별도로 설치하거나 관리하지 않아도 되기 때문에 개발자와 운영자에게 유용하다.

- **멀티클라우드:** PaaS를 쓰면 개발자는 기반 인프라(혹은 IaaS)를 신경 쓰지 않아도 된다. PaaS가 실행되고 있는 인프라라면 데이터 센터나 AWS, 구글 클라우드 플랫폼GCP, Google Cloud Platform 등의 다양한 클라우드 제공자에 배포하는 데 대한 걱정 없이 개발자는 PaaS 환경에서 개발할 수 있다. 따라서 인프라나 클라우드 환경에 종속되지 않는다.

PaaS 환경의 단점은 제한적이고 유연성이 떨어진다는 것으로, 선택한 PaaS의 기본 서비스와 런타임이 모든 사용 사례에 적합하지 않을 수도 있다. 그러나 대부분의 PaaS

제공자는 더 많은 서비스와 구성을 포함하는 접속점 및 API를 제공하고, 런타임의 동작을 조정해 단점을 줄일 수 있는 정책 또한 제공한다.

클라우드 파운드리

클라우드 파운드리는 클라우드 파운드리 재단이 소유한 가장 성숙한 오픈소스 PaaS 중 하나다.

주요 컴포넌트는 다음과 같다.

- **애플리케이션 런타임**: 개발자가 자바나 Node.js 등의 애플리케이션을 배포하는 기반 플랫폼. 애플리케이션 런타임은 애플리케이션 생명주기 제어 및 애플리케이션 실행 등의 기능과 라우팅 및 인증과 같은 지원 기능, 메시징, 메트릭, 로깅과 같은 플랫폼 서비스를 제공한다.

- **컨테이너 런타임**: 컨테이너가 실행되는 런타임의 추상화다. 애플리케이션이 실행되는 컨테이너의 배포, 관리, 통합 기능을 제공한다. Kubo 프로젝트를 기반으로 한다.

- **애플리케이션 서비스**: 애플리케이션과 연결해 사용하는 데이터베이스와 같은 서비스다. 보통 다른 공급자가 제공한다.

- **클라우드 파운드리 컴포넌트**: 컨테이너 런타임을 위한 BOSH, 애플리케이션 런타임을 위한 Diego, 게시판[BBS, Bulletin Board System], NATS, 클라우드 컨트롤러 등 많은 컴포넌트가 있다. 이런 컴포넌트는 PaaS와 관련한 다양한 기능을 제공하며, 개발자에게는 추상화돼 있다. 주로 운영자와 인프라 관리자가 관심을 갖는 부분이다.

접근 제어

클라우드 파운드리는 애플리케이션과 다양한 자원을 관리하기 위한 정교한 역할 기반 접근 제어^{RBAC, Role Based Access Control} 기능을 갖고 있다.

- **조직**^{org}: 여러 사용자를 묶는 조직을 나타낸다. 조직은 애플리케이션, 서비스 가용성, 리소스 할당량, 계획을 공유한다.
- **사용자 계정**^{user account}: 클라우드 파운드리의 애플리케이션을 조작하거나 운영 작업을 수행할 수 있는 개별 사용자 계정이다.
- **스페이스**^{space}: 조직에 속하고 사용자 계정이 관리하는 스페이스에서 모든 애플리케이션이나 서비스가 실행된다. 조직에는 최소한 하나의 스페이스가 있다.
- **역할**^{role} **및 권한**^{permission}: 조직에 속한 사용자에게는 제한된 작업(혹은 권한)을 수행할 수는 역할이 있다. 자세한 내용은 https://docs.cloudfoundry.org/concepts/roles.html에서 확인할 수 있다.

클라우드 파운드리 구현체 선택

클라우드 파운드리를 직접 설치하고 실행하려면 큰 노력이 필요하다. 따라서 클라우드 파운드리를 기반으로 만들어서 추가 기능을 제공하는 다양한 PaaS 구현체가 나왔다. 가장 많이 사용하는 제품은 IBM의 블루믹스^{Bluemix}, 레드햇^{Red Hat}의 오픈시프트 ^{OpenShift}[5], 피보탈^{pivotal}의 피보탈 클라우드 파운드리다.

피보탈 클라우드 파운드리

피보탈 클라우드 파운드리는 개발자의 생산성과 운영 효율성을 높이고 보안 및 가용성을 확보하는 것을 목표로 한다.

---

5. 오픈시프트의 최근 버전은 쿠버네티스를 기반으로 한다. – 옮긴이

독자는 클라우드 파운드리에 기반을 둔 어떤 구현체를 선택해도 되지만, 우리는 몇 가지 이유로 피보탈을 선택했다.

- 피보탈은 이 책에서 많이 다룬 스프링 프레임워크를 기반으로 한다. 피보탈의 클라우드 파운드리 구현은 스프링 프레임워크와 스프링 부트, 스프링 클라우드 같은 관련 컴포넌트를 기본 지원한다. 따라서 우리가 만든 스프링 부트 배포 파일은 클라우드 파운드리가 관리하는 런타임에 직접 배포하고 관리할 수 있다.

- 피보탈의 서비스 마켓플레이스에는 협력사가 제공하는 MongoDB, PostgreSQL, Redis 등 대부분의 플랫폼 컴포넌트와 MySQL, Cloud Cache 등 피보탈이 제공하는 지원 서비스가 있다.

- 피보탈은 지속적으로 많은 배포를 하고 있으므로 업데이트 중단을 걱정하지 않아도 된다.

PCF 컴포넌트

피보탈의 웹 사이트 pivotal.io/platform에는 앞서 설명한 피보탈 클라우드 파운드리에 대해 표현한 간단한 그림이 있다.

- **피보탈 애플리케이션 서비스** PAS, Pivotal Application Service: 클라우드 파운드리의 애플리케이션 런타임에 해당하는 애플리케이션 추상화 서비스다. 내부적으로는 Diego를 사용하지만 개발자에게는 숨겨져 있다. PAS는 스프링 부트와 스프링 클라우드를 훌륭하게 지원하며, 자바, .NET, Node.js 애플리케이션도 실행할 수 있다. PAS는 특별한 요구에 맞춰 작성한 애플리케이션의 작업을 실행하는 데 적합하다.

- **피보탈 컨테이너 서비스** PKS, Pivotal Container Service: 클라우드 파운드리의 컨테이너 런타임에 해당하는 컨테이너 추상화 서비스다. 내부적으로는 BOSH를 사용한다. 독립 서비스 업체 ISV, Independent Service Vendor 의 일래스틱서치 Elasticsearch 등과

같이 컨테이너로 제공되는 작업 부하에 적합하다.

- **피보탈 함수 서비스**PFS, Pivotal Function Service: 피보탈이 클라우드 파운드리 플랫폼과는 별도로 제공하는 새 서비스다. 서버리스 컴퓨팅을 지원하기 위한 함수 추상화를 제공한다. HTTP 요청(동기)이나 메시지 수신 시(비동기) 함수를 호출한다.
- 마켓플레이스: 클라우드 파운드리의 애플리케이션 서비스에 해당한다. PCF의 대중성 때문에 마켓플레이스에서 많은 서비스를 사용할 수 있다.
- 공유 컴포넌트: 인증, 권한 부여, 로깅, 모니터링(PCF watch), 스케일링, 네트워킹 등과 같은 함수와 애플리케이션, 컨테이너 실행을 위한 지원 서비스다.

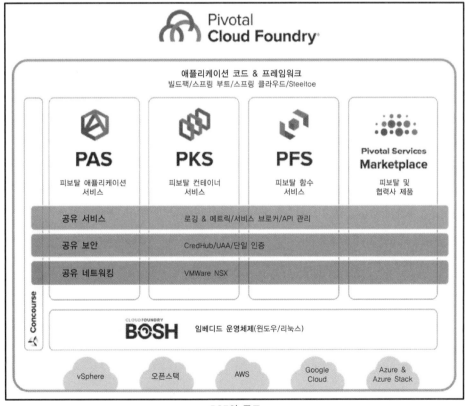

PCF의 구조

PCF는 GCP, Azure, AWS 등 인기 있는 클라우드 대부분과 데이터 센터에서 호스팅하는 오픈스택^{OpenStack}(IaaS)에서 실행할 수 있다.

우리는 지금까지 product 서비스를 개발하면서 다양한 단계를 거쳐 왔으며, 이제 클라우드 네이티브 런타임을 사용할 단계가 됐다. 하지만 PCF와 PCF 컴포넌트는 서버에서 사용하기에 적합해 로컬 장비에서 소프트웨어를 개발하는 데 쓰기에는 무겁다. 즉, 런타임 컴포넌트를 포함한 PCF 전체를 개발용 노트북에서 실행하는 건 어렵다.

PCF Dev

PCF Dev는 데스크톱이나 노트북의 로컬 가상 머신에서 실행할 수 있게 만든 PCF 배포판이다. PCF Dev는 PCF와 동일한 환경을 보장한다. 즉, 애플리케이션을 PCF에서 실행할 때와 PCF Dev에서 실행할 때의 차이가 없다. PCF Dev가 제공하는 범위와 기능을 PCF 및 클라우드 파운드리와 자세히 비교하려면 https://docs.pivotal.io/pcf-dev/index.html의 표를 참고한다.

- 자바, 루비^{Ruby}, PHP, 파이썬^{Python} 애플리케이션 런타임을 지원한다.
- 앞서 설명한 서비스 개발을 위한 필수 기능이 있는 PAS의 축소된 버전을 내장하고 있다. PAS가 제공하는 기능은 로깅, 메트릭, 라우팅, Diego(도커) 지원, 애플리케이션 서비스, 스케일링, 모니터링, 오류 복구 등이다.
- 스프링 클라우드 서비스^{SCS, Spring Cloud Services}, Redis, RabbitMQ, MySQL 등 네 가지 애플리케이션 서비스를 제공한다.
- 인프라 계층을 오케스트레이션하는 BOSH가 없어 운영 환경에는 적합하지 않다.

데스크톱/노트북에 8GB 이상의 메모리와 25GB 이상의 디스크 공간이 있다면 시작해보자.

설치

PCF Dev는 맥, 리눅스, 윈도우에서 실행할 수 있다. 윈도우 환경이라면 https://docs.pivotal.io/pcf-dev/install-windows.html의 지침을 따라 컴퓨터에서 PCF Dev를 실행한다. 기본적으로 설치는 다음과 같은 세 단계다.

- Virtual Box 설치
- CF 커맨드라인 도구(CF CLI^{Cloud Foundry Command Line Interface}) 설치
- PCF Dev 설치

실행

처음에 **cf dev start** 명령을 실행하면 가상 머신 이미지(4GB) 다운로드, 압축 해제(20GB), 각종 서비스 시작 등의 작업에 오랜 시간이 걸린다. 따라서 가상 머신을 다운로드 및 실행한 후에는 클라우드 파운드리 서비스가 실행 중인 상태에서 일시 중지했다가 다시 시작하는 방식으로 사용한다.

PCF Dev를 시작하는 커맨드라인 옵션은 다음과 같다.

1. 멀티코어 머신을 사용하는 경우 가상 머신에 할당할 코어의 수를 고정할 수 있다. 예를 들어 네 개의 코어가 있는 머신에서 절반을 할당하려면 **-c 2** 옵션을 사용한다.
2. 스프링 클라우드 서비스 버전은 8GB의 메모리를 사용한다. 버퍼까지 유지하려면 커맨드라인에서 MB 단위로 10GB의 메모리를 사용하게 입력한다.[6]
3. MySQL과 스프링 클라우드 서비스가 필요한데, 스프링 클라우드 서비스는 RabbitMQ의 실행이 필수다. 따라서 필요한 모든 서비스를 함께 실행한다.
4. 도메인과 IP 주소의 지정은 선택 사항이므로 **-d** 및 **-i** 옵션은 생략한다.

---

6. 실제로 10GB의 메모리가 VM에 할당될 수 있어야 한다. 따라서 최소 12GB 이상의 물리 메모리가 있는 개발 장비가 있어야 실행할 수 있다. - 옮긴이

5. 환경 변수 PCFDEV_HOME을 여유 공간이 있는 드라이브의 폴더로 지정해 기본 값인 홈 폴더를 사용하지 않게 한다. 클라우드 파운드리의 시작 및 중지 작업은 I/O 처리량이 많으므로 SSD와 같은 빠른 드라이브로 지정하는 것을 권장한다.

이 내용을 종합한 시작 명령은 다음과 같다.

```
cf dev start -c 2 -s all -m 10000
```

PCF Dev 환경이 완전히 준비될 때까지는 오랜 시간이 걸릴 것이다.

개발 시간 단축

PCF Dev 전체를 시작하기 위해 소요되는 약 20분의 시간을 기다리는 건 힘든 일이다. 일과를 마치고 노트북을 끄기 전에 cf dev suspend 명령을 사용해서 PCF Dev를 일시 중지했다가 다음날 cf dev resume 명령을 사용해 다시 시작할 수 있다.

기타 유용한 명령은 다음과 같다.

- PCF Dev는 기본으로 admin, user라는 두 개의 사용자 계정을 생성한다. 애플리케이션을 설치하거나 관리하려면 이 두 사용자 중 하나로 로그인해야 한다. cf dev target 명령을 사용하면 기본 사용자로 로그인할 수 있다.
- cf dev trust 명령으로 인증서를 설치해 SSL 통신을 활성화하면 브라우저의 애플리케이션 관리자나 커맨드라인에 로그인할 때마다 --skip-ssl-validation 인수를 사용하지 않아도 된다.
- 로그인한 후 cf marketplace 명령을 사용하면 조직 및 스페이스에 설치할 수 있는 다양한 서비스를 보여준다.

지금까지 설명한 명령어의 실행 결과를 보자.

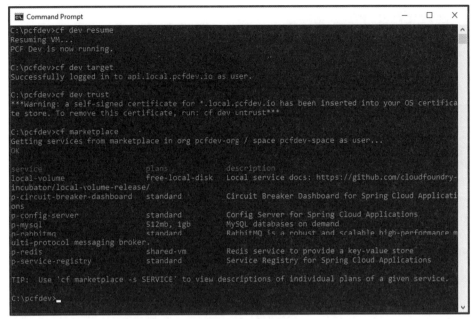

cf dev resume 실행 로그

모든 서비스와 함께 PCF Dev를 시작했기 때문에 마켓플레이스 명령의 실행 결과에서 7개의 서비스를 볼 수 있다.

PCF에 MySQL 서비스 생성

이 절에서는 product 서비스를 MySQL 데이터베이스와 연동하게 구성한다.

다음 명령을 실행한다.

```
cf create-service p-mysql 512mb prod-db
```

서비스가 실행 중인지 확인한다.

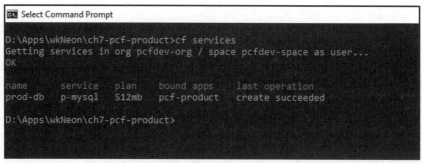

cf services 실행 로그

PCF Dev에서 product 서비스 실행

간단한 버전의 product 서비스를 만들고, 쿼리 실행을 위해 앞 절에서 만든 MySQL과 연결한다.

3장의 예제 코드를 사용하거나 깃에서 이클립스 환경으로 다운로드한다. 다음의 변경 사항에 유의한다.

- 메이븐 구성 파일
  - 다음 그림에서 보듯이 artifactId를 pcf-product로 변경했다.
  - spring-cloud-cloudfoundry-connector 의존성을 추가했다. 이 의존성 은 MySQL과 같은 클라우드 파운드리 애플리케이션과 연결된 서비스를 검색해 사용하게 해준다.
  - JPA로 MySQL 데이터베이스에 연결할 수 있게 MySQL 커넥터를 추가 했다.

```
<artifactId>pcf-product</artifactId>
<version>0.1-SNAPSHOT</version>

<dependencyManagement>
    <dependencies>
        <dependency>
            <groupId>org.springframework.cloud</groupId>
            <artifactId>spring-cloud-dependencies</artifactId>
            <version>Edgware.RELEASE</version>
            <type>pom</type>
            <scope>import</scope>
        </dependency>
    </dependencies>
</dependencyManagement>

<dependencies>
    <dependency>
        <groupId>org.springframework.boot</groupId>
        <artifactId>spring-boot-starter-web</artifactId>
    </dependency>
    <dependency>
        <groupId>org.springframework.boot</groupId>
        <artifactId>spring-boot-starter-actuator</artifactId>
    </dependency>
    <dependency>
        <groupId>org.springframework.boot</groupId>
        <artifactId>spring-boot-starter-data-jpa</artifactId>
    </dependency>
    <dependency>
        <groupId>mysql</groupId>
        <artifactId>mysql-connector-java</artifactId>
    </dependency>
    <dependency>
        <groupId>org.springframework.cloud</groupId>
        <artifactId>spring-cloud-cloudfoundry-connector</artifactId>
    </dependency>
</dependencies>

</dependencies>
```

change artifactId, add mysql dependency to pom

- application.properties 파일

  - 데이터베이스, 사용자, 암호 등의 MySQL 연결 속성이 없는 것에 유의한다. 이런 속성은 애플리케이션을 클라우드 파운드리에 올려서 MySQL 데이터 베이스 서비스와 연결할 때 스프링 애플리케이션이 자동으로 선택한다.

  - 애플리케이션 배포 시 데이터베이스를 재생성하기 위해 MySQL의 자동 생성 설정 값을 true로 한다. 개발 목적이 아닌 사용자 인수 테스팅이나 운영 환경에서는 none으로 설정해야 한다.

```
management.security.enabled=false
logging.level.org.hibernate.tool.hbm2ddl=DEBUG
logging.level.org.hibernate.SQL=DEBUG
spring.jpa.hibernate.ddl-auto=create
```

- ProductSpringApp 클래스는 일반적인 스프링 부트 시작 애플리케이션으로
  단순화했다.

```
@SpringBootApplication
public class ProductSpringApp {

    public static void main(String[] args) throws Exception {
        SpringApplication.run(ProductSpringApp.class, args);
    }

    @Bean
    public RestTemplate restTemplate() {
        return new RestTemplate();
    }
}
```

- ProductRepository 클래스에는 findByCatId라는 하나의 메소드만 있다.
  get, save, delete, update 등의 다른 메소드는 저장소 클래스(CrudRepository)
  에서 상속된다.
- ProductService, Product 등의 클래스는 3장에서 사용한 것과 같다.
- manifest.yml 파일
  - 이 파일은 클라우드 파운드리에 배포하는 데 필요한 내용을 담은 새 파일
    이다.
  - 애플리케이션 이름, 메모리 1GB 할당, 클라우드 파운드리의 MySQL 서비
    스 연결 정보 등 가장 기본적인 내용을 넣는다.
  - random-route 값을 true로 설정하면 애플리케이션 버전이 여럿인 경우
    에도 충돌 없이 URL에 접근할 수 있다.

```
  1 ---
  2 applications:
  3 - name: pcf-product
  4   memory: 1G
  5   random-route: true
  6   path: target/pcf-product-0.1-SNAPSHOT.jar
  7   services:
  8     - prod-db
  9     |
 10
 11
```

manifest.yml

프로젝트가 준비되면 mvn install을 실행해서 타깃 디렉터리에 통합 .jar 파일을 생성한다. .jar 파일의 이름은 manifest.yml 파일의 이름과 일치해야 한다.

클라우드 파운드리에 배포

클라우드 파운드리에 배포하는 것은 간단하다. 다음과 같이 cf push pcf-product 명령을 실행한다.

```
D:\Apps\wkNeon\ch7-pcf-product>cf push pcf-product
Using manifest file D:\Apps\wkNeon\ch7-pcf-product\manifest.yml

Creating app pcf-product in org pcfdev-org / space pcfdev-space as user...
OK

Creating route pcf-product-undedicated-spirketting.local.pcfdev.io...
OK

Binding pcf-product-undedicated-spirketting.local.pcfdev.io to pcf-product...
OK

Uploading pcf-product...
Uploading app files from: C:\Users\ajay\AppData\Local\Temp\unzipped-app422286615
Uploading 496.4K, 105 files
Done uploading
OK
Binding service prod-db to app pcf-product in org pcfdev-org / space pcfdev-space as user...
OK

Starting app pcf-product in org pcfdev-org / space pcfdev-space as user...
```

클라우드 파운드리는 애플리케이션을 스페이스에 생성하기 위해 애플리케이션에 접속 경로를 만들고 다양한 서비스를 애플리케이션과 엮는 등의 많은 작업을 수행한다.

내부 동작이 궁금하다면 관련된 클라우드 파운드리 문서를 읽어본다.

배포가 완료되면 다음과 같이 성공 여부를 확인할 수 있다.

```
Staging complete
Uploading droplet, build artifacts cache...
Uploading build artifacts cache...
Uploading droplet...
Uploaded build artifacts cache (109B)
Uploaded droplet (71M)
Uploading complete
Destroying container
Successfully destroyed container

0 of 1 instances running, 1 starting
0 of 1 instances running, 1 starting
0 of 1 instances running, 1 starting
1 of 1 instances running

App started
```

deployment log

위의 배포 완료 화면을 보면 URL이 생성된 것을 볼 수 있다.

URL은 http://pcf-product-undedicated-spirketting.local.pcfdev.io다.

구성이 잘못됐거나 중간 단계를 누락해서 시작 중에 오류가 발생한 경우에는 커맨드 라인에 다음의 명령을 입력하면 로그를 확인할 수 있다.

```
cf logs pcf-product --recent
```

이제 서비스를 테스트해보자. 브라우저 창에서 다음의 두 URL에 접속한다.

- http://pcf-product-undedicated-spirketting.local.pcfdev.io/product/1
- http://pcf-product-undedicated-spirketting.local.pcfdev.io/products?id=1

다음과 같이 데이터베이스에서 오는 응답을 확인할 수 있다.

▌ 요약

7장에서는 클라우드 네이티브를 지원하는 다양한 런타임 컴포넌트를 살펴보고, 쿠버네티스와 클라우드 파운드리 등의 런타임에서 애플리케이션을 실행했다.

8장에서는 AWS 클라우드에 서비스를 배포해본다.

08

AWS 플랫폼에 배포

8장에서는 아마존 AWS 플랫폼에서 사용할 수 있는 배포 옵션 몇 가지를 다룬다. AWS 플랫폼은 클라우드 서비스 제공업체 중 가장 오래되고 성숙한 업체 중 하나로, 2002년에 시장에 나온 이후로 그 분야의 선두 자리를 유지하고 있다. AWS는 끊임없이 혁신을 주도해 왔으며, 1인 스타트업부터 대기업까지의 폭넓은 고객층이 선택한 다양한 서비스를 선보였다.

8장에서 다루는 내용은 다음과 같다.

- AWS 플랫폼
- AWS 플랫폼의 배포 옵션

▌ AWS 플랫폼

아마존 AWS는 클라우드 컴퓨팅 분야의 선구자며, 선두 자리를 유지하기 위해 클라우드 서비스의 범위를 계속 확장해 왔다. 다음 그림은 애플리케이션 개발자를 위해 AWS 플랫폼에서 제공하는 서비스 목록이다.

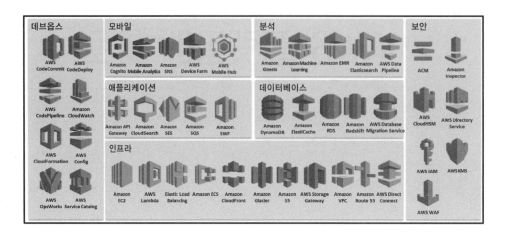

이 그림은 전체가 아닌 일부 서비스의 목록이다. 전체 서비스 목록은 아마존 AWS 포털을 참조한다.

범주는 다음과 같다.

- **인프라**: AWS 플랫폼의 핵심으로, 이를 바탕으로 수많은 다른 서비스를 제공한다. 인프라는 다음과 같은 범주로 다시 나눌 수 있다.
  - **컴퓨팅**compute: EC2, Lambda, ELB 등의 서비스. 8장에서는 주로 컴퓨팅 서비스를 사용해서 샘플 애플리케이션의 배포 과정을 시연하지만, AWS에서 제공하는 다른 서비스와 결합하는 것도 쉽다.
  - **스토리지**storage: S3, EBS, CloudFront 등의 서비스
  - **네트워킹**networking: VPC, Route 53, Direct Connect 등의 서비스
- **애플리케이션**: 애플리케이션을 빌드 및 지원하는 컴포넌트 서비스

- **데이터베이스**: 여러 가지 관계형 데이터베이스 관리 시스템과 NoSQL 데이터 저장소 서비스
- **데브옵스**^{DevOps}: 이 서비스는 빌드 파이프라인의 구성 및 지속적 전달 기능을 제공한다. 소스코드 호스팅, 지속적 통합 도구, 클라우드 및 소프트웨어 프로비저닝 도구가 포함돼 있다.
- **보안**^{security}: AWS의 다양한 서비스에 대한 역할 기반 접근 제어 서비스를 제공한다. 또한 사용 한도를 지정하고 적용하는 방법, 키 관리 및 보안 정보 저장소^{secret storage}를 제공한다.
- **모바일**^{mobile}: 모바일 애플리케이션을 위한 백엔드와 알림 등의 서비스를 제공한다.
- **분석**^{analytics}: 분석 플랫폼 구축을 위한 맵리듀스^{MapReduce}와 같은 일괄 처리 시스템^{batch system}과 스트림 처리^{stream processing} 시스템을 제공한다.

▌ AWS 플랫폼의 배포 옵션

8장에서는 AWS 플랫폼에서 제공하는 다양한 서비스 중에서도 지금까지 예제로 사용한 웹 API를 지원하는 특정 배포 옵션에 중점을 둔다. 따라서 다음과 같은 서비스에 배포해 볼 것이다.

- AWS Elastic Beanstalk
- AWS Elastic Container Service
- AWS Lambda

AWS 플랫폼에서는 인프라를 직접 관리할 필요가 없는 클라우드 환경에서 애플리케이션을 실행한다. 따라서 가상 머신을 실행하고 그 위에 애플리케이션을 설치하지 않는다. 또한 Elastic Load Balancer가 자동으로 실행 중인 모든 애플리케이션 인스턴스로

요청을 라우팅하기 때문에 서비스 검색 또한 필요 없다. 이런 이유로 앞으로는 유레카 검색 클라이언트를 사용하지 않는 버전의 product API를 사용한다.

```
package com.mycompany.product;

import org.springframework.boot.SpringApplication;
import org.springframework.boot.autoconfigure.SpringBootApplication;

@SpringBootApplication
public class ProductSpringApp {

    public static void main(String[] args) throws Exception {
        SpringApplication.run(ProductSpringApp.class, args);
    }

}
```

Beanstalk에 스프링 부트 API 배포

AEB^{AWS Elastic Beanstalk}는 IaaS 계층을 직접 프로비저닝하거나 관리하지 않고 AWS에서 웹 애플리케이션을 호스팅하기 위해 제공하는 서비스다. AEB는 자바, .NET, 파이썬, 루비, Go, PHP 등의 대중적인 언어를 지원한다. 최근에는 도커 컨테이너의 실행도 지원하고 있다. 이제 지금까지 사용한 product 서비스를 단순화해 AEB에 실행 가능한 JAR로 배포하고 컨테이너에도 배포해보자.

실행 가능한 JAR 파일 배포

AWS 콘솔^{console}에 로그인하고, 컴퓨팅 범주에서 Elastic Beanstalk 서비스를 선택해 이동한 후 시작하기 버튼을 클릭한다.

290

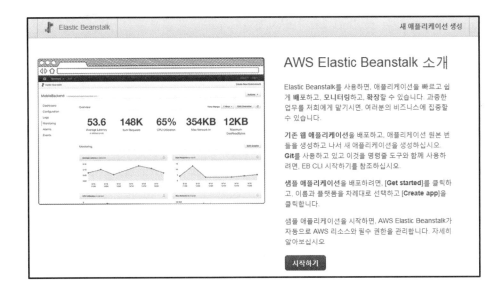

다음 화면에서 애플리케이션의 세부 정보를 입력한다.

target 폴더에 있는 product.jar 파일을 업로드하고 **추가 옵션 구성** 버튼을 클릭한다. 구성을 위한 다양한 범주가 표시되는데, 소프트웨어 항목의 수정 링크를 클릭해 선택한다. 그리고 아랫부분에 있는 환경 속성에서 **SERVER_PORT**라는 새 환경 변수를 추가하고 값을 **5000**으로 넣는다. 이 설정은 AEB 환경에 생성한 NGINX 서버가 모든 요청을 이 포트로 프록시하기 때문에 필요하다. 같은 이유로 스프링 부트 애플리케이션을 5000번 포트로 실행한다.

환경 속성

다음 속성은 환경 변수로서 애플리케이션에서 전달됩니다. 자세히 알아보십시오

이름	값	
GRADLE_HOME	/usr/local/gradle	✖
JAVA_HOME	/usr/lib/jvm/java	✖
M2	/usr/local/apache-maven/bin	✖
M2_HOME	/usr/local/apache-maven	✖
SERVER_PORT	5000	✖

취소   **저장**

저장 버튼을 클릭해 설정을 저장한 후 다음 화면 하단의 **앱 생성** 버튼을 클릭한다. 이제 AWS에 애플리케이션을 실행할 새로운 환경이 프로비저닝된다.

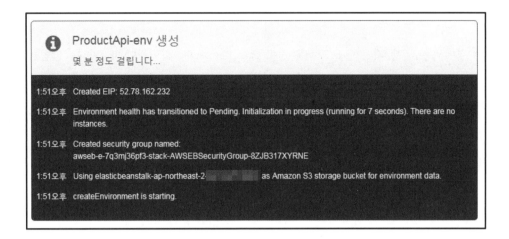

환경의 프로비저닝이 완료되면 AEB는 애플리케이션의 URL을 생성한다.

이 URL로 API 엔드포인트에 접속한다.

```
← → C  ① productapi-env.um53gsp8ak.ap-northeast-2.elasticbeanstalk.com/product/1

1    // 20180424135631
2    // http://productapi-env.um53gsp8ak.ap-northeast-2.elasticbeanstalk.com/product/1
3
4    ▾ {
5        "id": 1,
6        "name": "Apples",
7        "catId": 1
8    }
```

도커 컨테이너로 배포

앞 절에서는 실행 가능한 JAR 파일을 Elastic Beanstalk 서비스에 배포하는 방법을 알아봤다. 이제 다른 옵션을 살펴보기 위해 같은 애플리케이션을 도커 컨테이너로 배포해 실행해보자. 도커 컨테이너를 사용하면 AEB 서비스에서 아직 지원하지 않는 언어와 플랫폼을 사용해서 클라우드에 배포하면서도 AWS 서비스의 이점을 누린다는 장점이 있다.

이번 배포에서는 애플리케이션을 빌드해서 만든 도커 컨테이너를 저장하기 위해 ECR^{Elastic Container Registry}의 도커 레지스트리를 사용할 것이다. 다음 절에서 로컬 도커 컨테이너를 ECR 리포지토리에 푸시^{push}하는 방법을 설명한다. 지금은 배포하려는 도커 컨테이너가 <aws-account-id>.dkr.ecr.us-west-2.amazonaws.com/product-api에 저장 돼 있다고 가정한다.[1] 이 리포지토리에 접근하려면 AmazonEC2ContainerRegistryReadOnly 정책을 Elastic Beanstalk의 기본 역할^{role}인 `aws-elasticbeanstalk-ec2-role`에 추가 해야 한다.

IAM 콘솔의 역할 메뉴에서 `AmazonEC2ContainerRegistryReadOnly` 역할을 추가할 수 있다.

---

1. 도커 컨테이너의 위치를 가정하고 있는데, 이는 아직 존재하지 않기 때문이다. 다음 절을 먼저 진행해야 이 절의 실습을 완료할 수 있다. - 옮긴이

다음과 같은 내용으로 Dockerfile.aws.json이라는 파일을 만든다.

```json
{
    "AWSEBDockerrunVersion": "1",
    "Image": {
        "Name": "<aws-account-id>.dkr.ecr.us-west-2.amazonaws.com/product-api",
        "Update": "true"
    },
    "Ports": [
        {
            "ContainerPort": "8080"
        }
    ]
}
```

이제 도커 컨테이너를 배포할 준비가 됐다. Elastic Beanstalk 콘솔에서 자바 대신 도커를 선택한다.

Dockerfile.aws.json 파일을 선택해 업로드한 후 애플리케이션 생성 버튼을 클릭한다.

도커 컨테이너가 올바르게 실행되고 있는지 확인하기 위해 API 엔드포인트를 테스트
한다. 애플리케이션을 더 상세히 모니터하려면 Amazon CloudWatch 로깅과 모니터
링을 사용하게 컨테이너를 구성할 수도 있다.

```
daniel@daniel-dv6 MINGW64 /c/workspace/Cloud-Native-Applications-in-Java/Chapter08/product (master)
$ curl -s http://ProductApi-env.ycupbmsjk9.us-west-2.elasticbeanstalk.com/product/1 | jq .
{
  "id": 1,
  "name": "Apples",
  "catId": 1
}

daniel@daniel-dv6 MINGW64 /c/workspace/Cloud-Native-Applications-in-Java/Chapter08/product (master)
$ curl -s http://ProductApi-env.ycupbmsjk9.us-west-2.elasticbeanstalk.com/products?id=1 | jq .
[
  {
    "id": 1,
    "name": "Apples",
    "catId": 1
  },
  {
    "id": 2,
    "name": "Oranges",
    "catId": 1
  },
  {
    "id": 3,
    "name": "Bananas",
    "catId": 1
  }
]
```

Amazon Elastic Container Registry에 컨테이너 이미지 푸시

ECR은 사용자가 도커 컨테이너 레지스트리를 더욱 쉽게 운영할 수 있게 돕기 위한 서비스다. product 서비스를 도커 컨테이너 이미지로 만들고 리포지토리에 올려보자.

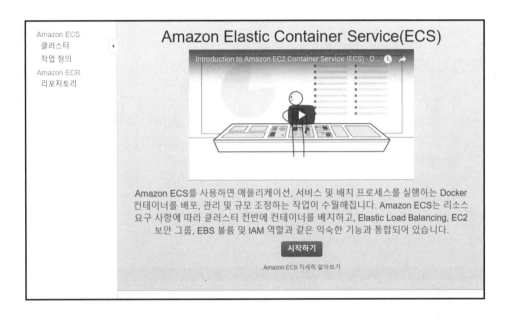

1. AWS 콘솔에서 Elastic Container Service를 선택한 후 다음 화면에서 리포지토리 메뉴를 클릭한다.

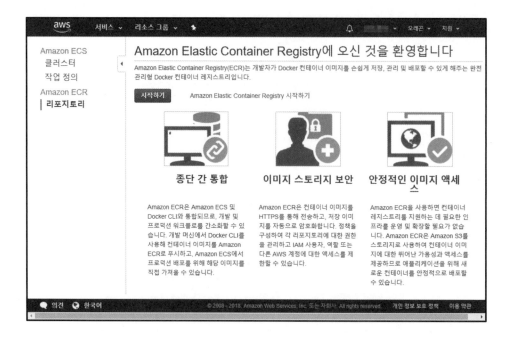

2. 시작하기 버튼을 클릭해 리포지토리 구성 화면으로 이동한다.

3. 리포지토리 이름에 product-api를 입력하고 다음 단계 버튼을 클릭한다.

4. 도커 컨테이너 빌드 및 리포지토리로 푸시하는 방법을 설명한 지시 사항을 볼 수 있다.

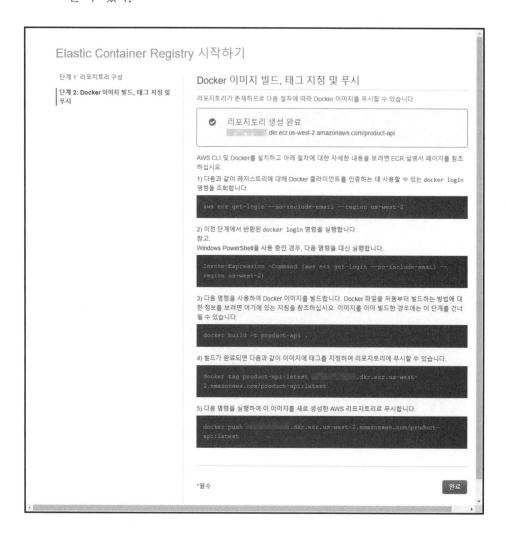

5. 이제 도커 컨테이너를 빌드하고 앞에서 만든 리포지토리에 푸시한다. 작업
   정의를 구성할 때 이 컨테이너 리포지토리를 사용할 것이다.

ECS에 스프링 부트 애플리케이션 배포

AWS ECS^Elastic Container Service는 사용자가 관리형 도커 인스턴스를 사용해 애플리케이션을
배포하는 서비스다. 여기에서는 AWS ECS 서비스를 이용해 가상 머신 생성 등의 애플
리케이션 서비스 환경을 프로비저닝한다. 다음과 같이 애플리케이션을 배포해보자.

1. ECS 콘솔의 클러스터 메뉴에서 Get Started 버튼을 클릭한다.

2. 작업 정의의 세부 정보를 입력한 후 고급 옵션 버튼을 클릭한다.

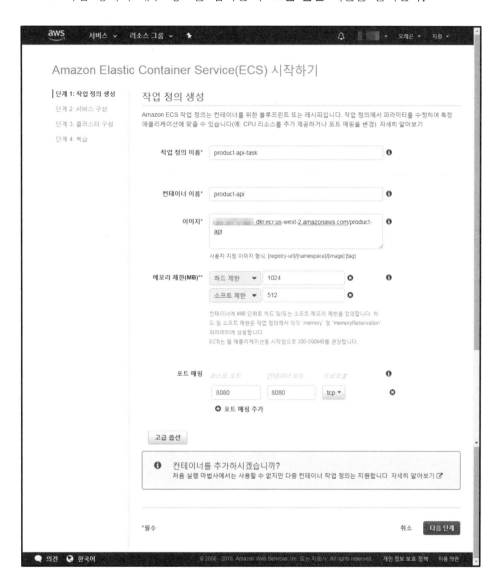

3. 스토리지 및 로깅 부분에서 AWS CloudWatch 로깅을 구성하면 도커 컨테이너의 로그를 수집할 수 있다. 세부 정보를 다음과 같이 입력하고 업데이트 버튼을 클릭해 저장한다.

컨테이너 편집 ✖

스토리지 및 로깅

읽기 전용 루트 파
일 시스템   ☐   ❶

탑재 지점   소스 볼
            륨   <none> ▾   ❶
            컨테이
            너 경로   [   ]
            읽기 전
            용   ☐   ✖

            ⊕ 탑재 지점 추가

볼륨 출처   소스 컨테이너   읽기 전용   ❶
            [   ]   ☐   ✖

            ⊕ 볼륨 추가

로그 구성   로그 드라이
            버   awslogs ▾   ❶
            로그 옵션   키   값
                        [awslogs-group]   [product-api-logs]
                        [awslogs-region]   [us-west-2]
                        [awslogs-stream]   [product-api]   ✖
                        [키 추가]   [값 추가]

보안

*필수   취소   업데이트

4. 애플리케이션에서 생성된 로그를 수집하려면 CloudWatch 콘솔에 해당하는 로그 그룹을 생성해야 한다. 새 브라우저 창을 띄운 후 CloudWatch 서비스의 로그 메뉴로 이동한다.

5. 로그 그룹 생성 버튼을 클릭해서 로그 그룹을 생성한다.

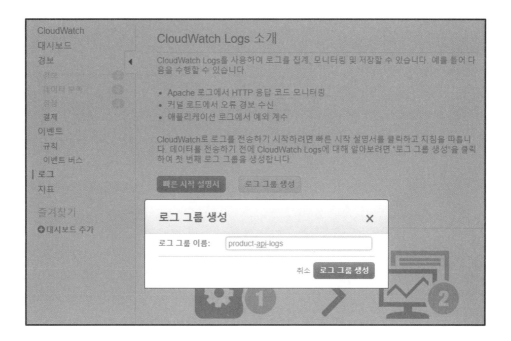

6. 작업 정의 생성을 진행하던 창으로 돌아와서 다음 단계 버튼을 클릭해 서비스 구성 단계로 이동한다.

7. 서비스 구성 단계에서는 로드 밸런서를 생성한다. 호스트 이름으로 애플리케이션에 개별적으로 접근하는 것은 한계가 있으므로 로드 밸런서를 생성해 요청을 인스턴스로 라우트한다. 이렇게 하면 스케일업이나 스케일다운이 발생하더라도 안정적인 엔드포인트를 확보할 수 있다.

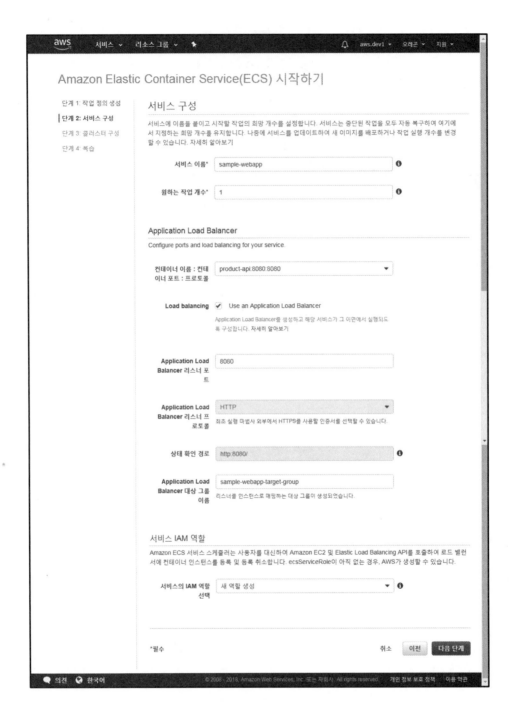

8. 다음 단계 버튼을 클릭해 클러스터 구성 단계로 이동한다.

9. 원한다면 EC2 인스턴스 유형을 선택할 수 있고, 키 페어를 지정할 수도 있다. 키 페어를 지정한 경우에는 이를 이용해서 ECS가 생성하는 EC2 인스턴스에 로그인할 수 있다. 입력을 완료했으면 **검토 및 시작** 버튼을 클릭해 복습 단계로 이동한다.

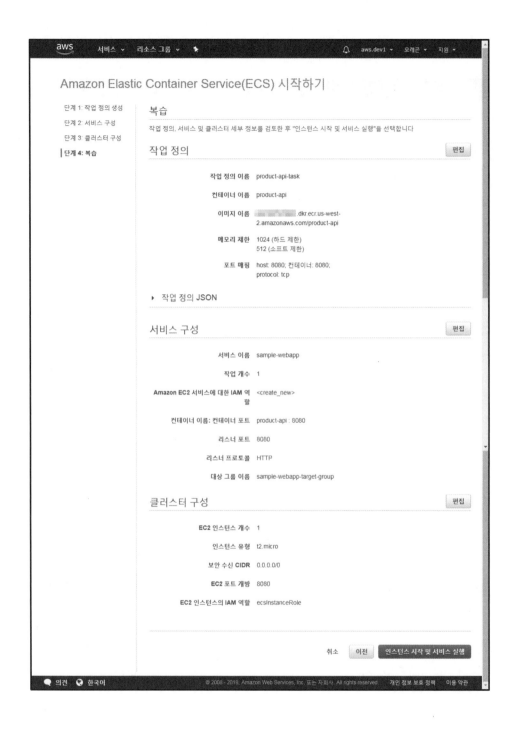

10. 구성을 검토한 후 제출하면 ECS에서 EC2 인스턴스를 만들고 애플리케이션을 배포한다.

시작 상태

컨테이너 인스턴스를 시작하고 있으며 실행 상태가 되어 액세스할 준비가 완료될 때까지 몇 분이 걸릴 수 있습니다. 새 컨테이너 인스턴스에서는 사용 시간이 즉시 시작되어 인스턴스를 중지 또는 종료할 때까지 계속 누적됩니다.

[서비스 보기]

서비스가 생성되면 버튼이 활성화됩니다.

Amazon ECS 상태 - 4 중 2 완료

클러스터 생성: default

> ✅ Amazon ECS 클러스터 생성 완료
> **Amazon ECS 클러스터** default

작업 정의 생성: default product-api-task

> ✅ 작업 정의 생성 완료
> **작업 정의** product-api-task:3

다음 항목에 인스턴스 생성:default

> ℹ️ Amazon EC2 설정이 완료될 때까지 기다리는 중...
> **Amazon ECS 인스턴스** 대기 중, 아래 상태 참조

서비스 생성:sample-webapp

> 서비스 대기 중

---

11. Auto Scaling 그룹을 클릭해 시작한 인스턴스를 볼 수 있다.

> ✅ 서브넷 2 연결 생성 완료
> **서브넷 2 연결** rtbassoc-82a1ddf8

> ✅ Auto Scaling 그룹 생성 완료
> **Auto Scaling 그룹** EC2ContainerService-default-EcsInstanceAsg-12SZ33EXQGMJV

> ✅ 실행 구성 생성 완료
> **실행 구성** EC2ContainerService-default-EcsInstanceLc-197AWIA0NJ9WR

---

12. 인스턴스를 찾는다.

13. 인스턴스의 호스트 이름을 찾는다.

14. 인스턴스의 퍼블릭 DNS로 애플리케이션에 접속한다.

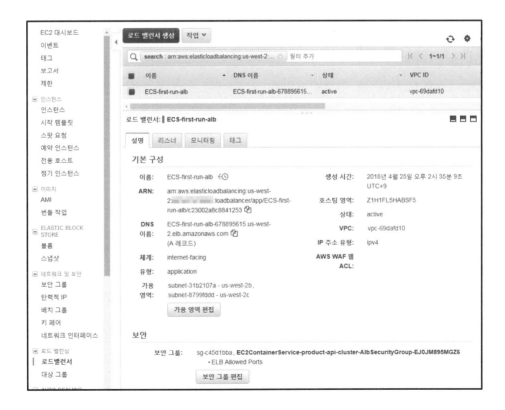

```
daniel@daniel-dv6 MINGW64 /c/workspace/Cloud-Native-Applications-in-Java/Chapter08 (master)
$ curl -s ec2-34-217-116-68.us-west-2.compute.amazonaws.com:8080/product/1 | jq .
{
  "id": 1,
  "name": "Apples",
  "catId": 1
}

daniel@daniel-dv6         /c/workspace/Cloud-Native-Applications-in-Java/Chapter08 (master)
$ curl -s ec2-34-217-116-68.us-west-2.compute.amazonaws.com:8080/products?id=1 | jq .
[
  {
    "id": 1,
    "name": "Apples",
    "catId": 1
  },
  {
    "id": 2,
    "name": "Oranges",
    "catId": 1
  },
  {
    "id": 3,
    "name": "Bananas",
    "catId": 1
  }
]
```

15. EC2 콘솔의 로드 밸런서 메뉴로 이동한 후 로드 밸런서의 DNS 이름을 찾는다.

16. 로드 밸런서 엔드포인트에 접속해 애플리케이션이 잘 동작하는지 확인한다.

```
daniel@daniel-dv6 MINGW64 /c/workspace/Cloud-Native-Applications-in-Java/Chapter08 (master)
$ curl -s ECS-first-run-alb-678895615.us-west-2.elb.amazonaws.com:8080/product/1 | jq .
{
  "id": 1,
  "name": "Apples",
  "catId": 1
}

daniel@daniel-dv6 MINGW64 /c/workspace/Cloud-Native-Applications-in-Java/Chapter08 (master)
$ curl -s ECS-first-run-alb-678895615.us-west-2.elb.amazonaws.com:8080/products?id=1 | jq .
[
  {
    "id": 1,
    "name": "Apples",
    "catId": 1
  },
  {
    "id": 2,
    "name": "Oranges",
    "catId": 1
  },
  {
    "id": 3,
    "name": "Bananas",
    "catId": 1
  }
]
```

AWS Lambda에 배포

AWS Lambda 서비스에 이벤트 트리거에서 호출할 수 있는 간단한 함수를 배포할
수 있는데, 이벤트 트리거는 네 가지 유형으로 분류할 수 있다.

- 데이터 저장소(예: AWS DyanmoDB)

- 대기열queue과 스트림streams(예: AWS Kinesis)

- Blob 저장소(예: AWS S3)

- API 게이트웨이

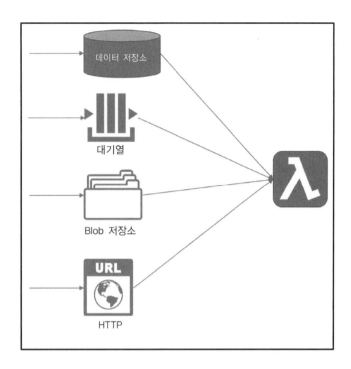

데이터 저장소

대기열

Blob 저장소

URL

HTTP

AWS Lambda가 지원하는 이벤트 소스의 전체 목록은 https://docs.aws.amazon. com/lambda/latest/dg/invoking-lambda-function.html에서 볼 수 있다.

AWS Lambda는 앞서 설명한 다른 배포 옵션과는 다르게 AWS 플랫폼이 필요에 따라 알아서 인스턴스를 스케일링하는 가장 단순한 방식의 스케일링 옵션을 제공한다. 따라서 사용자는 인스턴스, 로드 밸런서 등을 구성할 필요가 없이 애플리케이션 로직에 집중할 수 있다.

이제 간단한 AWS Lambda 함수를 빌드하고 이를 호출하기 위해 API 엔드포인트와 바인드한다.

다음과 같은 의존성을 가진 새 스프링 부트 애플리케이션을 만들고, `maven-shade-plugin`을 이용해서 실행 가능한 JAR 파일로 빌드할 것이다.

```xml
<project xmlns="http://maven.apache.org/POM/4.0.0"
xmlns:xsi="http://www.w3.org/2001/XMLSchema-instance"
         xsi:schemaLocation="http://maven.apache.org/POM/4.0.0
http://maven.apache.org/xsd/maven-4.0.0.xsd">
   <modelVersion>4.0.0</modelVersion>
   <groupId>com.mycompany</groupId>
   <artifactId>hello-lambda</artifactId>
   <version>0.0.1-SNAPSHOT</version>
   <dependencies>
       <dependency>
           <groupId>junit</groupId>
           <artifactId>junit</artifactId>
           <version>4.12</version>
           <scope>test</scope>
       </dependency>
       <dependency>
           <groupId>com.amazonaws</groupId>
           <artifactId>aws-lambda-java-core</artifactId>
           <version>1.1.0</version>
       </dependency>
       <dependency>
           <groupId>com.amazonaws</groupId>
           <artifactId>aws-lambda-java-events</artifactId>
           <version>2.0.1</version>
       </dependency>
       <dependency>
           <groupId>com.amazonaws</groupId>
           <artifactId>aws-lambda-java-log4j2</artifactId>
           <version>1.0.0</version>
       </dependency>
   </dependencies>
   <build>
       <finalName>hello-lambda</finalName>
       <plugins>
           <plugin>
```

```
            <groupId>org.apache.maven.plugins</groupId>
            <artifactId>maven-compiler-plugin</artifactId>
            <configuration>
                <source>1.8</source>
                <target>1.8</target>
            </configuration>
        </plugin>
        <plugin>
            <groupId>org.apache.maven.plugins</groupId>
            <artifactId>maven-shade-plugin</artifactId>
            <version>3.0.0</version>
            <configuration>
                <createDependencyReducedPom>false
                </createDependencyReducedPom>
            </configuration>
            <executions>
                <execution>
                    <phase>package</phase>
                    <goals>
                        <goal>shade</goal>
                    </goals>
                </execution>
            </executions>
        </plugin>
    </plugins>
  </build>
</project>
```

이제 다음 내용으로 HelloHandler.java 파일을 만든다.

```
package com.mycompany;

import com.amazonaws.services.lambda.runtime.Context;
import com.amazonaws.services.lambda.runtime.RequestHandler;
```

```
import
com.amazonaws.services.lambda.runtime.events.APIGatewayProxyRequestEvent;
import
com.amazonaws.services.lambda.runtime.events.APIGatewayProxyResponseEvent;

import java.net.HttpURLConnection;

public class HelloHandler implements
RequestHandler<APIGatewayProxyRequestEvent, APIGatewayProxyResponseEvent> {
    @Override
    public APIGatewayProxyResponseEvent
handleRequest(APIGatewayProxyRequestEvent request, Context context) {
        String who = "World";
        if ( request.getPathParameters() != null ) {
            String name = request.getPathParameters().get("name");
            if ( name != null && !"".equals(name.trim()) ) {
                who = name;
            }
        }
        return new
APIGatewayProxyResponseEvent().withStatusCode(HttpURLConnection.HTTP_OK).
withBody(String.format("Hello %s!", who));
    }
}
```

Lambda 함수는 간단한 함수라서 함수의 입력 값과 출력 값을 사용해 매우 쉽게 테스트할 수 있다. 샘플 테스트 케이스의 예를 들면 다음과 같다.

```
package com.mycompany;

import
com.amazonaws.services.lambda.runtime.events.APIGatewayProxyRequestEvent;
import
com.amazonaws.services.lambda.runtime.events.APIGatewayProxyResponseEvent;
import org.junit.Before;
```

316

```java
import org.junit.Test;
import org.junit.runner.RunWith;
import org.junit.runners.BlockJUnit4ClassRunner;

import java.util.Collections;
import java.util.HashMap;
import java.util.Map;

import static org.junit.Assert.*;

@RunWith(BlockJUnit4ClassRunner.class)
public class HelloHandlerTest {

    HelloHandler handler;
    APIGatewayProxyRequestEvent input;
    @Before
    public void setUp() throws Exception {
        handler = new HelloHandler();
        Map<String, String> pathParams = new HashMap<>();
        pathParams.put("name", "Universe");
        input = new
APIGatewayProxyRequestEvent().withPath("/hello").withPathParamters(pathPa
rams);
    }

    @Test
    public void handleRequest() {
        APIGatewayProxyResponseEvent res = handler.handleRequest(input, null);
        assertNotNull(res);
        assertEquals("Hello Universe!", res.getBody());
    }
    @Test
    public void handleEmptyRequest() {
        input.withPathParamters(Collections.emptyMap());
        APIGatewayProxyResponseEvent res = handler.handleRequest(input, null);
        assertNotNull(res);
        assertEquals("Hello World!", res.getBody());
```

```
        }
}
```

이제 메이븐을 사용해서 Lambda 함수를 빌드한다.

```
$ mvn clean package
[INFO] Scanning for projects...
[WARNING]
[WARNING] Some problems were encountered while building the effective model for
com.mycompany:hello-lambda:jar:0.0.1-SNAPSHOT
[WARNING] 'build.plugins.plugin.version' for
org.apache.maven.plugins:maven-compiler-plugin is missing. @ line 35,
column 15
[WARNING]
[WARNING] It is highly recommended to fix these problems because they threaten
the stability of your build.
[WARNING]
[WARNING] For this reason, future Maven versions might no longer support
building such malformed projects.
[WARNING]
[INFO]
[INFO]
------------------------------------------------------------------------
[INFO] Building hello-lambda 0.0.1-SNAPSHOT
[INFO]
------------------------------------------------------------------------
[INFO]
[INFO] --- maven-clean-plugin:2.5:clean (default-clean) @ hello-lambda ---
[INFO] Deleting
/Users/shyam/workspaces/msa-wsp/CloudNativeJava/chapter-09/hello-lambda/
target [INFO]
[INFO] --- maven-resources-plugin:2.6:resources (default-resources) @
hello-lambda ---
[WARNING] Using platform encoding (UTF-8 actually) to copy filtered resources,
```

i.e. build is platform dependent!

[INFO] skip non existing resourceDirectory
/Users/shyam/workspaces/msa-wsp/CloudNativeJava/chapter-09/hello-lambda/
src/main/resources

[INFO]

[INFO] --- maven-compiler-plugin:3.1:compile (default-compile) @
hello-lambda ---

[INFO] Changes detected - recompiling the module!

[WARNING] File encoding has not been set, using platform encoding UTF-8, i.e.
build is platform dependent!

[INFO] Compiling 1 source file to
/Users/shyam/workspaces/msa-wsp/CloudNativeJava/chapter-09/hello-lambda/
target/classes [INFO]

[INFO] --- maven-resources-plugin:2.6:testResources (default-testResources)
@ hello-lambda ---

[WARNING] Using platform encoding (UTF-8 actually) to copy filtered resources,
i.e. build is platform dependent!

[INFO] skip non existing resourceDirectory
/Users/shyam/workspaces/msa-wsp/CloudNativeJava/chapter-09/hello-lambda/
src/test/resources

[INFO]

[INFO] --- maven-compiler-plugin:3.1:testCompile (default-testCompile) @
hello-lambda ---

[INFO] Changes detected - recompiling the module!

[WARNING] File encoding has not been set, using platform encoding UTF-8, i.e.
build is platform dependent!

[INFO] Compiling 1 source file to
/Users/shyam/workspaces/msa-wsp/CloudNativeJava/chapter-09/hello-lambda/
target/test-classes [INFO]

[INFO] --- maven-surefire-plugin:2.12.4:test (default-test) @ hello-lambda
---

[INFO] Surefire report directory:
/Users/shyam/workspaces/msa-wsp/CloudNativeJava/chapter-09/hello-lambda/
target/surefire-reports

```
T E S T S
-----------------------------------------------------------
Running com.mycompany.HelloHandlerTest
Tests run: 2, Failures: 0, Errors: 0, Skipped: 0, Time elapsed: 0.055 sec

Results :

Tests run: 2, Failures: 0, Errors: 0, Skipped: 0

[INFO]
[INFO] --- maven-jar-plugin:2.4:jar (default-jar) @ hello-lambda ---
[INFO] Building jar:
/Users/shyam/workspaces/msa-wsp/CloudNativeJava/chapter-09/hello-lambda/
target/hello-lambda.jar [INFO]
[INFO] --- maven-shade-plugin:3.0.0:shade (default) @ hello-lambda ---
[INFO] Including com.amazonaws:aws-lambda-java-core:jar:1.1.0 in the shaded
jar.
[INFO] Including com.amazonaws:aws-lambda-java-events:jar:2.0.1 in the
shaded jar.
[INFO] Including joda-time:joda-time:jar:2.6 in the shaded jar.
[INFO] Including com.amazonaws:aws-lambda-java-log4j2:jar:1.0.0 in the
shaded jar.
[INFO] Including org.apache.logging.log4j:log4j-core:jar:2.8.2 in the shaded
jar.
[INFO] Including org.apache.logging.log4j:log4j-api:jar:2.8.2 in the shaded
jar.
[INFO] Replacing original artifact with shaded artifact.
[INFO] Replacing
/Users/shyam/workspaces/msa-wsp/CloudNativeJava/chapter-09/hello-lambda/
target/hello-lambda.jar with
/Users/shyam/workspaces/msa-wsp/CloudNativeJava/chapter-09/hello-lambda/
target/hello-lambda-0.0.1-SNAPSHOT-shaded.jar
[INFO]
------------------------------------------------------------------------
[INFO] BUILD SUCCESS
[INFO]
```

```
-------------------------------------------------------------------
[INFO] Total time: 2.549 s
[INFO] Finished at: 2018-02-12T13:52:14+05:30
[INFO] Final Memory: 25M/300M
[INFO]
-------------------------------------------------------------------
```

이제 빌드 결과로 생성된 hello-lambda.jar 파일을 AWS 콘솔에서 업로드해 AWS
Lambda 함수로 만든다.

1. AWS 콘솔의 네트워킹 및 콘텐츠 전송 범주에 있는 API Gateway 콘솔로 이동
   한 후 새 API를 생성한다.

2. 리소스 경로를 /hello로 구성한 hello 리소스를 추가한다.

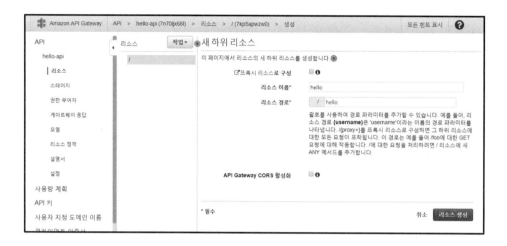

3. 경로 파라미터를 사용한 하위 리소스를 생성한다.

4. HTTP GET 메소드를 생성한다.

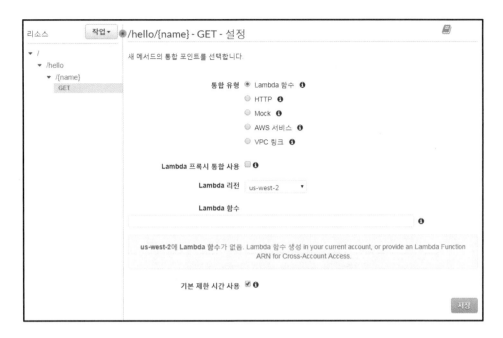

5. 세부 사항을 다음과 같이 입력해 Lambda 함수를 만든다.

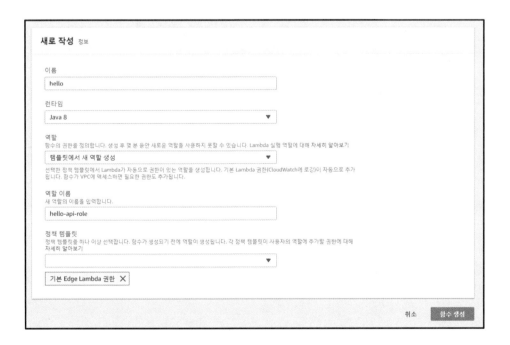

6. 실행 가능한 JAR 파일을 업로드하고 핸들러 메소드를 설정한다.

7. 이제 이 Lambda 함수를 API 메소드에 추가한다.

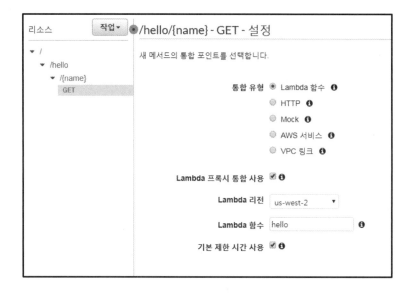

8. 일반적인 `RequestStreamHandler` 대신에 특정 `RequestHandler` 인터페이스를 사용하려면 Lambda 프록시 통합 사용을 선택한다. 이렇게 하면 API 게이트웨이 권한을 Lambda 함수에 부여하게 된다.

Lambda 함수에 대한 권한 추가

Lambda 함수를 호출하기 위해 API Gateway 권한을 부여하려고 합니다.
arn:aws:lambda:us-west-2:███ ███ █████:function:hello

취소 확인

9. Lambda 함수를 실행해 API 정의를 완료해보자.

/hello/{name} - GET - 메서드 실행

테스트 ⚡

클라이언트

메서드 요청
Auth: 없음
ARN: arn:aws:execute-
api:us-west-
2:███████:7n70ljx66l/*/

통합 요청
유형: LAMBDA_PROXY

Lambda hello

메서드 응답
HTTP 상태: 프록시
모델: application/json =>
Empty

통합 응답
응답을 변환하도록 프록시 통
합을 구성할 수 없습니다.

10. 콘솔에서 API 엔드포인트를 테스트할 수 있다.

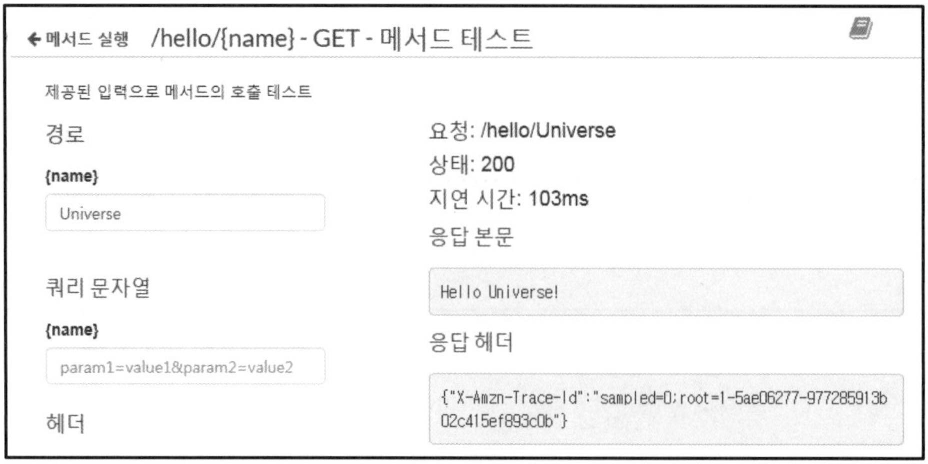

11. 이제 API를 배포한다.

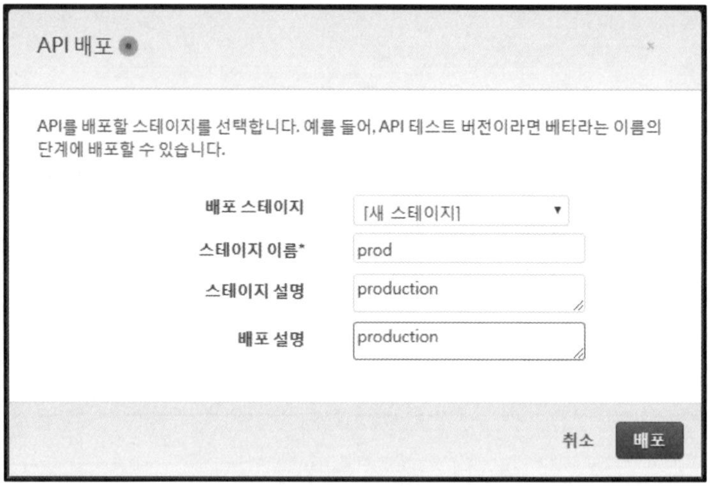

12. API를 성공적으로 배포하면 그 결과로 API 엔드포인트를 볼 수 있다.

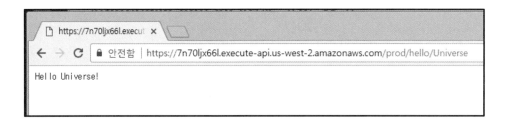

13. 이제 이 배포 환경에 생성한 API 엔드포인트를 사용해 애플리케이션에 접속할 수 있다.

▌요약

8장에서는 AWS 플랫폼에서 제공하는 몇 가지 옵션과 웹 애플리케이션을 위한 서비스인 Beanstalk에 애플리케이션을 배포하는 방법, 그리고 웹 애플리케이션 작업 외에 컨테이너 작업도 실행하는 서비스인 ECS에 배포하는 방법도 설명했다. 또한 기반 하드웨어에 대한 구성이 필요 없는 AWS Lambda 함수로도 배포해봤다. 9장에서는 Azure가 클라우드 네이티브 애플리케이션을 배포를 위해 제공하는 몇 가지 서비스를 알아보기 위해 Azure를 사용한 배포를 살펴본다.

09

Azure 플랫폼에 배포

12장에서는 마이크로소프트의 공용 클라우드 플랫폼인 Azure의 애플리케이션 디자인 및 배포 방법을 설명한다. 클라우드 네이티브 개발의 핵심은 애플리케이션을 클라우드 제공자의 PaaS 플랫폼에 통합하는 것이다. 개발자가 고객의 문제를 해결해서 가치를 창출하는 데 집중할 수 있도록, 클라우드 제공자는 애플리케이션의 인프라에 대한 부담을 줄여준다.

12장에서 다루는 내용은 다음과 같다.

- Azure가 제공하는 다양한 카테고리의 PaaS 서비스를 소개하며, 예제 애플리케이션에서 사용할 서비스는 좀 더 자세히 알아본다.
- 예제 애플리케이션을 Azure로 마이그레이션하고, 사용할 수 있는 다양한 옵션을 파악 및 평가해서 각 옵션의 장단점을 이해한다.

여기에선 Azure 플랫폼에 애플리케이션을 빌드 및 배포하는 방법을 보여주기 위해
Azure 플랫폼을 다루고 있다. Azure에 대해 자세히 다루지는 않으니, 더 알고 싶은
부분이 있다면 Azure 문서(https://docs.microsoft.com/ko-kr/azure/)를 참고하길 바
란다.

Azure는 여러 프로그래밍 언어를 지원하지만 이 책의 목적에 맞게 Azure의 자바 애플
리케이션 지원에 대해서만 다룬다.

▍ Azure 플랫폼

Azure가 제공하는 PaaS 및 IaaS 서비스는 꾸준히 그 수가 늘어나고 있으며, 다양한
기술 분야에 걸쳐 있다. 우리는 예제 애플리케이션에 직접 적용하고 사용할 수 있는
영역 및 서비스의 하위 집합을 살펴볼 것이다.

이 그림은 대강 살펴보기 위한 것으로 전체 서비스 목록은 아니다. 전체 서비스 목록
은 Azure 포털을 참조한다.

앞의 분류 모델에서는 서비스 영역을 다음과 같이 나눈다.

- **인프라**: Azure에서 애플리케이션 배포 및 호스팅을 위해 제공하는 모든 서비스를 포괄한다. 전반적인 컴퓨팅, 스토리지, 네트워킹 관련 서비스가 이 카테고리에 있다. 자바 애플리케이션 예제에 사용하기 위해 다음과 같은 서비스를 살펴보자.

  - **App Services**: 기존 스프링 부트^{Spring Boot} 애플리케이션을 Azure 플랫폼에 배포하는 것은 온프레미스 애플리케이션을 클라우드에 배포하는 것보다 까다로운 작업이다. 다음 절에서는 애플리케이션 리팩토링 없이 App Services에 의존성을 배포하고, 데이터베이스 서비스 중 하나를 선택해 애플리케이션을 배포하고 호스팅할 것이다. Azure는 PostgreSQL과 MySQL 데이터베이스를 호스팅 모델로 제공하며, 이 외에도 다양한 옵션이 있다.
  - **Container Service**: 도커 컨테이너로 패키징된 애플리케이션은 도커 컨테이너로 플랫폼에 배포할 수 있다.
  - **Functions**: 애플리케이션 호스팅과 배포에 대해 걱정할 필요가 없는 서버리스 플랫폼 모델이다. 개발자는 함수를 만들고, 이외의 사항은 플랫폼이 감당한다. 현재 Azure Function Java는 베타 버전이다. 9장의 뒤에서 개발 환경에 Azure 함수를 만들고 로컬 테스트를 수행할 것이다.
  - **Service Fabric**: 서비스 패브릭은 마이크로서비스나 컨테이너 애플리케이션을 배포하고 관리하기 위한 분산 시스템 플랫폼이다. 서비스 패브릭에 product API 예제를 배포하는 방법을 알아볼 것이다.

- **애플리케이션**: 분산 애플리케이션을 작성할 때 도움이 되는 서비스가 이 카테고리에 있다. 분산형 마이크로서비스 모델로 전환하려면 애플리케이션 컴포넌트와 서비스를 분리해야 한다. Queue, EventHub, EventGrid, API Management 등의 기능을 이용하면 강력한 API 및 서비스를 구축할 수 있다.

  - **데이터베이스**: Azure 플랫폼에서 제공하는 데이터 저장소 옵션이다. 관계

형, 키-값, 레디스 캐시, SQL 데이터 웨어하우스^{Data warehouse} 등이 있다.

- **데브옵스:** 클라우드에 애플리케이션을 구축하고 배포하려면 강력한 CI/CD 도구 지원이 필요하다. 비주얼 스튜디오 팀 서비스는 코드 호스팅, 문제 추적, 자동화된 빌드를 제공한다. Azure 포털이 오픈소스 도구를 우선적으로 지원하진 않지만, 필요한 소프트웨어가 있다면 언제든 호스팅 버전을 사용할 수 있다.

- **보안:** 클라우드 애플리케이션의 핵심 요소로 보안 서비스도 있다. 이 카테고리에서 제공하는 핵심 서비스는 Azure Active Directory, Azure Right Management, Key Vault, Multi-Factor Authentication이다.

- **모바일:** 모바일 애플리케이션을 개발하는 경우에 필요한 App Service Mobile, Mobile Engagement, Media Services 등의 핵심 서비스를 제공한다.

- **분석:** Azure 플랫폼의 분석 분야에서는 맵리듀스, Storm, Spark, HDInsight, Data Lake Analytics 등의 강력한 분석 및 데이터 저장소 서비스를 제공한다.

Azure는 이외에 사물인터넷^{IoT}, 모니터링, 관리, 인공 지능^{AI}, 인지^{cognitive}, 엔터프라이즈 통합 등 다양한 기술 분야의 서비스를 제공한다.

▌ Azure 플랫폼의 배포 옵션

앞 절에서 봤듯이 Azure는 플랫폼에서 애플리케이션을 빌드하고 배포하기 위한 다양한 옵션을 제공한다. 이 절에서는 독자가 Azure 플랫폼에 익숙하고 Azure 포털에 이미 등록했다고 가정하고, Azure에서 제공하는 다양한 옵션을 검토하고 product API REST 서비스 예제를 배포 및 실행한다.

Azure는 여러 프로그래밍 언어를 지원하며, 영역별로 개발 지원 SDK를 제공한다. 여기서는 Azure 플랫폼의 자바 애플리케이션 지원을 중점적으로 살펴본다.

다음 네 가지 영역의 애플리케이션 호스팅 서비스를 검토할 것이다.

- App Service
- Container Service
- Service Fabric
- Functions

Azure가 처음이거나 더 자세히 알고 싶다면 다음 링크를 참조한다.

https://azure.microsoft.com/ko-kr/downloads/

Azure App Service에 스프링 부트 API 배포

이 절에서는 product API 서비스를 Azure App Service로 마이그레이션한다. Azure App Service의 요구 사항에 맞추기 위해 애플리케이션을 변경해야 하는 부분을 살펴보자.

3장에서 만든 product API REST 서비스를 다음과 같이 변경한다.

프로젝트 루트 폴더에 다음 내용으로 web.config 파일을 만든다.

```xml
<?xml version="1.0" encoding="UTF-8"?>
<configuration>
  <system.webServer>
    <handlers>
      <add name="httpPlatformHandler" path="*" verb="*"
      modules="httpPlatformHandler" resourceType="Unspecified"/>
    </handlers>
    <httpPlatform processPath="%JAVA_HOME%\bin\java.exe"
```

```
        arguments="-Djava.net.preferIPv4Stack=true
        -Dserver.port=%HTTP_PLATFORM_PORT% -jar
        &quot;%HOME%\site\wwwroot\product-0.0.1-SNAPSHOT.jar&quot;">
      </httpPlatform>
    </system.webServer>
  </configuration>
```

이 파일에선 애플리케이션 패키지 이름을 product-0.0.1-SNAPSHOT.jar로 지정하
고 있다. 애플리케이션 패키지 이름이 이와 다른 경우에는 알맞게 바꿔준다.

mvn clean package 명령을 실행해 프로젝트를 팻 JAR로 패키징한다.

```
[INFO] Scanning for projects...
[INFO]
[INFO]
------------------------------------------------------------------------
[INFO] Building product 0.0.1-SNAPSHOT
[INFO]
------------------------------------------------------------------------
[INFO]
[INFO] ......
[INFO]
[INFO] --- maven-jar-plugin:2.6:jar (default-jar) @ product ---
[INFO] Building jar:
/Users/admin/Documents/workspace/CloudNativeJava/ch09-product/target/prod
uct-0.0.1-SNAPSHOT.jar
[INFO]
[INFO] --- spring-boot-maven-plugin:1.4.3.RELEASE:repackage (default)
@product ---
[INFO]
------------------------------------------------------------------------
[INFO] BUILD SUCCESS
[INFO]
------------------------------------------------------------------------
```

```
[INFO] Total time: 14.182 s
[INFO] Finished at: 2018-01-15T15:06:56+05:30
[INFO] Final Memory: 40M/353M
[INFO]
---------------------------------------------------------------------
```

이제 Azure 포털(https://portal.azure.com/)에 로그인한다.

1. 다음 그림과 같이 왼쪽 메뉴에서 App Services 메뉴를 클릭한다.

Azure 포털에서 App Services 선택

2. 추가 링크를 클릭한다.

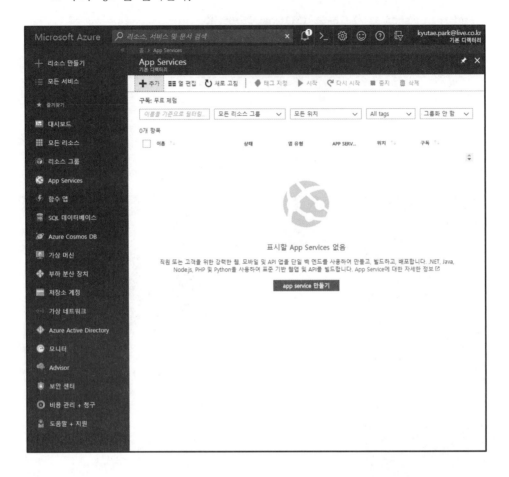

3. 다음 그림에 표시된 웹앱 링크를 클릭한다.

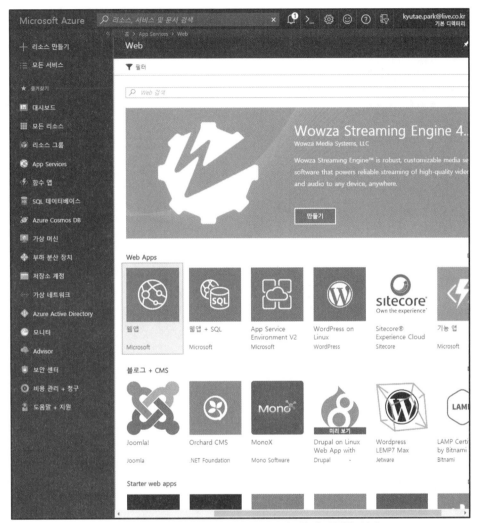

Azure 포털 ❯ App Services ❯ 추가로 이동한 후 웹앱을 선택

4. 만들기 버튼을 클릭하면 다음 페이지로 이동한다.

5. product API의 세부 정보를 입력한다. 여기에서는 애플리케이션 이름에
   ch09product를 넣고 다른 옵션은 기본 값으로 뒀다.

6. 페이지 하단에 있는 만들기 버튼을 클릭한다.

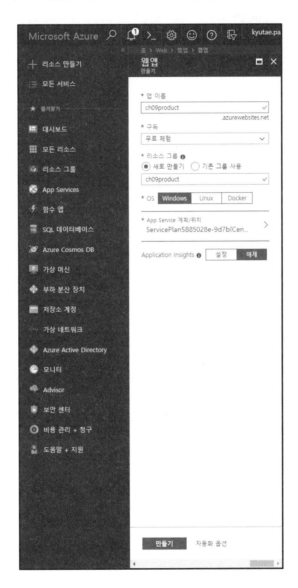

이제 App Service가 생성된다.

7. App Services 메뉴로 이동한 후 ch09product를 클릭하면 서비스 관리 화면으로 이동한다.

8. 애플리케이션이 배포된 URL과 FTP 호스트 이름을 확인한다. 이제 응용 프로그램 설정과 배포 자격증명 메뉴에서 변경 작업을 해야 한다.

9. 응용 프로그램 설정 메뉴를 클릭하고 드롭다운 메뉴에서 다음과 같이 옵션을 선택한다.

1. Java 버전에서 Java 8을 선택한다.

2. Java 부 버전에서 최신을 선택한다.

3. Java 웹 컨테이너에서 최신 Tomcat 9.0을 선택한다(Azure는 스프링 부트 애플리케이션에 포함된 컨테이너를 사용하기 때문에 이 컨테이너는 사용하지 않는다).

4. 저장을 클릭한다.

10. 이제 왼쪽 메뉴에서 배포 자격증명 링크를 클릭한다. 애플리케이션을 호스트로 전송하기 위해 FTP/배포 사용자 이름과 암호를 지정하고 저장을 클릭한다.

11. 8단계에서 살펴본 FTP 호스트 이름을 사용해 FTP에 연결하고, 10단계에서 저장한 자격증명을 사용해 로그인한다.[1]

```
C:\Users\daniel>ftp
```

---

1. 10단계에서 지정한 **FTP/배포 사용자 이름**이 'KyuTaePark'이라면 앞에 'ch09product\'를 붙여서 'ch09product\KyuTaePark'를 사용자 이름으로 사용해야 한다. 개요 메뉴에 가면 정확한 FTP/배포 사용자 이름을 확인할 수 있다. ─ 옮긴이

```
ftp> open waws-prod-dm1-005.ftp.azurewebsites.windows.net
waws-prod-dm1-005.drip.azurewebsites.windows.net에 연결됐습니다.
220 Microsoft FTP Service
200 OPTS UTF8 command successful - UTF8 encoding now ON.
사용자(waws-prod-dm1-005.drip.azurewebsites.windows.net:(none)):
ch09product\KyuTaePark
331 Password required
암호: ******
230 User logged in.
```

12. 원격 서버 디렉터리를 site/wwwroot로 변경하고, 팻 JAR와 web.config 파일
    을 업로드한다.

```
ftp> cd site/wwwroot
250 CWD command successful.
ftp> put product-0.0.1-SNAPSHOT.jar
200 PORT command successful.
125 Data connection already open; Transfer starting.
226 Transfer complete.
ftp: 35.52초 1618.98KB/초
ftp> put web.config
200 PORT command successful.
150 Opening ASCII mode data connection.
226 Transfer complete.
ftp: 0.28초 1.90KB/초
```

13. 개요 메뉴로 이동한 후에 애플리케이션을 다시 시작한다. 애플리케이션이 시
    작되면 REST API를 사용할 수 있어야 한다.

이 절에서는 기존 REST API 애플리케이션을 Azure에 배포하는 방법을 살펴봤다. 이 옵션은 온프레미스 환경에 있던 기존 애플리케이션과 그 워크로드를 클라우드로 옮기기 위한 방법 중 하나로, 가장 쉽고 좋은 배포 방법은 아니다. Azure는 웹 애플리케이션을 클라우드로 직접 푸시해서 배포할 수 있는 메이븐^{Maven} 플러그인을 제공한다. 자세한 내용은 다음 링크를 참조한다.

https://docs.microsoft.com/ko-kr/java/azure/spring-framework/deploy-spring-boot-java-app-with-maven-plugin

REST API는 윈도우 서버 VM에 배포된다. Azure는 자바 애플리케이션도 지원하지만 .NET 애플리케이션에 강점을 갖고 있다.

리눅스 환경에 REST API 애플리케이션을 배포하고 싶다면 도커 기반 배포를 사용할 수 있다. 다음 절에서는 도커 기반 배포를 살펴본다.

Azure Container Service에 도커 컨테이너 배포

도커 컨테이너 애플리케이션을 배포해보자. 앞 절에서 사용한 product API 예제를 도커 이미지로 만들어서 도커 허브^{Docker Hub}에 미리 올려뒀다. 다음 명령으로 도커 허브에서 가져올 수 있다.

```
docker pull cloudnativejava/ch10productapi
```

Azure 포털에 로그인한 후 다음 절차대로 진행한다.

1. 왼쪽 메뉴 목록에서 리소스 만들기 메뉴를 클릭한다.

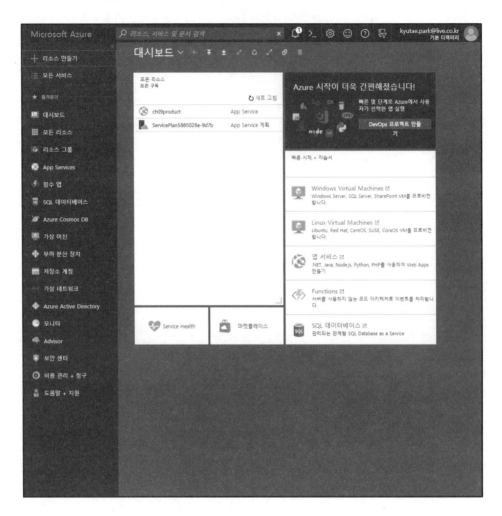

2. Azure Marketplace 영역에 있는 Web 메뉴를 클릭하고, 이어서 API 앱을 클릭한다.

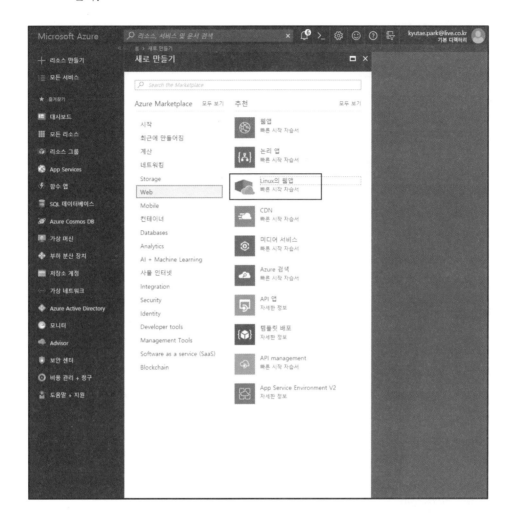

3. API 앱 만들기 화면이 나타나면 다음과 같이 product API 컨테이너의 상세정보를 입력한다.

1. 앱 이름과 리소스 그룹에 **ch09productContainer**를 넣고 다른 옵션은 기본값으로 둔다.

2. 컨테이너 구성 항목에서 컨테이너 저장소를 선택해야 한다. 우리는 미리
   도커 허브에 도커 이미지를 올려뒀으므로 이미지 태그, cloudnativejava/
   ch10productapi를 입력한다.

3. 페이지 하단의 확인 버튼을 클릭하면 이미지 유효성을 검사한다.

4. 이미지 유효성 검사가 끝나고 컨테이너 설정 화면이 닫히면 페이지 하단의
   만들기 버튼을 클릭한다.

5. 배포가 완료되면 새 App Service가 생성된다.

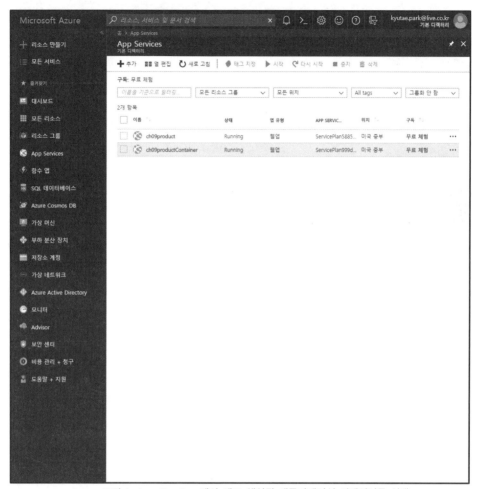

Azure 포털 ❯ App Services에서 새로 생성된 애플리케이션 컨테이너를 선택

6. Azure 포털의 App Services에서 `ch09productContainer`를 클릭하면
`ch09productContainer` 화면으로 이동한다. 이곳에서 컨테이너가 배포된
URL(https://ch09productcontainer.azurewebsites.net)을 확인할 수 있다.

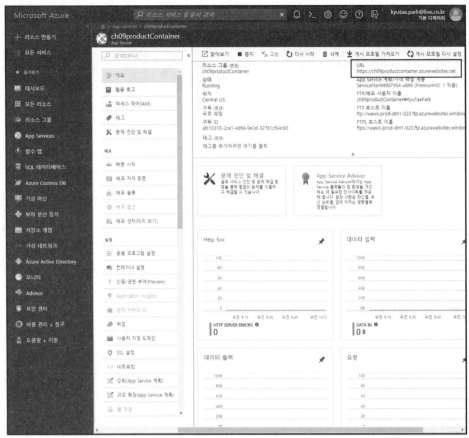

도커 애플리케이션 접속 URL

7. 브라우저에서 product API를 실행해 볼 수 있다.

Azure Container Service를 사용하면 클라우드 플랫폼에 애플리케이션을 쉽게 배포할
수 있다. 앞서 진행한 두 시나리오에서는 딱히 애플리케이션이나 데이터 저장소 서비

스를 사용하지 않았다. 하지만 진정한 클라우드 네이티브 애플리케이션이라면 애플리케이션의 확장성 및 가용성을 제어하는 힘든 작업을 네이티브 플랫폼이 처리하게 클라우드 제공자의 플랫폼 서비스를 사용하는 게 맞다. 이렇게 하면 개발자는 핵심 비즈니스 기능 구축과 다른 컴포넌트와의 통합에 집중할 수 있다.

Azure Service Fabric에 스프링 부트 API 배포

대부분의 조직은 IaaS 기반 플랫폼에 애플리케이션을 구축하고 배포하면서 공개 클라우드 제공자를 처음으로 사용한다. 클라우드 프로세스에 익숙해지고 성숙도가 높아지면 PaaS 기능을 이용해서 애플리케이션을 구축하기 시작하며, 이에 따라 애플리케이션은 대기열, 이벤트 처리, 데이터 저장소, 보안 등의 플랫폼 서비스를 이용해서 구성된다.

하지만 비기능적 요구 사항에 속하는 애플리케이션 기능은 누가 관리해야 할까?

- 실행 중인 애플리케이션 인스턴스가 충분한지 어떻게 확인하는가?
- 인스턴스가 다운되면 어떻게 되는가?
- 유입되는 트래픽에 따라 애플리케이션을 어떻게 스케일업/다운하는가?
- 실행 중인 모든 인스턴스를 어떻게 모니터하는가?
- 분산된 상태가 있는 서비스는 어떻게 관리하는가?
- 배포된 서비스의 롤링 업그레이드는 어떻게 수행하는가?

이런 문제를 해결하기 위해 오케스트레이션 엔진이 등장한다. 쿠버네티스, 메소스Mesos, 도커 스웜Docker Swarm 등의 제품이 애플리케이션 컨테이너 관리 기능을 제공한다. Azure는 애플리케이션 및 컨테이너 관리 소프트웨어인 서비스 패브릭을 출시했는데, 온프레미스나 클라우드에서 실행할 수 있다.

서비스 패브릭은 다음과 같은 주요 기능을 제공한다.

- 대규모 확장이 가능한 애플리케이션을 배포할 수 있으며, 자가 치유 플랫폼을 제공한다.

- 상태가 있거나 없는 마이크로서비스 기반 애플리케이션을 설치 및 배포할 수 있다.

- 애플리케이션의 상태를 모니터링하고 진단하기 위한 대시보드를 제공한다. 자동 복구와 업그레이드를 위한 정책을 정의할 수 있다.

서비스 패브릭 최근 버전은 기본 운영체제인 윈도우 서버와 Ubuntu 16.04만 지원[2]하며, 윈도우 서버 클러스터를 위한 도구 및 문서가 더 잘 돼 있다.

서비스 패브릭의 기능과 사용법을 설명하기 위해 로컬 테스트에는 Ubuntu 이미지를 사용하고, product API 예제를 온라인으로 배포하기 위해 서비스 패브릭 파티 클러스터Service Fabric Party Cluster를 사용할 것이다. 또한 애플리케이션 인스턴스의 확장 방법과 서비스 패브릭의 자가 치유 기능을 살펴볼 것이다.

기본 환경 설정

이 절에서는 사용자 환경을 윈도우 10으로 가정한다. 다음과 같이 환경을 설정한다. Yeoman 생성기와 Azure Service Fabric SDK를 설치해야 한다.

1. 먼저 Node.js와 NPMNode Package Manager이 설치돼 있는지 확인한다. 아직 설치 전이라면 설치한 후 다음 명령으로 확인한다.

```
node -v
npm -v
```

---

2. 2018년 8월 현재는 RHEL 7.3도 미리 보기로 지원한다. - 옮긴이

2. NPM으로 Yeoman 템플릿 생성기를 설치한다.

```
npm install -g yo
```

3. Yeoman으로 서비스 패브릭 게스트 실행 환경을 생성하기 위해 Yeoman 생성기를 설치한다. 다음 명령을 사용한다.

```
# 서비스 패브릭 게스트 실행 환경용 생성기 설치
npm install -g generator-azuresfguest
```

4. 마지막으로 애플리케이션을 서비스 패브릭 클러스터에 배포하기 위해 Azure Service Fabric SDK를 설치한다. 다음 URL의 Microsoft Azure Service Fabric SDK 설치 링크를 이용해 다운로드한 후 설치한다.

```
https://docs.microsoft.com/ko-kr/azure/service-fabric/service-
fabric-get-started
```

Azure Service Fabric SDK 다운로드

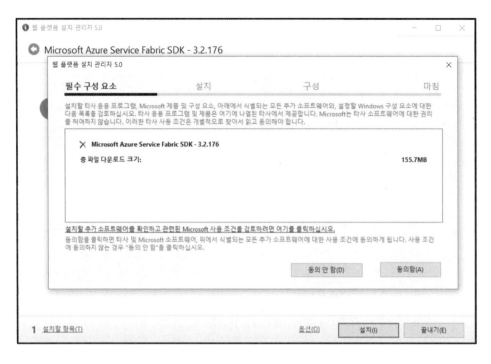

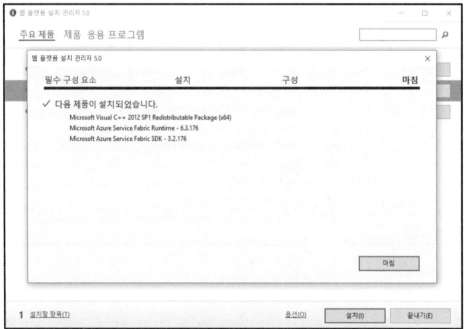

354

환경 설정이 완료됐다. 이제 클러스터에 배포하기 위해 product API 애플리케이션을
서비스 패브릭 애플리케이션으로 패키징한다.

product API 애플리케이션 패키징

애플리케이션을 생성하기 위한 폴더를 하나 만든 후 폴더 안에서 다음과 같이
Yeoman 생성기를 실행한다. 여기에서는 C:\chapter-09 폴더를 만들어 진행한다.

```
yo azuresfguest
```

다음과 같이 서비스 패브릭 게스트 애플리케이션 생성기가 실행된다.

다음 그림과 같이 값을 입력한다.

입력을 완료하면 서비스 패브릭 애플리케이션 구성을 위한 일련의 폴더 및 파일이
생성된다.

```
ProductServiceFabric\ProductServiceFabric\ApplicationManifest.xml
ProductServiceFabric\ProductServiceFabric\ProductAPIPkg\ServiceManifest.xml
ProductServiceFabric\ProductServiceFabric\ProductAPIPkg\config\Settings.xml
ProductServiceFabric\install.ps1
ProductServiceFabric\uninstall.ps1
```

이제 ProductServiceFabric/ProductServiceFabric/ProductAPIPkg 폴더로 이동한다.

code 폴더를 만들고 그 안에 다음과 같은 내용으로 entryPoint.sh라는 파일을 만든다.

```
#!/bin/bash
BASEDIR=$(dirname $0)
cd $BASEDIR
java -jar product-0.0.1-SNAPSHOT.jar
```

또한 앞 절에서 만든 JAR 패키지(product-0.0.1-SNAPSHOT.jar)를 code 폴더에 복사
한다.

 로컬 서비스 패브릭 클러스터에서는 게스트 바이너리 인스턴스의 수를 1로 입력해야
하며, 클라우드 환경의 클러스터에서는 더 큰 숫자로 지정한다.

다음 절에서는 서비스 패브릭 파티 클러스터를 이용해서 애플리케이션을 호스팅할
것이다.

서비스 패브릭 파티 클러스터 시작

페이스북이나 깃허브 아이디로 https://try.servicefabric.azure.com에 로그인한다.

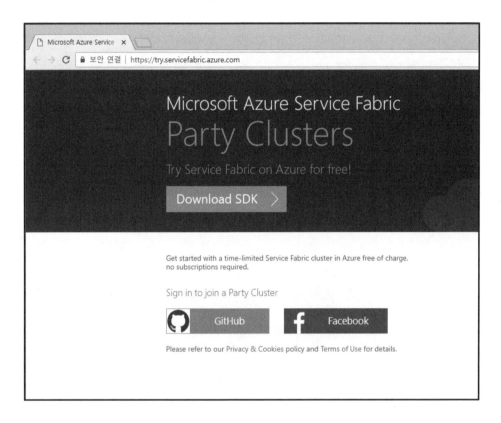

리눅스 클러스터에 가입한다.

가입 링크를 클릭하면 바로 클러스터 상세 정보 페이지로 이동한다. 클러스터는 한 시간만 사용할 수 있으며, 시간이 지나면 모두 삭제된다.

기본적으로 몇 개의 포트가 열려있다. product API 애플리케이션을 배포한 후에는 8080 포트를 사용해서 접근할 수 있다. 열려 있는 전체 포트는 상세 정보 페이지 하단의 Available ports에서 확인할 수 있다.

Your secure Service Fabric cluster is ready!

ReadMe: How to connect to a secure Party cluster?

Certificate required to connect:
PFX

Service Fabric Explorer
https://lnx2431o5w37ri.westus.cloudapp.azure.com:19080/Explorer/index.html

Connection endpoint
lnx2431o5w37ri.westus.cloudapp.azure.com:19000

Expires on:
August 26 at 12:36:12 UTC

Time remaining
0 hours, 24 minutes, and 8 seconds

Available ports
80, 8081, 8080, 20000, 20001, 20002, 20003, 20004, 20005

서비스 패브릭 파티 클러스터에 접속

상세 정보 페이지에 서비스 패브릭 탐색기^{SFX, Service Fabric Explorer}의 URL이 나와 있지만 바로 접속할 수는 없다. 다음과 같이 진행한다.

1. 클러스터는 인증서 기반 인증을 사용하기 때문에 PFX 키 파일을 등록해야 한다. 상세 정보 페이지에서 Certificate required to connect 항목의 PFX 링크를 클릭해서 개인 키 파일을 다운로드한다.

2. How to connect to a secure Party cluster? 링크를 클릭해 접속 방법 설명 페이지를 연다.

3. Windows PowerShell을 실행한 후 CONNECTING TO SECURE CLUSTER USING Service Fabric Explorer (SFX) 항목에 있는 다음과 유사한 키 Import

명령을 실행한다.

```
Import-PfxCertificate -FilePath
.\party-cluster-719448901-client-cert.pfx -CertStoreLocation
Cert:\CurrentUser\My -Password (ConvertTo-SecureString 719448901
-AsPlainText -Force)
```

4. 서비스 패브릭 탐색기에 접속하면 다음 그림과 같이 앞서 등록한 인증서를 선택하는 화면이 나타난다. 인증서를 선택한 후 보안 관련 경고가 나타나더라도 무시하고 접속한다.

SFX 접속을 위한 인증서 선택

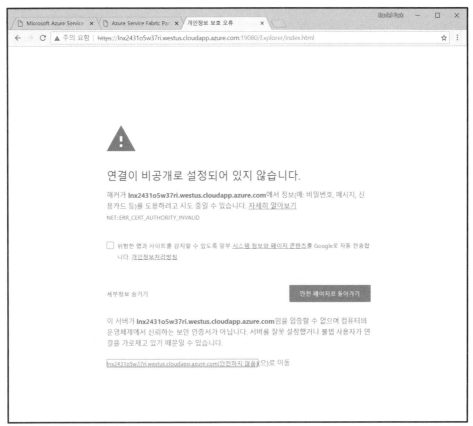

SFX 접속 시의 보안 경고

서비스 패브릭 파티 클러스터는 3개의 노드를 기본으로 제공한다. 여러 개의 애플리케이션을 클러스터에 배포할 수 있으며, 애플리케이션 가용성은 애플리케이션 설정에 따라 클러스터에서 관리한다.

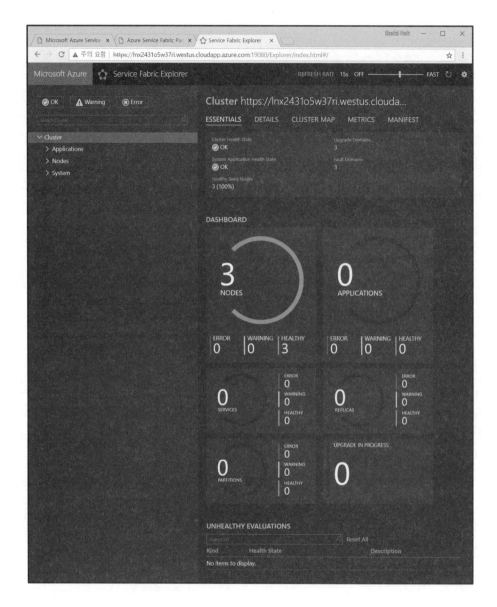

5. 서비스 패브릭 파티 클러스터에는 보안이 적용돼 있다. 보안 클러스터에 연결
   하기 위해 Windows PowerShell을 실행한 후 접속 방법 설명 페이지의
   CONNECTING TO SECURE CLUSTER USING PowerShell 항목에 있는 다음과
   유사한 명령을 실행한다.

```
$cert = Get-ChildItem -Path Cert:\CurrentUser\My | Where-Object
{$_.Subject -eq "cn=lnx2431o5w37ri.westus.cloudapp.azure.com"}
Connect-ServiceFabricCluster -ConnectionEndpoint
'lnx2431o5w37ri.westus.cloudapp.azure.com:19000'
-KeepAliveIntervalInSec 10 -X509Credential -ServerCertThumbprint
$cert.Thumbprint -FindType 'FindByThumbprint' -FindValue
$cert.Thumbprint -StoreLocation 'CurrentUser' -StoreName 'My'
-Verbose
```

보안 클러스터 연결

서비스 패브릭 클러스터에 product API 애플리케이션 배포

product API 애플리케이션을 클러스터에 배포하기 위해 명령 프롬프트에서 C:\chapter-
09\ProductServiceFabric 폴더로 이동한다.

앞 절에서 이미 보안 클러스터에 연결했기 때문에 다음 명령을 실행하면 바로 애플리케이션을 클러스터에 배포할 수 있다.

```
.\install.ps1
```

명령을 실행하면 애플리케이션이 클러스터에 업로드 및 등록된다.

클러스터에 product API 애플리케이션 배포

이제 서비스 패브릭 탐색기에서 애플리케이션이 나타나며, 애플리케이션을 사용할 수 있다.

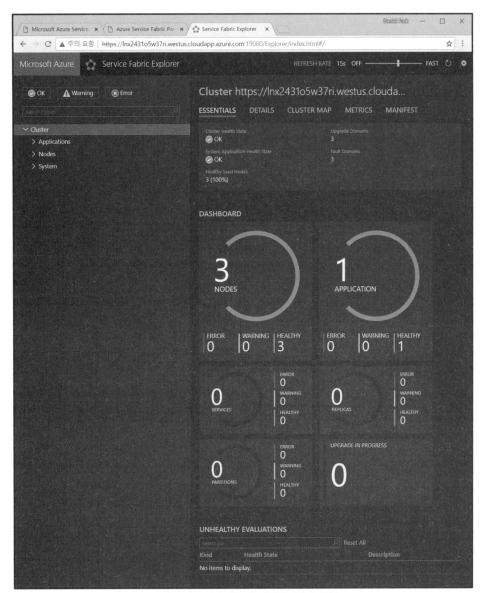

파티 클러스터에 배포된 애플리케이션 확인

API는 다음과 같은 URL에 접속하면 사용할 수 있다. URL이 서비스 패브릭 탐색기와
비슷하지만 http 프로토콜을 사용하고 있다.

```
http://lnx2431o5w37ri.westus.cloudapp.azure.com:8080/product/2
```

API가 작동하는지 확인

서비스 패브릭 탐색기를 보면 애플리케이션이 하나의 노드(_lnxvm_2)에만 배포된 것을
확인할 수 있다. 노드에 장애를 발생시키면 애플리케이션 인스턴스는 자동으로 다른
노드에 배포된다.

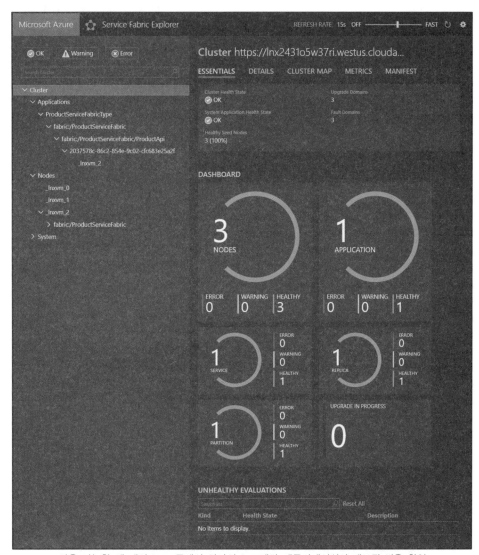

사용 가능한 세 개의 노드 중에서 하나의 노드에만 애플리케이션이 배포된 것을 확인

노드 메뉴에서 Restart를 선택해 _lnxvm_2 노드를 재시작한다(다음 스크린샷에서 강조 표시된 부분을 참고한다).

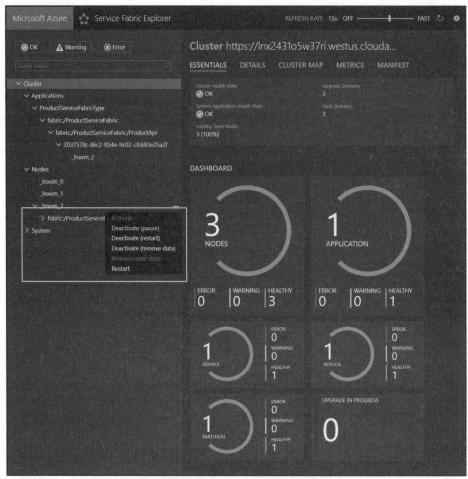

파티 클러스터의 노드 제어 메뉴 확인

클러스터의 자가 치유 기능에 의해 재시작 직후에 애플리케이션이 _lnxvm_0 노드로
배포된 것을 확인할 수 있다.

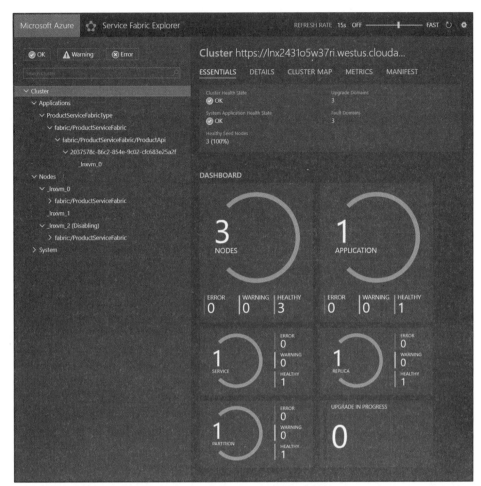

서비스 패브릭 클러스터는 어떤 노드에서 애플리케이션이 비활성화되면 다른 노드에서 새로 실행한다.

서비스 패브릭 클러스터에 흥미를 느꼈다면 그 기능을 더 살펴보길 바란다. 자바 애플리케이션 지원이 제한적이고 다양한 리눅스 버전을 지원하진 않지만, Azure는 다양한 애플리케이션 유형을 플랫폼에 추가하기 위해 노력하고 있다.

로컬 클러스터 구축

도커를 이용해 로컬 환경에 서비스 패브릭 클러스터를 설치할 수 있다. 다음과 같이 진행한다.

1. 로컬 서비스 패브릭 클러스터 구축을 위해 도커 이미지를 가져온다.

```
docker pull microsoft/service-fabric-onebox
```

2. 도커 데몬 구성에 다음의 설정을 추가하고 도커 데몬을 다시 시작한다.

```
{
  "ipv6": true,
  "fixed-cidr-v6": "2001:db8:1::/64"
}
```

3. 도커 이미지를 도커 허브에서 가져와서 실행한다.

```
docker run -itd -p 19080:19080 -p 19000:19000 -p 8080:8080 --name
sfonebox microsoft/service-fabric-onebox
```

4. 컨테이너 셸에서 다음 명령을 실행한다.[3]

```
./setup.sh
./run.sh
```

마지막 단계까지 완료하면 로컬 서비스 패브릭 클러스터가 시작되며, 브라우저에서 http://localhost:19080에 접속하면 서비스 패브릭 탐색기를 볼 수 있다.

PowerShell에서 다음 명령을 실행하면 도커 컨테이너에서 실행되는 로컬 서비스 패브릭 클러스터에 연결된다.

---

3. 컨테이너 셸에 들어가려면 다음 명령을 실행한다. - 옮긴이
   docker exec -it sfonebox bash

```
Connect-ServiceFabricCluster localhost:19000
```

파티 클러스터에서 했던 것과 마찬가지로 애플리케이션을 배포하고 API를 확인한다.

로컬 클러스터에 애플리케이션 배포

로컬 주소로 API를 확인한다.

로컬 클러스터에서 API 확인

Azure Function

애플리케이션을 클라우드로 옮겨서 플랫폼 서비스를 사용하면 비즈니스 기능에 초점을 맞출 수 있으며, 애플리케이션 확장성에 대한 걱정도 덜 수 있다. 좀 더 혁신적인 방식을 원한다면 서버리스 애플리케이션을 고려할 수 있다. 서버리스 애플리케이션으로 전환하면 개발자는 서버 프로비저닝, 가용성, 확장성을 걱정할 필요 없이 애플리케이션 구축에 집중할 수 있다.

Azure Functions Java는 현재 베타 버전이며, Azure 포털에서는 사용할 수 없다.

로컬 컴퓨터에 개발 환경을 구성하고 자바 버전의 Azure Function을 만들면서 간략하게 기능을 살펴보자.

환경 설정

Azure Functions Core Tools SDK는 Azure Functions Java를 생성하고 실행, 디버깅하기 위한 로컬 개발 환경을 제공한다.

```
npm install -g azure-functions-core-tools@core
```

새 Azure Functions Java 프로젝트 생성

이제 Azure Functions Java 프로젝트 예제를 만들어보자. 다음과 같이 메이븐 아키타입archetype을 사용해서 프로젝트 기본 구조를 생성한다.

```
mvn archetype:generate -DarchetypeGroupId=com.microsoft.azure
 -DarchetypeArtifactId=azure-functions-archetype
```

mvn 명령을 실행하고 다음과 같이 필요한 값을 입력한다.

```
Define value for property 'groupId': com.mycompany.product
Define value for property 'artifactId': mycompany-product
Define value for property 'version' 1.0-SNAPSHOT: :
Define value for property 'package' com.mycompany.product: :
Define value for property 'appName' mycompany-product-20180822191236786: :
productAPI
Define value for property 'appRegion' westus: : westus
Define value for property 'resourceGroup' java-functions-group: :
java-functions-group
Confirm properties configuration:
groupId: com.mycompany.product
artifactId: mycompany-product
version: 1.0-SNAPSHOT
package: com.mycompany.product
appName: productAPI
appRegion: westus
resourceGroup: java-functions-group
 Y: : y
```

Azure Functions Java 빌드 및 실행

패키지를 빌드한다.

```
mvn clean package
```

다음과 같이 함수를 실행한다.

```
mvn azure-functions:run
```

함수 실행 결과는 다음과 같다.

Azure Functions Java 구현

기본 함수의 URL은 다음과 같다.

```
http://localhost:7071/api/HttpTrigger-Java
```

http://localhost:7071/api/HttpTrigger-Java?name=cloudnative에 접속하면 함
수의 출력을 볼 수 있다.

코드 분석

코드를 열어보면 메인 코드 파일에 기본 메소드 HttpTriggerJava가 정의된 것을 볼 수 있다.

```java
package com.mycompany.product;

import ...

/**
 * Azure Functions with HTTP Trigger.
 */
public class Function {
    /**
     * This function listens at endpoint "/api/HttpTrigger-Java". Two ways to invoke it using "curl" command in bash:
     * 1. curl -d "HTTP Body" {your host}/api/HttpTrigger-Java
     * 2. curl {your host}/api/HttpTrigger-Java?name=HTTP%20Query
     */
    @FunctionName("HttpTrigger-Java")
    public HttpResponseMessage HttpTriggerJava(
            @HttpTrigger(name = "req", methods = {HttpMethod.GET, HttpMethod.POST}, authLevel = AuthorizationLevel.ANONYMOUS)
    HttpRequestMessage<Optional<String>> request,
            final ExecutionContext context) {
        context.getLogger().info("Java HTTP trigger processed a request.");

        // Parse query parameter
        String query = request.getQueryParameters().get("name");
        String name = request.getBody().orElse(query);

        if (name == null) {
            return request.createResponseBuilder(HttpStatus.BAD_REQUEST).body("Please pass a name on the query string or in the request body").build();
        } else {
            return request.createResponseBuilder(HttpStatus.OK).body("Hello, " + name).build();
        }
    }
}
```

메소드에는 @HttpTrigger 애노테이션이 붙어 있는데, 트리거 이름과 허용된 메소드, 허용 권한 등이 정의돼 있다.

Function을 컴파일하면 함수에 대한 바인딩 정보가 저장된 function.json 파일이 생성된다.

```json
{
    "scriptFile" : "..\\mycompany-product-1.0-SNAPSHOT.jar",
    "entryPoint" : "com.mycompany.product.Function.HttpTriggerJava",
    "bindings" : [ {
        "type" : "httpTrigger",
        "name" : "req",
        "direction" : "in",
        "webHookType" : "NONE",
        "authLevel" : "anonymous",
        "methods" : [ "GET", "POST" ]
    }, {
        "type" : "http",
        "name" : "$return",
        "direction" : "out"
    } ],
    "disabled" : false
}
```

function.json 파일을 보면 입력 및 출력 데이터에 대한 바인딩이 모두 정의돼 있다. Function은 정확히 하나의 트리거를 가지며, 트리거는 보통 Function을 트리거하는 페이로드 등의 관련 데이터와 함께 시작한다.

입력 및 출력 바인딩은 코드 내에서 데이터에 연결하는 선언적 방법이다.

바인딩은 선택 사항이며, Function은 여러 개의 입력 및 출력 바인딩을 가질 수 있다.

Azure 포털을 사용해 Function을 개발하는 경우에는 트리거와 바인딩을 function.json 파일로 직접 구성한다.

Azure Functions Java는 아직 베타 상태의 맛보기 기능이며, 문서가 부족하다. 자바를 정식 지원할 때까지 기다릴 필요가 있다.

지금까지 Azure를 사용한 플랫폼 개발을 살펴봤다.

▌ 요약

9장에서는 Azure 클라우드 플랫폼이 제공하는 다양한 기능과 서비스를 살펴봤다. 기존 애플리케이션을 클라우드 네이티브 모델로 전환할 때는 App Service, Container Service, 서비스 패브릭Service Fabric이나 Azure Function 같은 서버리스 모델 서비스를 이용한다. 애플리케이션을 새로 만들 때는 기존 방식을 버리고 플랫폼 서비스를 바로 도입해서 애플리케이션의 확장성 및 가용성을 자동으로 관리한다.

10장에서는 IaaS, PaaS, iPaaS, DBaaS 등의 다양한 XaaS API 유형을 설명하며, XaaS를 직접 구축할 때 고려할 아키텍처와 설계 문제를 다룬다.

10

서비스 통합

10장에서는 IaaS, PaaS, iPaaS(서비스로서의 통합 플랫폼Integration Platform as a Service), DBaaS(서비스로서의 데이터베이스Database as a Service) 등 다양한 종류의 XaaS(서비스로서의 모든 것Anything as a Service)와 인프라나 플랫폼 요소를 서비스로 노출할 때 고려해야 할 모든 것을 설명한다. 클라우드 네이티브 애플리케이션은 소셜 미디어 API, PaaS API 를 통합하거나 다른 애플리케이션에서 사용할 서비스를 호스팅할 수 있다. 10장에서 는 XaaS 모델을 구축할 때 고려해야 할 사항을 다룬다.

10장에서 다루는 내용은 다음과 같다.

- XaaS를 구축할 때의 아키텍처 및 설계 문제
- 모바일 애플리케이션을 만들 때의 아키텍처 및 설계 문제

- 서비스 제공자가 공급하는 데이터베이스, 권한 부여, 클라우드 스토리지, 분석 등의 다양한 백엔드

▌XaaS

클라우드 컴퓨팅은 탄력적인 종량형 요금제를 적용한 주문형 IT 호스팅 서비스 유통 모델을 개척했으며, 모든 IT 분야 서비스는 클라우드 컴퓨팅이라는 큰 주제로 묶을 수 있다.

클라우드 컴퓨팅이라는 주제 안에서도 IT 서비스 유형별로 특정 클라우드 서비스에 대한 다양한 용어가 있다. 용어 대부분은 XaaS라는 용어의 다양한 변형인데, 여기서 X는 여러 용어로 대체할 수 있는 플레이스홀더placeholder다.

가장 보편적인 클라우드 컴퓨팅 유통 모델을 살펴보자.

- **IaaS:** 컴퓨팅 리소스(컴퓨팅, 네트워크, 스토리지 등)를 운영체제와 애플리케이션 배포 및 실행 서비스로 제공하는 경우에 이를 IaaS라고 한다. 조직에서 직접 데이터 센터를 구축하고 서버 및 스토리지를 구매하고 싶지 않다면 IaaS를 선택하는 게 좋다. AWSAmazon Web Services, Azure, GCPGoogle Cloud Platform는 선도적인 IaaS 제공자다. 이 모델의 특징은 다음과 같다.
  - 모든 운영체제, 애플리케이션, 관련 도구, 데이터베이스 시스템 등을 관리, 패치, 업그레이드한다.
  - 비용을 절감하려면 사용자는 적절하게 환경을 시작 및 중지해야 한다.
  - 컴퓨팅 자원의 프로비저닝은 거의 즉각적이며, 컴퓨팅 자원의 탄력성은 IaaS 제공자의 가장 큰 판매 요소 중 하나다.
  - 일반적으로 클라우드 제공자는 서버 이미지 백업 기능을 제공하므로 백업 및 복원을 쉽게 관리할 수 있다.

- **PaaS:** 컴퓨팅, 네트워크, 스토리지가 준비되면 애플리케이션 빌드를 위한 개발 플랫폼 및 관련 환경이 필요한데, PaaS 플랫폼이 소프트웨어 개발 수명주기^{SDLC, Software Development Life Cycle} 전반에 걸친 서비스를 제공한다. 런타임(예: 자바, .NET)과 데이터베이스(예: MySQL, Oracle), 웹 서버(예: 톰캣, 아파치 웹 서버) 등의 서비스를 PaaS가 제공한다. 즉, 클라우드 컴퓨팅 제공업체가 런타임, 미들웨어, OS, 가상화, 서버, 스토리지, 네트워킹 등의 기본 운영 측면을 관리하고, PaaS 사용자는 다음과 같은 사항만 관할한다.

  - 개발자는 애플리케이션 및 관련된 데이터만 신경 쓰며, 애플리케이션의 변경/업데이트를 직접 관리한다.
  - PaaS가 메시징, 람다, 컨테이너 등 높은 수준의 추상화를 제공하므로 개발팀은 고객 요구를 충족하기 위한 핵심 역량에 집중할 수 있다.

- **SaaS:** 전체 애플리케이션을 임대하는 모델로 사용자는 빌드, 배포, 유지 보수 등을 할 필요가 없다. 사용자가 신청하면 제공자는 사용자 혹은 사용자의 조직을 위해 애플리케이션 인스턴스를 제공한다. 브라우저로 애플리케이션에 접근하거나 제공자의 공개 API를 이용할 수 있다. Gmail, Office 365, Salesforce 등이 SaaS 서비스의 예다. 이 모델에서 제공자는 모든 사용자에게 표준적인 특성 및 기능을 제공하며, 사용자 정의 기능은 매우 제한된다. 사용자의 경량 디렉터리 액세스 프로토콜^{LDAP, Lightweight Directory Access Protocol} 저장소를 제공자와 통합할 수 있도록 SaaS 제공자가 보안 보장 마크업 언어^{SAML, Security Assertion Markup Language}나 OAuth 모델을 이용한 보안 모델을 제공하는 경우도 있다. SaaS는 사용자 정의가 크게 필요 없는 표준 소프트웨어에 적합하다. 가장 대표적인 SaaS 제공자로 Office 365와 Salesforce가 있다.

IaaS	PaaS	SaaS
애플리케이션	애플리케이션	애플리케이션
런타임	런타임	런타임
통합	통합	통합
App/DB 서버	App/DB 서버	App/DB 서버
가상화	가상화	가상화
컴퓨팅	컴퓨팅	컴퓨팅
스토리지	스토리지	스토리지
네트워크	네트워크	네트워크

사용자가 관리

제공자가 관리

조직 및 애플리케이션 포트폴리오를 구축할 때는 다양한 유형의 서비스를 여러 제공자에 가입해서 사용할 수 있다. 페이스북이나 인스타그램, 우버에 필적하는 새 서비스를 구축하고 싶다면 수십억 사용자의 다양한 요구 사항을 해결하기 위한 구체적인 아키텍처 문제를 해결해야 한다.

▌ XaaS 구축 시의 주요 설계 고려 사항

XaaS를 구축해서 서비스로 제공하기 위해 해결해야 할 주요 설계 고려 사항을 검토해 보자.

- **멀티테넌시:** 공개 서비스를 설계할 때 고려해야 하는 첫 번째 요구 사항 중 하나는 멀티테넌시 지원이다. 사람들이 서비스에 가입하면 서비스는 사용자 데이터에 보안 경계를 제공해야 한다. 멀티테넌시 설계의 좋은 예라고 할 수 있는 SaaS처럼 모든 사용자 데이터와 애플리케이션 작업 부하는 분리돼야 한다. 사용자의 요청은 사용자 소유 데이터로 범위가 한정된다. 멀티테넌시를 지원하도록 애플리케이션을 설계하려면 다음과 같은 사항을 고려해야 한다.

  - **격리:** 데이터는 사용자 간에 격리돼야 하며, 어떤 사용자도 다른 사용자의 데이터에 접근할 수 없어야 한다. 이런 격리는 데이터에만 국한되지 않고 컴퓨팅, 스토리지, 네트워크 등의 기본 자원과 백업, 복원, 데브옵스, 관리 기능, 애플리케이션 속성 등에도 확장해서 적용해야 한다.

  - **비용 최적화:** 다음으로는 클라우드 자원의 전체 비용을 낮춰서 모든 유형의 고객이 부담을 느끼지 않도록 설계를 최적화하는 것이 매우 중요하다. 여러 가지 기법을 사용해서 비용을 관리할 수 있다. 예를 들면 무료 고객을 위한 테넌트 ID 기반의 테넌시 모델을 만들 수 있다. 이 모델을 사용하면 데이터베이스 라이선스, 전체 컴퓨팅과 스토리지 비용, 데브옵스 프로세스 등을 최적화할 수 있다. 이와 유사하게 대규모 고객에게는 전용 인프라를 바탕으로 한 서비스 수준 협약^{SLA, Service Level Agreement}을 제공할 수도 있다. 소수의 대규모 고객을 대상으로 수백만의 가치를 창출하는 작은 기업이 많지만, 수백만의 소규모 고객을 수용하는 대기업도 있다.

  - **데브옵스 파이프라인:** 하나의 서비스를 여러 개의 인스턴스로 구축한 상황에서 고객이 사용자 정의 기능을 요구하면 문제가 발생한다. 이는 곧 코드 단편화로 이어지고, 코드는 관리하기 어려워진다. 관건은 전체 고객에게 새로운 특성 및 기능을 출시하면서도 개별 고객이 필요로 하는 사용자 정의 기능을 제공하는 능력을 갖추고 균형을 유지하는 것이다. 전체 서비스 인스턴스에 변경 사항을 롤아웃하려면 데브옵스 프로세스를 이용해서 멀티테넌시 격리를 지원하고, 각 테넌트 프로세스 및 데이터베이스

스카마를 유지/감시해야 한다. 데브옵스를 간소화하지 않으면 서비스 전반의 변경 사항을 롤아웃하는 작업은 매우 복잡하고 어려우며, 이는 비용 증가와 고객 만족도 저하로 이어진다.

- **확장성:** 신규 고객 유입과 서비스 확장 기능은 기본 요건이다. 고객 규모가 커지면 서비스 대비 비용이나 전반적인 서비스 비용이 줄어든다. 앞서 언급한 세 가지 유형의 테넌트를 고려해서 서비스를 구축하지 않으면 서비스 확장과 비즈니스 모델의 유지가 어렵다.

멀티테넌시 서비스의 설계를 시작할 때는 다음과 같은 설계 옵션을 고려한다.

- **테넌트당 하나의 데이터베이스:** 모든 테넌트가 자체 데이터베이스를 가진다. 이 모델로 사용자 데이터를 완벽하게 격리한다.

- **공유 데이터베이스(단일):** 단일 데이터베이스로 모든 테넌트에 호스팅하며, 테넌트 ID로 식별한다.

- **공유 데이터베이스(샤딩):** 이 모델에서는 단일 데이터베이스를 다수의 데이터베이스로 나눈다. 일반적으로 샤드 키^{shard key}는 해시^{hash}나 범위^{range}, 목록 분할^{list partitioning} 등의 전략을 이용해서 만든다. 테넌트는 샤드에 분산돼 있으며, 테넌트 ID와 샤드를 조합해야 접근할 수 있다.

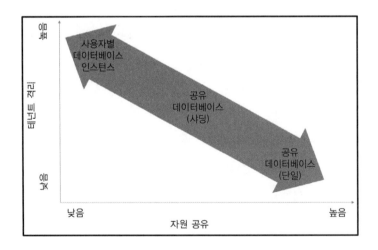

- **빠른 프로비저닝:** XaaS 모델을 구축할 때 고려해야 하는 또 다른 중요한 과제는 새 고객이 쉽게 프로비저닝할 수 있어야 한다는 점이다. 즉, 고객은 직접 가입한 후 바로 서비스를 사용할 수 있어야 한다. 이렇게 하려면 새 사용자가 쉽고 빠르게 프로비저닝할 수 있는 모델이 필요하다. 기본 컴퓨팅 자원과 데이터베이스 스키마 생성, 특정 데브옵스 파이프라인을 제공하는 기능은 매우 효율적으로 완전 자동화돼야 한다. 사용자 경험 관점에서 보면 사용자에게 바로 실행할 수 있는 애플리케이션을 제공하는 게 좋다. 큰 시장을 목표로 하는 서비스는 매우 빠른 프로비저닝을 제공하지만, 기업 고객의 구내 데이터 센터와 통합이 필요한 구체적인 서비스를 제공하는 경우에는 빠른 프로비저닝 제공이 힘들 수도 있다. 이런 경우에는 일반적인 통합 시나리오를 해결할 수 있는 도구/스크립트를 가능한 한 빨리 작성해서 고객에게 전달해야 한다.
- **감사:** 보안과 관련된 또 다른 주요 관심사는 서비스와 기반 데이터 저장소의 접속과 변경을 감사하는 기능이다. 모든 감사 추적 내역은 위반 사항이나 보안 문제, 규정 준수 등의 목적으로 저장해야 한다. 시스템 전체에서 생성되는 이벤트를 추적하는 중앙 집중식 감사 저장소가 있어야 하며, 감사 저장소의 최상단에서 분석을 실행해 비정상적인 동작을 표시하고 예방이나 수정을 할 수 있어야 한다.

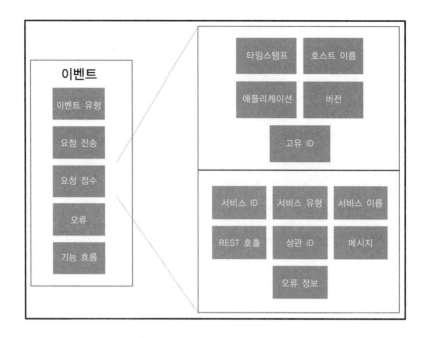

비정상적인 동작을 검출하기 위해 과거 데이터에서 생성한 모델과 실시간 스트리밍을 결합한 람다 아키텍처를 사용할 수 있다. 일부 공개 클라우드 제공자는 이를 서비스로 제공한다.

- **보안:** 사용자는 서비스의 특성에 따라 자신의 데이터에 안전하게 액세스할 수 있어야 한다. 서비스는 인증 및 권한 부여를 위한 기본 기능을 내장하고 있어야 하며, 모든 사용자는 자신의 정보에 접속하기 위한 보안 키와 암호를 갖고 있어야 한다. 기업 데이터 접근과 다수 사용자 지원 요청이 있는 경우에는 기업용 위임 관리 모델을 구축해야 할 수 있다. 또한 구글, 페이스북 등이 제공하는 OAuth 같은 보안 메커니즘을 사용해서 서비스에 접속할 수도 있다.

- **데이터 스토리지:** 서비스는 데이터 유형에 따라 다른 유형의 스토리지를 제공해야 하는데, 데이터 유형에 따라 스토리지 요구 사항이 다르기 때문이다. 일반적인 스토리지 요구 사항은 다음과 같다.

  - **관계형 데이터 스토리지:** 앞 절에서는 다양한 멀티테넌시 전략을 이용한 관계형 데이터 저장 방식을 설명했다. 테넌트 데이터는 관계형일 수 있으

며, 테넌트 전용의 애플리케이션 구성 데이터를 관계형 모델에 저장할 수 있다.

- **NoSQL 스토리지:** 테넌트 데이터가 항상 관계형인 것은 아니다. 칼럼이나 키-값, 그래프, 문서 지향 모델일 수 있으며, 이런 경우 적절한 데이터 스토리지를 설계 및 구축해야 한다.
- **Blob 스토리지:** Blob 스토리지나 이진 데이터 스토리지가 필요한 서비스라면 객체 파일 스토리지가 필요하다. AWS나 Azure와 비슷한 Blob 스토리지를 사용해 바이너리 파일을 저장할 수 있다.

- **모니터링:** 전체 애플리케이션 스택을 모니터링해야 한다. 가입한 고객에게 엄격한 SLA를 보장한다면 모니터링이 서비스나 시스템 가용성뿐만 아니라 비용 손실 및 평판 손실과도 관련이 있다. 가끔은 개별 컴포넌트가 이중화와 고가용성을 갖추는 경우도 있지만, 스택 레벨에서는 모든 장애율^{failure rates} 조합이 스택의 전체 가용성을 저하시킨다. 스택 전반에 걸친 리소스 모니터링이 중요하며, 가용성과 명확한 SLA 관리의 핵심이다. 모니터링은 하드웨어와 소프트웨어를 포괄하며, 비정상적인 동작 감지 및 해결 대응을 자동화할 필요가 있다. 보통 복구 모니터링 및 자동화 기능을 완성하려면 여러 번의 반복 작업을 거쳐야 한다.
- **오류 처리:** 서비스의 주요 현안 중 하나는 실패 처리 능력과 서비스 사용자에 대응하는 방법이다. 실패는 다양한 레벨에서 발생할 수 있는데, 데이터 저장소를 사용할 수 없거나 잠긴 테이블, 쿼리 시간 초과, 서비스 인스턴스 중단, 세션 데이터 손실 등이 있다. 이 모든 문제와 몇 가지 실패 시나리오까지 더해

서 처리하려면 서비스가 견고해야 하며, 따라서 서비스 설계에 CQRS, 서킷 브레이커, 격벽, 반응형reactive 등의 패턴을 적용해야 한다.

- **자동화된 빌드/배포:** 서비스 고객이 증가하면 새 기능을 출시하고 버그를 수정하기 위해 자동화된 빌드 및 배포 모델이 필요하다. 이는 움직이는 자동차의 타이어를 바꾸는 것과 비슷하다. 고객 불만 없이 소프트웨어를 업그레이드하고 패치 및 보안 픽스를 배포하는 건 섬세한 기술이며, 숙달하는 데 시간이 걸린다. 예전에는 트래픽이 감소하는 밤에 잠시 시스템을 중단할 수 있었지만, 전 세계의 고객을 상대한다면 더는 그럴 시간이 없다. 블루/그린 배포가 새 변경 사항을 배포할 때 적합한 기술인데, 고객에게 미치는 영향을 최소화하면서도 전반적인 위험을 줄일 수 있다.

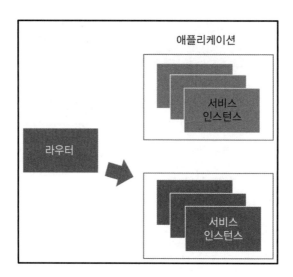

- **고객층:** 다양한 고객층을 대상으로 서비스를 구축하고 가격을 책정하는 것도 중요한 과제다. 기업들은 수많은 고객의 요구를 해결하기 위해 다양한 계층을 만들어 왔으며, 이는 기업이 고객층을 결정하고 서비스 비용을 책정하는 데 도움이 된다. 고객층을 결정하기 위해 고려해야 할 사항은 다음과 같다.

- **컴퓨팅:** 시간/일/월로 요청 단위를 제한한다. 이렇게 하면 테넌트에 필요한 용량과 네트워크 대역폭을 예측할 수 있다.
- **스토리지:** 기반 데이터 저장을 위해 필요한 스토리지를 조절하면 데이터베이스 샤드 균형을 적절하게 맞출 수 있다.
- **보안:** 엔터프라이즈 고객의 경우에는 SAML을 사용해서 엔터프라이즈 보안 모델을 통합해 달라는 별도의 요구 사항이 있을 수 있다. 이 경우 추가 하드웨어 및 지원이 필요할 수 있다.
- **SLA/지원 모델:** 고객층을 결정할 때 고려해야 하는 또 다른 영역이다. 커뮤니티, 비상 대기, 전용 호스트 등의 지원 모델은 각자 비용 구조가 다르다. 일반 고객이나 기업 등 대상 시장별로 적합한 지원 모델을 고려한다.

- **기능 플래그:** XaaS 모델을 구축할 때 고려해야 하는 주요 문제 중 하나는 다양한 테넌트의 코드 변경, 기능 배포 등을 처리하는 방법이다. 고객별로 코드를 분기하는 게 맞을지, 모든 고객을 대상으로 하나의 코드 베이스만 사용할지 결정해야 한다. 하나의 코드 베이스만 유지한다면 개별 테넌트만의 고유 특성 및 기능은 어떻게 배포해야 할지 고민해야 한다. 목표 시장이 8~10명의 고객이라면 고객별 코드 분기를 하는 것도 가능한 옵션이다. 그러나 목표 시장이 수백 명의 고객이라면 코드 분기는 나쁜 선택이다. 일반적으로 코드 분기는 좋지 않은 생각이다. 고객마다 다른 특성 및 기능 문제를 해결하거나 배포 준비가 안 된 새 기능을 관리하려면 기능 플래그를 사용하는 게 좋다.

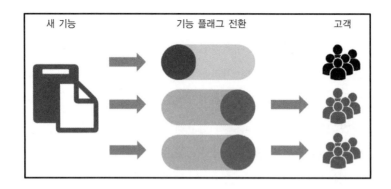

기능 플래그를 사용하면 사용자를 위한 기능을 즉시 배포하지 않고도 운영 환경에서 코드를 배포할 수 있으며, 애플리케이션의 특정 기능을 각 고객이 가입한 서비스 수준에 따라 제공하거나 제한할 수 있다. 또한 기능 플래그를 A/B 테스트와 함께 사용해서 일부 사용자에게만 새로운 특성/기능을 배포하면 더 많은 고객에게 배포하기 전에 사용자 반응과 기능 정확성을 검증할 수 있다.

- **셀프서비스 포털:** 서비스의 핵심 요소는 사용자가 가입해서 서비스를 프로비저닝하고 애플리케이션 데이터 및 서비스의 모든 측면을 관리할 수 있는 셀프 서비스 포털이다. 사용자는 포털을 바탕으로 인증 및 위임 관리 모델을 이용한 권한 부여와 같은 엔터프라이즈 측면을 관리하고, 가용성을 위해 사용 중인 서비스를 모니터링하며, 서비스의 주요 메트릭에 사용자 정의 경보/경고를 설정해서 서버 측에서 발생할 수 있는 문제를 파악할 수 있다. 고객층별로 기능을 차별화해 유료 고객을 위한 고급 모니터링 및 분석 서비스를 구축할 수도 있다. 잘 만들어진 포털은 서비스 성능에 대한 전반적인 고객 신뢰도를 높여준다. 누구나 서비스가 제공하는 특성/기능을 따라할 수 있지만, 서비스와 관련된 부가 기능을 추가로 구축하면 서비스의 차별화 요소가 된다.

- **소프트웨어 개발 키트**[SDK]**:** 사용자가 서비스를 선택할 가능성을 높이기 위해 사용자용 SDK를 구축해서 제공할 수도 있다. 필수는 아니지만 고객이 애플리케이션 코드 수준에서 서비스와의 통합을 원할 때 특히 바람직한 기능이다.

이 경우 SDK는 여러 언어를 지원하고 고객 측 개발자에게 도움이 되는 좋은 예제와 설명서를 함께 제공해야 한다. 애플리케이션이나 서비스가 복잡한 경우에는 서비스를 호출하는 방법이나 기존 서비스를 SAML, OAuth 등을 이용해 통합하는 방법을 설명하는 SDK가 있다면 사용자가 빨리 서비스에 적응하는 데 큰 도움이 된다.

- **문서 및 커뮤니티 지원:** 서비스 선택 가능성을 높이려면 제품 및 서비스에 대한 커뮤니티 지원과 참고할 만한 문서의 수준 또한 중요하다. 문서는 최소한 다음 내용은 다뤄야 한다.
  - 서비스 가입 방법
  - 서비스 호출 및 사용 방법
  - 고객 환경에 서비스를 통합하는 방법과 통합을 위해 사용할 수 있는 SDK 제공
  - 데이터를 대량으로 가져오거나 내보내는 방법
  - 엔터프라이즈 LDAP/액티브 디렉터리[AD, Active Directory] 서버와 인증/권한 부여를 안전하게 통합하는 방법

다음으로는 활발한 커뮤니티 구축을 위한 지원을 고려한다. 사람들이 교류할 수 있는 적절한 인터넷 포럼을 마련하고, 모든 내/외부 사람의 질문에 답변할 수 있는 활발한 주제 전문가[SME, Subject Matter Expert]가 필요하다. 스택 오버플로[Stack Overflow]처럼 많은 질문이 쏟아진다면 알림을 설정하고 스레드를 모니터하고 사용자의 질문에 답해야 한다. 활동적인 커뮤니티는 제품에 대한 관심을 나타낸다. 많은 단체가 이런 포럼을 이용해 얼리 어댑터를 찾고 제품 로드맵에 대한 의견을 구한다.

- **제품 로드맵:** 좋은 제품은 최소 기능 제품[MVP, Minimum Viable Product]으로 시작하지만 대개 확고한 비전과 제품 로드맵으로 뒷받침한다. 고객으로부터 피드백을 받으면 제품 로드맵을 업데이트하고 백로그 항목의 우선순위를 재지정할 수 있다. 좋은 로드맵은 강력한 제품 비전을 보여준다. 고객, 파트너, 벤처 캐피

털 등 외부 이해 관계자를 만났을 때 그들이 가장 먼저 요구하는 것이 제품 로드맵이다.

로드맵은 일반적으로 전략적 우선순위와 배포 계획으로 구성되는데, 배포 계획은 유지 보수 및 버그 수정 배포를 위한 고수준 기능 및 계획을 포함한다.

멀티테넌시	빠른 프로비저닝	감사	보안
데이터 스토리지	모니터링	오류 처리	자동화된 빌드/배포
고객층	기능 플래그	셀프서비스 포털	SDK
문서 & 커뮤니티 지원	제품 로드맵		

앞 절에서는 XaaS 모델을 구축할 때 고려해야 할 몇 가지 설계 문제를 다뤘다. 우리는 각 관심사의 기본 사항만 다뤘지만, 각 관심사는 각각 하나의 장을 할애해야 할 만큼 다룰 내용이 많다. 부족하지만 XaaS를 기반으로 비즈니스 모델을 구축할 때 고려해야 할 서비스 이외의 측면에 대해 다양한 관점을 제공했길 바란다. 실제 서비스 설계 및 개발은 2장에서 다룬 내용을 기반으로 하면 된다.

▌ 서드파티 API와의 통합

앞 절에서는 자체 서비스를 구축할 때 설계상 고려할 점을 살펴봤다. 이제 서드파티에서 제공하는 REST 서비스를 이용해서 애플리케이션 만드는 방법을 알아보자. 예를 들어 아름다운 모바일 애플리케이션을 구축하려고 한다면 시각적 디자인에 역량을 집중하면서 모바일 애플리케이션을 만들 것이고, 애플리케이션 데이터 호스팅이나 관리 등의 복잡한 문제는 직접 처리하고 싶지 않을 것이다. 이 애플리케이션에서 스토리지와 알림, 위치 정보, 소셜 네트워크 통합, 사용자 관리, 채팅, 분석 등의 기능을 제공하는 서비스가 필요하다면 **서비스로서의 백엔드**^{BaaS, Backend a Service} 제공자 중에서 찾을 수 있다. 군이 한 업체와 계약할 필요 없이 비즈니스 요구와 예산에 맞는 공급자를 골라서 선택하면 된다. 보통 서비스 제공자는 월 단위로 무료 API 호출을 제공하는 무료^{freemium} 모델과 요금을 부과하는 상용^{premium} 모델을 운영한다. 이는 개발자가 소프트웨어가 실행되는 서버를 전혀 유지 보수할 필요가 없는 서버리스 애플리케이션을 개발할 때도 마찬가지다.

이제 본격적으로 서버리스 애플리케이션을 구축할 때 필요한 서드파티 서비스를 살펴보자.

- **인증 서비스:** 애플리케이션의 필수 요소 중 하나는 사용자 등록 기능이다. 애플리케이션 개발자는 등록된 사용자에게 맞춤 서비스를 제공하고 선호하거나 꺼리는 기능을 파악한다. 이 데이터를 바탕으로 사용자 경험을 최적화하고 애플리케이션에서 최대한의 가치를 끌어내기 위한 지원을 할 수 있다. 서비스로서의 인증^{AaaS, Authentication as a Service}은 사용자 인증과 관련된 비즈니스 기능의 캡슐화에 집중한다. 인증에는 ID 제공자가 필요한데, 애플리케이션이나 엔터프라이즈 환경에 있는 것을 사용하거나 구글, 페이스북, 트위터 등의 소셜 네트워크 회사에서 서비스하는 것을 사용할 수 있다. Auth0, Back&, AuthRocket 등의 다양한 인증 서비스 제공업체가 있다. 인증 서비스 제공업체는 최소한 다음과 같은 기능을 제공해야 한다.
  - **다단계 인증**^{MFA, Multi-Factor Authentication}**(소셜 ID 제공자 지원 포함):** 인증 서비스 제공업체는 애플리케이션에서 사용자를 관리할 수 있게 ID 제공자 인스턴스를 제공해야 한다. 이 기능은 사용자 등록과 SMS나 이메일을 이용한 2단계 인증^{two-factor authentication}, 소셜 ID 제공자와의 통합을 포함한다.

제공자 대부분은 OAuth2/OpenID 모델을 사용한다.

- **사용자 관리:** 인증 제공자는 MFA와 함께 애플리케이션에 등록한 사용자를 관리할 수 있는 사용자 인터페이스를 제공해야 한다. 이메일과 전화번호를 확인해서 고객에게 푸시 알림을 보낼 수 있어야 한다. 애플리케이션에서 필요하다면 보안 영역realm을 이용하거나 사용자를 미리 지정된 특정 역할에 추가해서 사용자 자격증명을 재설정하고 보안 자원을 보호할 수 있어야 한다.

- **플러그인/위젯:** 인증 제공자는 원활한 사용자 인증 서비스를 제공하기 위해 애플리케이션 코드에 넣어서 사용할 수 있는 위젯/플러그인을 제공해야 한다.

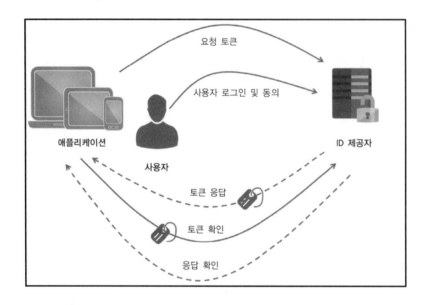

- **서버리스 서비스:** 코드를 배포하기 위해 애플리케이션 서버와 기반 VM을 관리해야 하는 시대는 지나갔다. 추상화 계층이 비즈니스 함수로 이동했기 때문에 개발자는 요청을 입력받아 처리하고 응답을 출력하는 함수만 작성한다. 런타임, 애플리케이션 서버, 웹 서버 등 어떤 것도 없이 그냥 함수만 있으면

된다. 제공자가 함수를 실행하기 위한 런타임을 서버와 함께 자동으로 프로비저닝하기 때문에 개발자는 어떤 것도 신경 쓸 필요가 없다. 사용 요금은 함수 호출 빈도와 실행 시간에 따라 부과되며, 일정 시간 동안은 비용이 발생하지 않는다.

함수에서 데이터 저장소에 접근해서 사용자 및 애플리케이션별 데이터를 관리할 수 있으며, 대기열 모델을 사용해서 두 함수를 연동할 수 있다. 제공자의 API 게이트웨이를 사용해 API로 공개할 수도 있다. 모든 공개 클라우드 벤더는 서버리스 서비스를 제공한다. AWS는 Lamda, Azure는 Azure Functions, 구글은 Google Cloud Functions, Bluemix는 Openwhisk[1]가 있다.

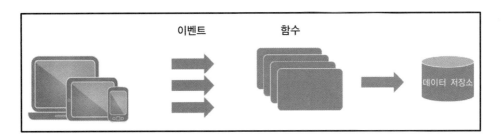

- **데이터베이스/스토리지 서비스:** 일반적으로 애플리케이션에는 고객 데이터를 관리하기 위한 스토리지가 필요하다. 이런 데이터는 사용자 프로필 정보(예: 사진, 이름, 이메일 ID, 암호, 애플리케이션 선호도)나 사용자별 데이터(예: 메시지, 이메일, 애플리케이션 데이터)처럼 간단한 것이다. 데이터의 유형 및 저장 형식에 따라 적절한 데이터베이스/스토리지 서비스를 선택할 수 있다. 바이너리 스토리지로는 모든 종류의 바이너리 파일을 지원하는 AWS S3, Azure Blob Storage가 있다. 모바일 애플리케이션에서 직접 JSON 형식으로 데이터를 저장하려면 구글 파이어베이스 등의 클라우드 서비스나 서비스로서의 MongoDB MongoDB as a Service(www.mlab.com)를 사용할 수 있다. AWS, Azure, GCP는 다양한 스토리지 요구 사항을 만족하는 여러 데이터베이스 모델을 제공한다.

---

1. Bluemix는 IBM Cloud로, Openwhisk는 IBM Cloud Functions로 이름이 변경됐다. - 옮긴이

- 데이터 저장소에 접근하기 위해 AWS Lambda나 Google Cloud Functions를 사용해야 할 수도 있다. 예를 들면 데이터를 저장하기 전에 애플리케이션 요청의 유효성 검사나 처리가 필요한 경우에 Lambda 함수를 만들어서 API로 공개할 수 있다. 모바일 애플리케이션이 Lambda 함수를 호출하는 API에 접근해서 요청을 처리하면 데이터가 데이터 저장소에 저장된다.

- **알림 서비스:** 일반적으로 애플리케이션은 디바이스에 알림을 보낼 수 있게 사용자와 디바이스를 등록한다. AWS는 Amazon SNS^{Simple Notification Service}라는 서비스를 제공한다. 이 서비스는 모바일 애플리케이션에서 알림을 등록하고 전송하는 데 사용할 수 있으며, iOS와 Android, Fire OS, 윈도우, Baidu 기반 디바이스에 푸시 알림을 보낼 수 있다. 또한 macOS 데스크톱과 iOS 디바이스에서 동작하는 VoIP^{voice over ip} 애플리케이션에도 푸시 알림을 보낼 수 있으며, 200개 이상 국가의 사용자에게 이메일, SMS 메시지를 보낼 수 있다.

- **분석^{analytics} 서비스:** 고객이 애플리케이션을 사용하기 시작하면 어떤 기능을 사용하는지, 어떤 문제를 겪고 있는지, 어째서 탈퇴하는지 등을 알고 싶을 것이다. 이 모든 것을 알려면 중앙 서버에 사용자 활동을 수집해서 이를 추적할 수 있게 해주는 분석 서비스에 가입해야 한다. 중앙 저장소에 저장된 정보를 바탕으로 사용자 활동을 파악할 수 있으며, 이를 고객 행동에 반영해 전반적인 고객 경험을 향상할 수 있다. 이 분야에서는 구글 애널리틱스가 유명하다. 위치, 사용한 브라우저, 디바이스, 시간, 세션 세부 정보 등의 다양한 사용자 정보를 추적할 수 있다. 또한 사용자 정의 매개변수를 추가해 개선할 수도 있다. 분석 도구는 보통 일정량의 보고서를 제공하며, 나만의 보고서 템플릿을 디자인하고 추가할 수도 있다.

- **위치 서비스:** 애플리케이션이 사용하는 또 다른 서비스로 위치 서비스가 있다. 애플리케이션은 주어진 컨텍스트^{context}에 따른 기능 조정이 필요하며, 이런 경우에 위치 정보가 컨텍스트 속성 중 하나일 수 있다. 컨텍스트 인식 기능을 사용하면 최종 사용자의 요구에 맞게 기능/서비스를 개인화하고 전반적인 고

객 경험을 향상할 수 있다. 구글 플레이 서비스의 위치 API가 이런 기능을 제공하며, 위치 서비스에 관한 전반적인 서비스/애플리케이션 세트를 갖고 있다. 우버와 Lyft, 인도의 Ola 등의 기업이 위치 서비스를 기반으로 구축된 비즈니스의 좋은 예다. 대부분의 물류 회사는 경로 최적화와 배달을 위해 위치 서비스를 사용한다.

- **소셜 통합 서비스:** 애플리케이션이 인기 있는 소셜 네트워크(예: 페이스북, 트위터, 인스타그램 등)와 소셜 통합social integration을 보장한다면 로그인한 사용자의 소셜 피드social feeds에 접속해서 사용자를 대신해 글을 올리거나 소셜 네트워크에 접근할 수 있어야 한다. 소셜 네트워크에는 여러 가지 방법으로 접근할 수 있다. 대부분의 소셜 네트워크는 다른 애플리케이션이 접근할 수 있도록 API를 공개하고 있으며, 여러 소셜 네트워크와의 즉시 통합 서비스를 제공하는 회사aggregator도 있다.

- **광고 서비스:** 애플리케이션, 특히 모바일 애플리케이션에서 사용하는 핵심 서비스는 사용자에게 광고를 제공하는 것으로, 애플리케이션 모델(무료/유료)에 따라 애플리케이션의 수익화 모델을 결정해야 한다. 사용자에게 인앱in-app 광고를 제공하려면 광고 네트워크 제공업체에 가입하고 API 서비스를 호출해야 한다. 구글의 애드몹AdMob 서비스가 이 분야의 선구자 중 하나다.

애플리케이션을 만들 때 검토할 만한 수많은 서비스 제공자가 있다. 여기에서는 핵심적인 주요 항목을 살펴봤는데, 애플리케이션에서 필요한 특정 요구 영역의 서비스를 찾아보면 이미 원하는 서비스를 제공하는 업체를 찾을 수 있을 거라고 확신한다. 종합적인 서비스를 제공하는 BaaS 제공자는 일반적으로 사용하는 다양한 서비스를 제공한다. 이런 BaaS 제공자는 애플리케이션 측면에서 전반적인 통합 노력을 줄여준다. 따라서 여러 제공자와 거래하는 대신에 다양한 요구를 충족하는 BaaS 제공자 하나와 일하는 것도 고려할 만하다.

BaaS 시장은 매우 경쟁이 치열하다. 여러 제공자가 경쟁하고 있는 이 분야에서는 많은 인수 합병이 일어난다. 최근에는 다음과 같은 일이 있었다.

- **Parse:** 페이스북이 인수했다. Parse는 데이터를 저장하는 백엔드와 다양한 디바이스에 알림을 보내는 기능, 애플리케이션에 통합할 수 있는 소셜 계층을 제공한다.
- **GoInstant:** Salesforce에서 인수했다. GoInstant는 실시간, 다중 사용자 경험을 모든 웹이나 모바일 애플리케이션에 통합하는 자바스크립트 API를 제공한다. 쉽게 사용할 수 있으며, 필요한 스택을 클라이언트 측 위젯부터 발행/구독 메시징, 실시간 데이터 저장소까지 모두 제공한다.

특정 도메인을 위한 서비스나 API를 제공하는 수직 및 수평 BaaS 제공자도 있다. 이들은 주로 전자상거래 분야, 게임 도메인, 분석 도메인 등에 걸쳐 있다.

가입 전에 제공자의 신뢰도를 꼭 확인하자. 제공자가 망하면 애플리케이션에 문제가 생긴다. 비즈니스 모델과 제품 로드맵, 자금 조달 모델(신생 기업인 경우에는 더더욱), 고객 의견에 얼마나 신경 쓰는지를 파악해서 끝까지 함께 갈 수 있는 제공자와 계약하자.

▌ 요약

10장에서는 XaaS 제공자를 구축할 때 고려해야 할 몇 가지 중요한 문제를 설명했다. 아울러 애플리케이션을 만들기 위해 이용할 수 있는 일반적인 서비스를 살펴봤다.

11장에서는 세밀하고 기능 지향적인 사용자 중심 API를 설계하는 방법을 보여주는 API 모범 사례를 살펴본다. 또한 API를 구성할 때 사용할 리소스 식별 방법, API 분류 방법, API 오류 처리, API 버전 관리 등의 API 디자인 관련 모범 사례를 설명한다.

11

API 디자인 모범 사례

11장에서는 기능 지향적인 사용자 중심 API를 세분화해서 설계하는 방법을 설명한다. API 구성에 사용할 리소스 식별 방법, API 분류, API 오류 처리, API 버전 관리 등 API 설계와 관련된 다양한 모범 사례를 설명하며, 오픈 API와 RAML을 이용해서 API 를 설명하는 모델도 살펴볼 것이다.

11장에서 다루는 내용은 다음과 같다.

- API 디자인
- API 게이트웨이 배포

█ API 디자인

API는 사용하기 위해 만드는 것이므로 먼저 API 사용 방법을 정의할 필요가 있다. API는 이를 사용하는 데 필요한 형식/스키마와 명령/연산 목록을 명시한다.

REST API를 정의할 때 추상화하는 핵심 정보는 리소스다. 리소스는 엔티티 집합에 대한 개념적인 매핑으로 정의한다. API는 핵심인 리소스를 중심으로 디자인한다. URI^{Uniform Resource Identifier}, HTTP 메소드를 사용한 작업, 리소스 표현(JSON 스키마)은 모두 리소스를 염두에 두고 구성한다. 적절한 리소스 추상화는 API의 사용, 재사용성, 유지 보수성을 위해 매우 중요하다.

리소스는 단일 엔티티나 엔티티 모음을 가리킬 수 있다. 예를 들면 product는 단일 리소스지만 products은 리소스 모음이다. 다음과 같은 두 단계의 설계 지침을 살펴보자.

- 리소스를 적절한 수준으로 세분화하는 방법
- 식별한 리소스를 중심으로 API를 설계하는 방법

API 리소스 식별

API는 문제 도메인의 기반 비즈니스 도메인 모델과 연결해 사용자 중심으로 사용자의 요구에 집중해서 디자인해야 한다. 도메인 주도 설계 원칙을 적용하면 리소스를 적절히 세분화할 수 있으며, 문제 영역을 다른 경계가 있는 컨텍스트로 나누고 그 관계를 명확하게 하는 핵심 패턴은 경계가 있는 컨텍스트^{bounded context} 패턴이다. 엔터프라이즈에선 핵심 아키텍처 팀 혹은 그룹 아키텍처 팀에서 정의한 표준 모델에 따라 리소스를 식별한다.

API는 정의된 위치와 제공하는 특성/기능에 따라 다음 그림과 같이 크게 세 가지 범주로 분류할 수 있다.

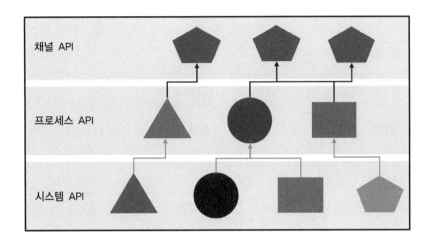

다음 절에서는 각 분류에 대해 자세히 설명한다.

시스템 API

주요 엔터프라이즈 리소스나 레코드 시스템은 모든 하위 시스템이 이런 서비스를 중심으로 논리 및 경험을 쌓을 수 있도록 API를 공개해야 한다. 백지에서 시작하는 프로젝트greenfield project의 시스템 API는 개발 중인 기능의 일부인 레코드 시스템이나 데이터 저장소 시스템을 나타낸다. 엔터프라이즈에서는 전사적 자원 관리ERP, Enterprise Resource Planning 시스템, 운영 데이터 저장소, 메인 프레임 애플리케이션, 고객 관계 관리CRM, Customer Relationship Management 시스템 같은 다수의 상용COTS, Commercial Off-The-Shelf 제품, 그리고 핵심 프로세스를 운영하는 모든 프로세스가 시스템 API를 나타낸다. 시스템 API의 특징은 다음과 같다.

- 도메인 주도 설계domain-driven design는 핵심 시스템 도메인을 검토하고, 시스템 API를 정의하기 위해 경계가 있는 컨텍스트를 만드는 것에서 시작한다.
- 이런 레코드 시스템은 보통 HTTP 리소스 타입과 매핑해 엔티티 서비스를 제공한다. 은행 계좌를 예로 들면 모기지와 증권, 카드가 시스템 API 구축을 위한 핵심 엔티티나 명사noun가 된다.

- 경계가 있는 컨텍스트 모델은 서비스에 고유의 데이터 저장소가 있다고 규정하지만 ERP 등의 기존 시스템의 경우에는 서비스가 기반 시스템을 공유할 수도 있다. 기본 비즈니스 프로세스를 상세히 조사하고 도메인을 식별해서 도메인(명사)을 시스템 API로 노출해야 한다. 계좌는 시스템 API지만, 계좌 이체는 기본 계좌 시스템 API를 사용해 서비스를 제공하는 프로세스 API다.

- 시스템 API는 전통적으로 매우 안정적이며, 채널이나 프로세스 API 계층의 변경에 영향을 받지 않는 엔터프라이즈의 핵심부다.

- 이런 엔터프라이즈 시스템의 구성 및 통합 메커니즘은 시스템 API와 기반 시스템의 통합 방법을 정의한다. 예를 들면 메인프레임이 MQ를 통합 메커니즘으로 사용하게 결정하면 시스템 API가 MQ를 구현해 메인프레임 기능을 API로 노출한다.

- 시스템 API의 가장 큰 문제점은 가동 시간과 복원력이 기반 시스템의 안정성과 연관된다는 점이다. 핵심 애플리케이션의 잦은 중단이나 이상은 시스템 API 계층으로 쉽게 전이된다.

프로세스 API

순수 주의자들은 시스템 API로 시스템의 핵심 기능을 노출하고, 애플리케이션은 시스템 API의 기능을 매시업^{mash up}해서 최종 사용자에게 필수 기능을 제공해야 한다고 말할 것이다. 이 방법은 작은 애플리케이션이나 애플리케이션의 초기 반복 주기에 적합하다. 애플리케이션이 커지거나 여러 채널이나 디바이스에 기능이 노출된 후에는 기능이 복제되는 상황이 발생하기 시작한다. 이는 재사용성을 낮추고 결국 유지 보수는 더 어려워진다. 프로세스 API의 특징은 다음과 같다.

- 프로세스 API는 시스템 API를 기반으로 더 풍부한 기능을 제공한다. 예를 들면 모든 채널에서 계좌 이체 기능을 만드는 대신 전체 채널이 재사용할 수 있는 프로세스 API로 만들면 일관되고 재사용 가능한 모델을 제공할 수 있다.

- 사용자 관점에서는 기능에 접근하기 위해 여러 시스템 API를 직접 조율하는 것보다 프로세스 API가 더 간편한 방법이다. 클라이언트 측에서 더 쉽게 사용할 수 있으며, API 게이트웨이 레벨의 트래픽도 줄일 수 있다.

- 프로세스 API를 사용해 애플리케이션에 크로스채널^{cross-channel}/옴니 채널^{omni-channel} 기능을 제공하는 경우 채널 컨텍스트 전환과 같은 문제를 프로세스 API 레벨에서 처리할 수 있다.

- 애플리케이션은 전체 시스템의 성능 향상을 위해 프로세스 API를 도입하기도 한다. 시스템 API가 느리거나 제한된 양만 처리할 수 있는 시스템에 연결된 경우 시스템 API에서 오는 데이터를 프로세스 API에서 캐시해서 매번 기반 시스템에 접속하지 않게 할 수 있다. 레코드 시스템 문제로 시스템 API를 사용할 수 없는 경우에도 프로세스 API로 대체 기능 흐름을 제공하면 요청을 처리할 수 있다.

- 프로세스 API는 애플리케이션에서 서드파티를 직접 호출하는 것을 대신해서 서드파티를 호출하는 어댑터 역할을 할 수 있으며, 서드파티 API의 장애가 애플리케이션의 다른 영역에 영향을 미치지 않게 할 수 있다. 프로세스 API에 서킷 브레이커^{circuit breaker} 등의 패턴을 적용해 송신 대역폭을 조절하면 다양한 시나리오를 처리할 수 있다.

채널 API

마지막 API 분류는 채널 API다. 이름에서 알 수 있듯이 이 API는 채널에 특화돼서 애플리케이션 안의 사용자 이동 경로 중 하나에 매핑된다. 이를 경험 API^{experience API} 또는 여정 API^{Journey API}라고도 한다. 예를 들면 앵귤러^{Angular}나 리액트^{React}를 사용해 애플리케이션을 만드는 경우 단일 페이지 애플리케이션^{SPA, Single-Page Applications}에 속하는 사용자 이동 경로를 채널 API에서 제공하는 기본 서비스에 매핑해야 한다. 채널 API의 특징은 다음과 같다.

- 채널 API는 사용자 여정에 매핑되며, 사용자 여정은 항상 채널과 연결된다. 이를 경험 API라고도 한다. 이 API는 사용자 여정에 서비스를 제공할 때 세션 컨텍스트를 전달해야 하는 경우에는 상태를 유지^{stateful}할 수 있다. 상태를 레디스^{Redis} 등의 세션 저장소에 외부화하면 상태가 없는 서비스를 구축할 수도 있다.

- 채널 API는 사용자 여정이 바뀔 때마다 변경된다. 채널 API의 재사용성은 그다지 좋지 않아서 보통 10~15% 정도다. 예를 들어 안드로이드^{Android}와 iOS 애플리케이션에 비슷한 사용자 여정을 매핑하면 같은 API를 재사용할 가능성이 있다.

- 채널 API는 비즈니스 로직이나 서비스 오케스트레이션 로직을 갖지 않는 편이다. 이런 문제는 주로 프로세스 API 계층에서 처리하기 때문이다.

- 보안(CQRS, CORS), 인증, 권한 부여, 서비스 조절 등의 문제는 API 게이트웨이 레벨에서 처리하며, 채널 API 계층으로 전달되지 않는다.

- 때로는 API 개발 과정에서 API를 엄격하게 차별화해서 정의할 수도 있다. 그러나 많은 애플리케이션을 반복 구축하면서 살펴본 결과, 이런 차별화가 API에 나타나기 시작하면 애플리케이션 자체가 해당 분류로 이동하는 것을 볼 수 있다.

- 다음 절에서는 우리가 살펴본 세 가지 분류에 적용할 수 있는 API 설계 지침을 다룬다.

API 설계 지침

리소스가 알맞게 세분되면 API 설계 지침으로 적절한 수준의 계약과 인터페이스를 다듬어서 API의 사용, 재사용성, 유지 보수성을 높인다.

RESTful 클라이언트는 URI 경로에 접속해 모든 가능한 작업과 필수 리소스를 검색할 수 있어야 하며, 다음과 같은 사항을 처리할 수 있어야 한다.

- **요청:** 서버 측에 전송할 인바운드 프로세싱 메시지
- **응답:** 서버에서 제공한 캡슐화된 정보
- **경로:** 요청 중인 리소스의 고유 식별자
- **매개변수:** 필터, 하위 집합^subset 등의 작업을 지정하기 위해 요청에 키/값 쌍으로 추가하는 요소

다음 절에서는 API 디자인을 설명하면서 지난 몇 년간 접했던 일부 모범 사례를 공유한다.

이름 지정 및 연결

리소스 이름은 보통 비즈니스 도메인에서 추출한 명사를 참조한다. 명사가 식별되면 이런 명사를 바탕으로 한 HTTP 동사^verb로 API를 모델링할 수 있다.

- 리소스를 치밀하게^fine-grained 다룰 것인지 성기게^coarse-grained 다룰 것인지 고민해서 선택해야 한다. 지나치게 치밀하면 너무 장황해질 수 있으며, 성기게 하면 초점이 너무 좁혀져서 변화에 대응할 수 없다. 시스템 API를 프로세스 API로 확장하려고 할 수도 있지만, 리소스가 너무 치밀해지면 시스템 API 수가 증가해 유지 보수가 힘든 복잡성이 발생한다.
- API는 사용자의 필요에 따라 설계된다. 사용자 여정이 기본 데이터 저장소와 어떻게 매핑되는지를 살펴서 API 요구 사항을 파악하면 된다. 즉, 하향식으로 API를 디자인한다. 상향식으로 데이터 모델링부터 시작하면 적절한 균형 유지가 힘들 수 있다. 기존 엔터프라이즈 자산이 있는 경우라면 상향식과 하향식을 적절히 섞어 수행해야 한다. 즉, 틈새를 메울 수 있는 프로세스 API를 만들어 사용자의 요구 사항을 조정한다.

리소스 기본 URL

단수형 혹은 복수형, 어떤 방식으로 리소스를 취급하는지에 따라 다르다. 이상적으로는 리소스 하나에 기본 URL이 두 개인 것이 이상적이다. 즉, 하나는 집합, 다른 하나는 단일 엔티티를 가리킨다. 예를 들면 다음과 같다.

리소스	POST(생성)	GET(조회)	PUT(업데이트)	DELETE(삭제)
/orders	새 주문 생성	주문 목록	새 주문으로 대체	오류(모든 주문을 삭제할 수는 없음)
/orders/1234	오류	ID가 1234인 주문 표시	주문이 있으면 업데이트하고, 없으면 새 주문을 생성	ID가 1234인 주문 삭제

오류 처리

표준 HTTP 상태 코드로 문제/오류를 나타낸다.

- JSON을 사용하는 경우 오류를 최상위 속성으로 한다.
- 오류가 있다면 정확하고 유용한 정보를 기술한다.

다음은 오류 메시지의 예다.

```
{
    "type": "error",
    "status":400,
    "code": "bad_request",
    "context_info": {
        "errors": [
            {
                "reason": "missing_argument",
                "message": "order_id is required",
                "name": "order_id",
```

```
            "location": "query_param"
        }
    ]
},
"help_url": "http://developers.some.com/api/docs/#error_code",
"message": "Bad Request"
"request_id": "8233232980923412494933"
}
```

HTTP 코드의 사용 예는 다음과 같다.

- 400 잘못된 요청
- 401 권한 없음
- 403 금지됨
- 404 찾을 수 없음
- 409 충돌
- 429 너무 많은 요청
- 5xx API 오류

버전 관리

서비스 버전 관리 모델은 여러 가지다.

- **URL**: URL에 API 버전을 추가하기만 하면 된다(예: https://getOrder/order/v2.0/sobjects/Account). 자주 사용하지만 좋은 사례는 아니다.
- **Accept 헤더**: Accept 헤더를 수정해 버전을 지정한다(예: Accept: application/vnd.getOrders.v2+json). 거의 사용하지 않으며, 클라이언트 입장에서는 번거롭다.
- **스키마 레벨**: 스키마를 사용해 유효성 검사를 하는데, JSON에는 적용이 어렵

고 XML과 어울린다. 모범 사례지만 드물게 사용한다.

- **API 퍼사드 레이어:** 퍼사드^{facade} 레이어를 사용해서 클라이언트에게 버전 복잡성을 숨긴다.

리소스는 의미론적인 모델이다. 리소스의 표현 형식 및 상태는 시간이 지나면서 변할 수 있지만, 식별자는 같은 리소스를 일관되게 처리해야 한다. 따라서 새로운 URI는 개념이 근본적으로 바뀔 때만 사용해야 한다. API 퍼사드 레이어로 기반 서비스와 스키마 버전으로부터 노스바운드^{Northbound} API[1]를 추상화할 수 있으며, API 관리 플랫폼에서 API 퍼사드 레이어를 만들 수 있다.

페이징

URL에 페이징 정보를 포함해서 결과 오프셋^{offset}과 제한^{limit}을 처리한다(예: `/orders?limit=25&offset=50`).

속성

API는 쿼리 매개변수 모델을 사용해 사용자가 요청한 데이터 속성을 제공할 수 있어야 한다(예: `/orders?fields=id,orderDate,total`).

데이터 형식

API는 사용자 요청에 맞춰서 여러 데이터 형식을 지원해야 한다. 예를 들면 `/orders/1234.json`은 JSON 형식의 데이터를 반환한다.

---

1. 컴포넌트와 상위 컴포넌트 사이의 통신을 위한 API. 여기에서는 외부 애플리케이션(사용자)이 상위 컴포넌트다. ─ 옮긴이

HTTP 메소드가 제한된 경우의 클라이언트 지원

디바이스의 HTTP 메소드 지원이 제한적인 경우에는 다음과 같은 방식으로 HTTP 메소드에 대한 지원을 제공할 수 있다.

- **생성**: /orders?method=post
- **조회**: /orders
- **업데이트**: /orders/1234?method=put&location=park
- **삭제**: /orders/1234?method=delete

인증 및 권한 부여

REST 서비스는 노출된 각 메소드에 역할role 기반의 권한을 적절하게 적용하며, GET과 POST, PUT, DELETE 메소드를 역할에 따라 개별적으로 활성화하는 기능도 제공한다.

일반적으로 이런 문제는 API 게이트웨이 레벨에서 처리해야 하며, 서비스 차원에서 처리하면 안 된다.

엔드포인트 리디렉션

서비스 목록은 비즈니스나 기술적 이유로 시간이 지남에 따라 변경될 수 있지만, 한 번에 예전 엔드포인트를 가리키는 모든 참조를 동시에 바꿀 수는 없다.

설계 기법의 하나인 엔드포인트 리디렉션을 사용하면 예전 엔드포인트 주소에 접근하는 서비스 사용자를 자동으로 현재 주소로 보낸다. 따라서 서비스가 재구성되더라도 서비스 엔드포인트 사용자가 적응하는 데 문제가 없다.

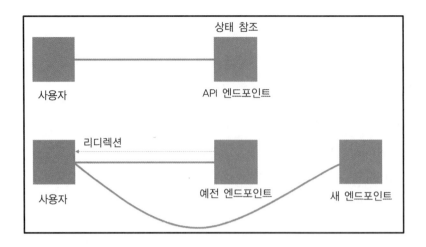

HTTP는 기본적으로 **3xx** 상태 코드와 표준 헤더의 조합으로 엔드포인트 리디렉션 패턴을 지원한다.

- 301 영구 이동
- 307 임시 리디렉션
- Location 헤더에 새 주소를 명시

콘텐츠 협상

서비스 사용자는 이전 버전과 호환되지 않는 방식으로 요청을 변경할 수 있으며, 이에 따라 서비스는 개별 기능의 도입 없이 이전 사용자와 신규 사용자 모두를 지원해야 한다.

사용자가 서비스를 호출할 때는 요청의 일부로 특정 콘텐츠 및 데이터 표현 형식을 지정할 수 있다. 이는 실행 시에 합의되는 서비스 기능에 의해 수락되거나 반환되는 콘텐츠 형식이며, 다양한 표준 미디어 형식을 지정할 수 있다.

보안

항상 URI 보안을 위해 SSL을 사용해야 한다. SSL은 암호화된 통신을 보장하기 때문에 각 API 요청마다 서명할 필요가 없어서 인증이 간단하다.

여기서는 API 디자인에 관한 몇 가지 모범 사례를 다룬다. 구글, 페이스북, 아마존이 공개 API를 정의하는 방법을 분석해서 이를 API 디자인의 기초로 사용하는 것도 좋은 방법이다.

▌ API 모델링

API 기술 형식은 두 가지 표준이 경쟁하고 있는데, Open API와 RESTful API다. 다음 절에서 자세히 살펴보자.

Open API

Open API 이니셔티브^{initiative}는 스웨거 명세를 기반으로 벤더 중립$^{vendor-neutral}$ API 기술 형식을 만들고 홍보하는 데 집중한다. Open API 명세를 사용하면 REST API로 언어에 중립적인 표준 인터페이스를 정의할 수 있다. 이 인터페이스를 사용하면 소스코드에 접근하지 않고도 사용자와 컴퓨터가 서비스 기능을 검색하고 이해할 수 있다.

다음 그림에서는 Open API를 기반으로 API를 정의한 예를 여러 부분으로 나눠 설명한다.

우측의 예는 API 식별 및
검색을 위해 스웨거 버전,
API 명칭, 서비스 약관,
라이선스 모델, 호스트 이름,
기본 경로, 태그를 기술하고 있다.

```yaml
swagger: '2.0'
info:
  description: This API is for building music playlist
  version: 1.0.0
  title: Music Playlist API
  termsOfService: 'http://swagger.io/terms/'
  contact:
    email: rockstar_team@api.org
  license:
    name: Apache 2.0
    url: 'http://www.apache.org/licenses/LICENSE-2.0.html'
host: example.api.org
basePath: /v1
tags:
  - name: playlist
    description: Everything about your Music Playlists
    externalDocs:
      description: Find out more
      url: 'http://swagger.io'
schemes:
  - http
```

다음 그림으로 코드가 이어진다.

리소스와 메소드를 정의한다.
다음과 같은 메소드 호출 관련
상세 정보를 포함하고 있다.
- 메소드 식별을 위한 태그
- 메소드 설명
- 메소드가 매핑되는 작업 이름
- 출력 형식
- 매개변수 정의와 설명,
  자료형(배열, 문자열, 정수 등)
- 예상 응답 형식
  - 200 상태 코드와 예상 출력
  - 400 상태 코드와 예상 출력
- 이 메소드에 적용되는 보안 정책

```yaml
paths:
  /playlist:
    get:
      tags:
        - playlist
      summary: get playlist by listening mood
      description: Multiple mood values can be provided with comma separated strings
      operationId: findPlayListByMood
      produces:
        - application/xml
        - application/json
      parameters:
        - name: mood
          in: query
          description: Mood values that need to be considered for filter
          required: true
          type: array
          items:
            type: string
            enum:
              - heartbroken
              - sad
              - ecstatic
            default: available
          collectionFormat: multi
      responses:
        '200':
          description: successful operation
          schema:
            type: array
            items:
              $ref: '#/definitions/PlayList'
        '400':
          description: Invalid mood value
      security:
        - musicstore_auth:
            - 'write:playlist'
            - 'read:playlist'
```

다음 그림으로 코드가 이어진다.

```
                                    securityDefinitions:
                                      musicstore_auth:
                                        type: oauth2
                                        authorizationUrl: 'http://musicstore.swagger.io/oauth/dialog'
                                        flow: implicit
                                        scopes:
                                          'write:playlist': modify playlist in your account
                                          'read:playlist': read your playlist by mood
                                      api_key:
                                        type: apiKey
                                        name: api_key
                                        in: header
                                    definitions:
                                      PlayList:
                                        type: object
                                        properties:
                                          id:
                                            type: integer
                                            format: int64
                                          playListId:
                                            type: integer
                                            format: int64
                                          mood:
                                            type: array
                                            items:
                                              type: string
                                        xml:
                                          name: PlayList
                                    externalDocs:
                                      description: Find out more about swagger
                                      url: 'http://swagger.io'
```

권한 부여 모델 및 API에
적용되는 보안 정책 정의

API를 사용할 때 POST와
GET 메소드에 적용할 객체의
구조 정의

RESTful API 모델링 언어(RAML)

RESTful API 모델링 언어RAML, RESTful API Modeling Language는 RESTful API를 설명하는 표준
언어다. RAML은 사람이 읽을 수 있는 데이터 직렬화 언어인 YAML과 같은 방식으로
작성됐다. RAML의 목표는 API를 설명하는 데 필요한 모든 정보를 제공하는 것이다.
RAML은 컴퓨터로 판독 가능해서 다양한 API 관리 도구에서 읽을 수 있는 API 디자인
을 제공한다.

다음 그림에서는 RAML의 예를 여러 부분으로 나눠 설명한다.

<table>
<tr><td>

RAML 버전, API 명칭, 기본 URI(baseURI),
태그를 기술하고 있다.

재사용 가능한 라이브러리를 가져온다.

벤더별 기능에 애노테이션을 추가한다.

트레잇은 코드 재사용 및 디자인 패턴 적용을 위해 사용한다.

리소스와 메소드를 정의한다.
적용된 트레잇(traits)과 기타 패턴,
메소드 호출 관련 상세 정보를 포함하고 있다.

데이터 형식이 있는 다양한 미디어 형식에
대한 예상 응답을 기술한다.
여기에 스키마와 예제도 정의할 수 있다.

</td><td>

```
1  #RAML 1.0
2  title: Music Playlist API
3  baseUri: http://example.api.org/{version}
4  version: v1
5
6  uses:
7    PlayLists: !include libraries/songs.raml
8
9  annotationTypes:
10   monitoringInterval:
11     parameters:
12       value:integer
13
14 traits:
15   secured: !include secured/accessToken.raml
16
17 /playlist:
18   is:secured
19   get:
20     (monitoringInterval): 30
21     queryParameters:
22       mood:
23         description: get playlist by listening mood
24   post:
25   /{playlistId}:
26     get:
27       responses:
28         200:
29           body:
30             application/json:
31               type:PlayLists.PlayList
```

</td></tr>
</table>

RAML의 전체 API 디자인 주기는 다음과 같이 분류할 수 있다.

디자인 ➡ 빌드 ➡ 테스트 ➡ 문서 ➡ 통합

흐름을 살펴보자.

1. **디자인**: API 벤더는 API 개발 제품군suite에 편집기를 함께 제공해 API와 RAML 을 디자인하고 만들 수 있게 지원하므로 개발 속도가 빠르고 오류가 적다. 생성된 RAML은 모의mock 데이터로 품질을 높일 수 있고, 검증 및 정확성을 위해 비즈니스 소유자/사용자와 함께 설계 반복 작업을 수행할 수 있다.

2. **빌드**: 생성된 RAML은 API 빌드 명세를 제공한다. 개발 제품군 사용자는 RAML을 기반으로 스텁stubs을 생성한 후 로직을 채울 수 있다.

414

3. **테스트:** RAML을 사용해 테스트 스크립트를 생성할 수 있다. Postman, Abao 등의 도구를 이용해서 RAML 명세를 가져오고 API 유효성 검사를 위한 테스트를 생성할 수 있다. API Fortress, SmartBear 등의 도구로는 응답 지연 시간, 페이로드payloads, 오류를 테스트할 수 있다.

4. **문서:** RAML 명세를 HTML 기반 모델로 변환할 수 있다. PHP용 RAML2HTML, API Console 등의 도구를 이용하면 RAML의 일부라고 할 수 있는 문서를 쉽게 작성할 수 있으며, 명세의 변경 사항을 문서에 반영하고 동기화할 수 있다.

5. **통합:** API 생명주기의 마지막 단계는 API를 통합하거나 사용하기 위한 기능이다. RAML을 지원하는 벤더/도구를 이용하면 API를 통합하고 사용하기 위한 다양한 방법을 만들 수 있다. 벤디가 제공하는 도구를 이용하면 RAML로 API 관련 SDK를 빌드하거나 클라이언트 측 로직과의 통합이 가능하다.

두 표준 중에 어떤 것을 선택할지는 조직에서 선택한 API 게이트웨이 제품 스택에 따라 달라진다. 모든 제품이 두 표준을 모두 지원한다고 주장하지만 제품 대부분은 한 가지 표준을 다른 하나보다 더 선호한다.

▌ API 게이트웨이 배포 모델

API 게이트웨이는 시스템 내부 동작을 캡슐화하는 퍼사드facade 패턴을 이용해서 들어오는 모든 클라이언트를 위한 단일 입력 지점을 제공한다. API 게이트웨이는 각 클라이언트 유형에 맞게 조정된 API를 제공하는 동시에 보안, 인증, 권한 부여, 서비스 조절throttling, 로드 밸런싱 등의 문제를 해결할 수 있다.

API 게이트웨이에 API를 배포하는 방식에 영향을 미치는 요소를 살펴보자.

- **클라이언트 혹은 채널 유형:** 요청이 시작된 디바이스나 채널에 따라 API는 다른 데이터 서브셋을 제공할 수도 있다. 예를 들면 서비스의 데스크톱 버전은

모바일 클라이언트와 비교하면 더 많은 세부 데이터를 요구할 수 있으며, 휴대 전화와 태블릿 사이에도 데이터에 차이가 있을 수 있다. 마이크로서비스 하나로 모든 디바이스 유형별 요청의 차이나는 부분까지 처리하려면 다양한 디바이스 유형에 맞는 여러 개의 API를 생성하되 마이크로서비스에 영향이 미치지 않게 해야 한다.

- **데이터 변환:** 백엔드 서비스는 JSON 콘텐츠만 서비스하는데, 클라이언트가 XML 응답을 요청하거나 XML로 요청을 보내는 경우가 있다. 이런 경우 게이트웨이 레벨에서 데이터 변환을 수행해서 XML을 응답으로 제공하는 API를 API 게이트웨이가 제공하므로, 클라이언트 요청에 대한 사전 지식이나 변경 없이 서비스가 동작할 수 있다.

- **버전 관리:** URI에 버전 정보가 없는 리소스에 연결된 API나 공개 API의 경우 API 게이트웨이가 들어오는 요청을 클라이언트를 기준으로 알맞은 서비스로 라우팅할 수 있다. 이 경우 API 게이트웨이는 다음과 같은 다양한 기술을 사용해 서비스 버전을 파악할 수 있다.

  - 클라이언트 식별자로 새 버전으로의 전환 여부나 이전 버전 사용 여부를 식별할 수 있다.

  - SLA에 따라 클라이언트를 여러 범주로 구분할 수 있다. 새 버전이 출시되면 최하위 범주에 속하거나 사용률이 낮은 클라이언트에게 새 버전으로 이동하도록 요청할 수 있다. 클라이언트가 업그레이드되면 API 게이트웨이는 서비스를 올바른 버전으로 리디렉션할 수 있다.

- **오케스트레이션:** 때에 따라 API에서 여러 백엔드 서비스를 호출하고 결과를 집계해야 할 수 있다. 이럴 때는 API 게이트웨이가 여러 서비스를 동시에 호출하고 결과를 집계해야 한다. 때로는 서비스 호출 사이에 종속성이 있을 수 있다. 예를 들어 수신 요청을 인증한 후에 실제 서비스를 호출해야 하거나 호출하려면 클라이언트나 세션 정보를 추가로 가져와야 할 수 있다. 일부 제품은 런타임을 지원해서 전체 오케스트레이션 로직을 API 게이트웨이 계층에

작성할 수 있다. 다른 옵션으로는 오케스트레이션을 여러 서비스에 걸쳐 처리하는 프로세스 API를 작성하고, 클라이언트가 사용할 수 있게 통합 API를 제공하는 것이다. 클라이언트 입장에서는 오케스트레이션이 번잡함을 줄여주고 전반적인 성능이 향상된다. 오케스트레이션 패턴은 3장에서 다뤘다.

- **서비스 검색:** 서비스 인스턴스가 새로 생기거나 삭제될 수 있기 때문에 특정 시점에서 사용 가능한 서비스 엔드포인트에 관한 정보는 오직 서비스 레지스트리에서만 찾을 수 있다. API 게이트웨이는 실행 시점에 서비스 레지스트리를 호출해 서비스 엔드포인트를 가져와서 서비스를 호출할 수 있어야 한다. 서비스 레지스트리는 등록된 서비스 인스턴스 간의 서비스 호출을 로드 밸런싱하기 위한 메커니즘으로 사용할 수 있다.

- **시간 초과 처리:** 적절한 시간 내에 응답하지 않는 서비스는 API 게이트웨이로 시간 초과를 처리할 수 있다. 이렇게 하면 게이트웨이가 시간 초과 오류를 처리하고, 클라이언트를 위해 장애 모드^{failure mode}를 제공할 수 있다. 장애 모드에서는 캐시된 데이터를 반환하거나 서비스를 호출하지 않고 오류를 바로 반환하는 빠른 실패 모델^{fail fast model}을 제공한다.

- **데이터 캐싱:** API 게이트웨이는 정적 데이터나 자주 변경되지 않는 서비스 데이터를 캐시할 수 있다. 이렇게 하면 서비스 인스턴스의 트래픽이 줄어들어 전반적인 응답 대기 시간 및 시스템 복원력이 향상된다. 캐시된 데이터는 기본 흐름이 실패할 때 이를 보조하는 오류 흐름으로도 사용할 수 있다.

- **서비스 호출:** 배포된 서비스는 다중 인터페이스나 프로토콜을 사용할 수 있다. 예를 들면 비동기 메시징 기반 메커니즘(예: JMS, MQ, Kafka 등)을 사용하는 서비스나 HTTP나 Thrift 등의 동기 모델을 사용하는 서비스다. API 게이트웨이는 여러 가지 서비스 호출 모델을 지원하고, 이러한 호출 방식 위로 오케스트레이션 모델을 제공해야 한다.

- **서비스 측정/조절:** 특정 범주에 속하는 클라이언트의 서비스 호출 횟수를 제한해야 할 수 있다. 예를 들면 특정 시간 범위로 호출을 제한하면서 기능을

축소한 무료freemium 서비스 모델을 제공할 수 있다. 클라이언트 유형(무료 또는 유료)을 기반으로 들어오는 요청을 측정metering하고 조절하는 기능은 API 및 기본 서비스의 비즈니스 모델에 유용하다. 또한 다른 SaaS 제공자의 외부 API를 호출할 때도 유용한데, API 게이트웨이를 통해 이러한 호출을 라우팅하면 호출 수를 예측 및 관리해서 불필요한 낭비를 없앨 수 있다.

- **API 모니터링:** 다양한 백분위수의 응답 대기 시간, 오류 발생률, API 가용성 등의 측면에서 API 호출 편차를 모니터링하는 것도 중요하다. 이러한 메트릭스는 적절한 경고 및 알림 시스템이 있는 대시 보드에 구성한다. 장애 유형에 따라서는 자동화된 복구 스크립트로 장애를 복구하는 예도 있다.

지금까지 서비스 API를 사용자에게 노출하기 위해 API 게이트웨이에 적용할 수 있는 다양한 사용 시나리오와 패턴을 살펴봤다.

▌ 요약

11장에서는 API를 주요 용도와 기반 리소스에 따라 여러 모델로 분류하는 방법을 살펴봤다. Open API나 RAML 명세를 바탕으로 API를 모델링하는 데 사용할 수 있는 전반적인 API 디자인 및 표준에 관한 모범 사례를 다뤘으며, 서비스 수준에서 처리되지 않는 문제를 해결하기 위해 API 게이트웨이를 활용하는 방법도 살펴봤다.

12장에서는 클라우드 개발이 기존 엔터프라이즈 환경에 미치는 영향과 디지털 엔터프라이즈로의 변환 방법을 살펴본다.

12

디지털 트랜스포메이션

클라우드 컴퓨팅의 출현은 모든 엔터프라이즈 환경에 충격을 주고 있다. 핵심 인프라에서 클라이언트 애플리케이션까지 모든 엔터프라이즈 환경에서 변화의 힘을 느낀다. 선도적으로 이러한 변화를 이끌어 가는 기업이 있는 반면 아직도 어디에서 시작해서 무엇을 해야 할지를 파악하고 있는 기업도 있다. 산업 영역의 성숙도에 따라 변화의 여정은 매우 다를 수 있다. BFSI[1] 등의 일부 도메인에서는 기술 동향에 맞춰가는 반면에 제조, 공공 등의 도메인에서는 기술이 노후화하지 않으면 새로운 기술을 도입하지 않는다. 12장에서 다루는 내용은 다음과 같다.

- 디지털 트랜스포메이션을 위한 애플리케이션 포트폴리오

---

1. 은행, 금융 서비스, 보험(banking, financial services, insurance) - 옮긴이

- 기존의 일체형 애플리케이션을 분산형 클라우드 네이티브 애플리케이션으로 분할하는 방법
- 프로세스, 사람, 기술 수준에서 필요한 변경 사항
- 자체 플랫폼 서비스 구축(제어 혹은 위임)

▌애플리케이션 포트폴리오

일반적으로 디지털 트랜스포메이션을 하려면 애플리케이션 포트폴리오를 확장해야 한다. 기업은 고객 중심 문화, 고객 경험 향상, 규제/컴플라이언스, 클라우드 컴퓨팅의 출현, 오픈소스 등의 외부 여건 때문에 전반적인 애플리케이션 환경을 살펴서 향상, 개선, 재작업이 필요한 영역을 식별한다.

클라우드에 배포하려면 변경이 필요한 애플리케이션을 식별하는 게 첫 단계다. 보통 이 단계에서는 비즈니스 및 기술 요소 전반에 걸친 포트폴리오 분석을 수행한다. 그 결과를 이용해서 포트폴리오에 적용한 가중치를 애플리케이션 사분면에 매핑할 수 있다. 이 사분면을 보면 어디에 중점을 둬야 할지, 어디에서 최고의 가치를 얻을 수 있을지 알 수 있다.

포트폴리오 분석: 비즈니스 및 기술 요소

애플리케이션은 비즈니스 및 기술 요소를 바탕으로 측정하고 점수를 매긴다.

기술 가치는 다음과 같은 요소를 고려해서 평가한다.

- IT 표준 준수 여부
- 아키텍처 표준 준수 여부
- 서비스 품질

420

- 유지 보수성
- 작동 고려 사항
- 라이선스/지원 비용
- 인프라 비용
- 프로젝트/변경 비용
- 애플리케이션 유지 보수 비용
- 소싱(인소싱/아웃소싱)

비즈니스 가치는 다음과 같은 요소를 고려해서 평가한다.

- 재무에 미치는 영향
- 애플리케이션 사용자에 미치는 영향
- 고객에 미치는 영향
- 중요도
- 사업 제휴
- 기능적 중첩 및 중복
- 규제/컴플라이언스 리스크
- 서비스 장애 리스크
- 제품/벤더 안정성

이 요소를 1~5의 척도로 평가할 수 있다(1이 가장 낮고 5가 가장 높음).

이런 요소를 매핑해보면 비용과 복잡성을 파악할 수 있고, 비즈니스 기능 영역 기준으로 애플리케이션을 분류할 수 있다. 애플리케이션 카테고리는 상호 의존성, 접점, 통합 지점, 기반 인프라를 바탕으로 추가 분석한다. 이 모든 결과를 이용해 이점을 분석하면 변환 로드맵을 위한 권장 사항을 제시할 수 있다. 다음 단계로 비즈니스 가치와 기술 가치를 기반으로 애플리케이션을 다음 사분면 중 하나에 둔다.

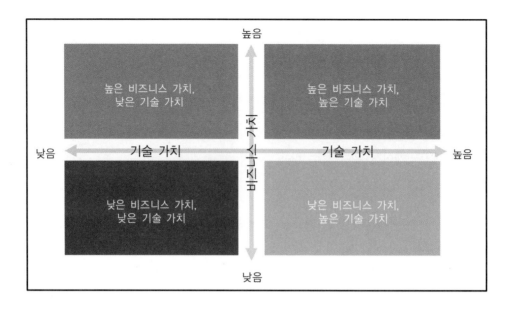

점수로 애플리케이션 및 포트폴리오 수준에서의 비용 편익을 분석할 수 있다. 또한 합병 및 인수에 의한 기능 중복을 식별하고 비즈니스 가치 부족, IT 조정, 비즈니스 우선순위를 파악하는 데 도움이 된다. 이렇게 분석 및 파악한 내용을 바탕으로 투자 기회를 찾고 잠재적인 비핵심 분야를 파악한다.

앞의 기준을 이용하면 이전에 사분면에 놓았던 애플리케이션을 다음 그림의 각 사분면에 새로 매핑할 수 있다.

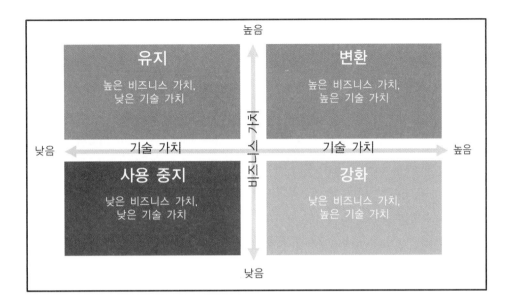

이런 배치는 다음 절에서 논의할 각 영역에 전체적으로 적용할 수 있는 타당한 기준이 된다.

사용 중지

낮은 비즈니스 가치와 낮은 기술 가치를 가진 모든 애플리케이션은 사용 중지로 표시한다. 이들은 일반적으로 비즈니스 환경의 변화로 관련성을 잃었거나 새로운 기능이 구현된 애플리케이션이다.

이러한 애플리케이션은 사용 빈도가 낮고 비즈니스 위험이 매우 낮다. 애플리케이션과 관련된 이슈와 사용량을 집계하면 이런 애플리케이션을 식별할 수 있다. 일반적으로 사용률이 낮고 관련 이슈가 적은 애플리케이션이 폐기 대상이다.

유지

기술적 가치가 낮고 비즈니스 가치가 높은 모든 애플리케이션이 이 범주에 속한다. 기술 성숙도는 낮지만, 비즈니스에 중요한 가치를 제공한다. 이런 애플리케이션은 IT

관점에서 실행에 큰 비용이 들지 않지만, 비즈니스에 상당한 가치를 제공하기 때문에 유지하는 게 좋다.

강화

기술적 가치가 높고 비즈니스 가치가 낮은 모든 애플리케이션이 이 범주에 속한다. 높은 기술적 가치는 높은 기술 지원 비용과 기술력 있는 인력 부족, 문서 부족 등을 초래한다. 비즈니스 관점에서 애플리케이션의 가치가 명확하더라도 이런 애플리케이션에 대한 지출은 타당하지 않을 수도 있다. 기술 수준을 업그레이드하려면 이런 애플리케이션 집합을 마이그레이션하고 통합해야 한다.

변환

기술 가치와 비즈니스 가치가 높은 애플리케이션은 커다란 사용자 기반, 잦은 배포, 다수의 문제점, 높은 인프라 지원 비용 등을 감수해야 하지만 비즈니스에 상당한 이점을 제공한다. 이런 애플리케이션은 조직에 상당한 차별화 요소를 제공하기 때문에 공들일 필요가 있다.

앞서 설명한 방법을 사용해서 변환이 필요한 애플리케이션을 식별할 수 있다. 예를 들면 현재 온프레미스에서 실행 중인 기존 자바/JEE 애플리케이션 중에서 분산형 애플리케이션으로 변환이 필요한 것을 찾아낼 수 있다.

■ 일체형 애플리케이션을 분산형 클라우드 네이티브 애플리케이션으로 변경

J2EE 명세와 이에 맞는 필수 서비스를 제공하는 애플리케이션 서버의 등장으로 일체형 애플리케이션을 설계 및 개발하게 됐다.

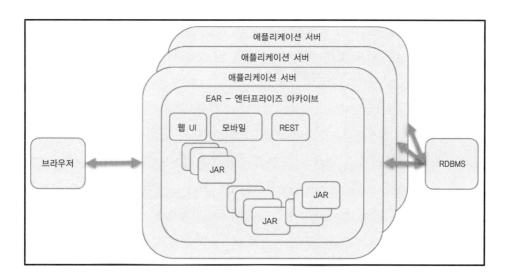

일체형 애플리케이션과 그 생태계의 특징은 다음과 같다.

- 모든 것을 하나의 .ear 파일로 패키징한다. 단일 .ear 파일을 만들려면 여러 달에 걸친 테스트 주기가 필요하므로 제품 수정에 시간이 걸린다. 따라서 보통 1년에 한두 번 정도 제품을 출시한다.
- 다양한 모듈 간의 의존성으로 애플리케이션 빌드 복잡성이 매우 높다. 애플리케이션에서 사용하는 JAR 파일 버전 간에 충돌이 발생하는 경우도 있다.
- 애플리케이션 간의 재사용은 주로 .JAR 파일을 공유하는 방식이다.
- 백로그 관점에서 보면 갖가지 애플리케이션 모듈 전반에 걸친 거대한 버그/기능 데이터베이스가 있다. 백로그의 일부가 상충되는 경우도 종종 있다.
- 사용자 인수 기준을 정의하지 않는 것이 일반적이다. 스모크 테스트Smoke Test 를 할 때도 있지만, 새 기능과 통합은 대개 운영 환경에서만 볼 수 있다.
- 설계, 개발, 운영 관리를 위해 여러 팀(비즈니스 팀, 아키텍처 팀, 개발 팀, 테스트 팀, 운영 팀 등)이 깊이 관여해서 감독해야 한다. 배포 기간 동안 여러 팀 간의 조율은 매우 힘든 작업이다.
- 일정 기간에 걸친 기술적 부채 축적: 새로운 특성/기능이 애플리케이션에 추

가돼도 새로운 요구 사항을 고려해서 기존 디자인을 변경하거나 리팩토링하지 않는다. 이로 인해 애플리케이션에 많은 양의 죽은 코드와 중복 코드가 누적된다.

- 오래된 런타임(라이선스, 복잡한 업데이트): 애플리케이션이 예전 버전의 JVM이나 애플리케이션 서버, 데이터베이스에서 실행되고 있다. 런타임의 업그레이드 비용은 비싸고, 대개 매우 복잡하다. 업그레이드 계획 수립이 해당 개발 주기 동안의 어떤 기능 배포보다 우선하며, 여러 팀이 관여하면 복잡한 프로젝트 관리 모델이 필요하다. 회귀 테스트 스크립트가 없다면 상황은 더욱 나빠진다.

- 팀에서 기술 디자인 위주의 접근 방식을 따르므로, 개발 시작 전에 아키텍처와 디자인이 먼저 결정된다. 애플리케이션이 커지면서 새로운 특성/기능이 추가되더라도 애플리케이션 아키텍처/디자인은 재고되지 않는다.

- 비즈니스 컴포넌트나 도메인을 거의 사용하지 않는다. 애플리케이션 디자인은 계층(프레젠테이션, 비즈니스, 통합, 데이터베이스)과 사용자나 애플리케이션이 특정 모듈 및 패턴으로 이동하는 흐름에 따라 수평으로 자르는 방식이 일반적이다. 예를 들어 MVC 패턴을 사용하는 애플리케이션이라면 모델과 뷰, 컨트롤러 중심으로, 값 객체와 공통 모듈을 포함해서 패키지를 만든다.

- 보통 데이터베이스 스키마는 애플리케이션 전체에 하나만 있다. 데이터베이스 수준에서 기능을 구분하지 않는다. 도메인은 제3정규화에 따라 외래 키와 데이터베이스로 서로 연결된다. 애플리케이션 디자인은 대개 상향식이며, 데이터베이스 스키마에 따라 애플리케이션의 데이터베이스 계층을 디자인한다.

- 평균적인 엔터프라이즈 애플리케이션은 코드가 500,000줄 이상이며, 많은 양의 상용구 코드를 포함하고 있다. 애플리케이션이 커지면서 기반 소스코드에는 많은 양의 죽은 코드와 코드 중복이 발생한다.

- 일반적으로 점점 더 많은 하드웨어를 추가하는 방식으로 관리하는 헤비급 인프라로 애플리케이션을 지원한다. 애플리케이션을 확장하려면 서버 클러스터

링을 사용한다.

- 수천 개의 테스트 케이스로 인해 회귀 테스트 실행 시간이 증가한다. 속도 문제로 일부 회귀 테스트를 건너뛰고 배포하는 경우도 있다.
- 프로젝트 대부분은 팀원이 20명 이상이다.

일체형 애플리케이션은 비즈니스 속도에 맞춰서 수정하기가 힘들다. 이 모델이 10~15년 전에는 쓸 만했겠지만, 놀라운 속도로 새 기능을 출시해야 하는 오늘날의 치열한 경쟁 시장에는 맞지 않는다. 우리는 다른 대기업뿐만 아니라 레거시 애플리케이션, 기술, 프로세스에 대한 부담이 없는 작고 민첩한 수많은 신생 기업과 경쟁하고 있다.

고객 대면 기업이 주도한 오픈소스의 성장과 모바일 기기의 증가가 애플리케이션 아키텍처 영역과 마이크로서비스 및 리액티브 모델로 동작하는 분산형 애플리케이션이라는 혁신을 이끌었다. 일체형 애플리케이션은 좀 더 작은 애플리케이션과 서비스 집합으로 분해됐다.

다음 절에서는 분산형 애플리케이션과 관련된 핵심적인 아키텍처 문제를 살펴보고, 이런 핵심 요소를 전반적인 애플리케이션 기술 역량과 어떻게 연관 지을지, 어떤 기능을 도입하고 구축해야 할지 확인할 것이다.

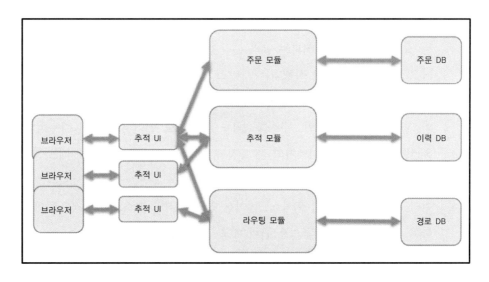

분산형 애플리케이션과 그 생태계의 특징은 다음과 같다.

- **경량 런타임 컨테이너:** 마이크로서비스가 등장하면서 무거운 JEE 컨테이너가 사라지게 된다. 애플리케이션이 하나의 목적만 갖고 느슨하게 결합되는 마이크로서비스로 바뀌면서 컴포넌트의 생명주기를 관리하는 컨테이너를 단순화할 필요가 있었으며, 네티^{Netty}가 등장하면서 이 목적에 맞는 리액티브 프레임워크가 개발됐다.

- **트랜잭션 관리:** 애플리케이션 단순화가 가능한 이유 중 하나는 트랜잭션 관리다. 경계가 있는 컨텍스트는 서비스가 여러 리소스와 통신하지 않고 2단계 커밋 트랜잭션^{two-phase commit transaction}을 수행하지 않는 것을 의미한다. CQRS, 이벤트 저장소^{Event Store}, 다중 버전 동시성 제어^{MVCC, Multi Version Concurrency Control}, 결과적 일관성^{Eventual Consistency} 등의 패턴을 사용하면 애플리케이션이 단순해지고 리소스 잠금이 필요 없는 모델을 따르게 된다.

- **서비스 확장:** 애플리케이션을 분리하면 각 서비스를 개별적으로 확장 및 축소할 수 있다. 파레토 원리^{Pareto principle}에 따르면 트래픽의 80%가 서비스의 20%에 의해 처리된다. 이 20%의 서비스를 확장할 수 있는 능력을 갖추면 고가용성 SLA를 보장할 수 있다.

- **로드 밸런싱:** 애플리케이션 서버의 클러스터 노드 사이에서 로드 밸런싱을 하는 일체형 애플리케이션과는 달리 분산형 애플리케이션의 로드 밸런싱은 도커 등의 컨테이너에서 실행되는 서비스 인스턴스 사이에서 이뤄진다. 이런 서비스 인스턴스는 상태가 없기 때문에 보통 빈번하게 내리거나 올릴 수 있으며, 활성화/비활성화 인스턴스를 찾는 것이 로드 밸런서의 핵심 기능이다.

- **유연한 배포:** 분산 아키텍처의 큰 장점 중 하나는 엄격한 클러스터 배포 모델에서 인스턴스를 불변 인스턴스로 배포하는 좀 더 유연한 배포 모델로의 이동이다. 쿠버네티스 등의 오케스트레이션 엔진은 기반 리소스를 최적으로 활용하고, 수백 개의 인스턴스를 관리/배포할 때의 번거로움을 없애준다.

- **구성:** 서비스 인스턴스가 불변이 되면 서비스 구성 정보는 서비스에서 추출해서 중앙 저장소(구성 관리 서버)에 보관하게 된다. 서비스 부팅이나 서비스 초기화의 일부로 서비스가 구성을 선택하며, 사용 가능한 모드로 시작된다.

- **서비스 검색:** 상태가 없는 불변 서비스 인스턴스를 상용 하드웨어에서 실행하면 언제든지 서비스 인스턴스를 내리거나 올릴 수 있다. 따라서 서비스를 호출하는 클라이언트는 실행 시간에 서비스 인스턴스를 검색할 수 있어야 한다. 이런 검색 기능은 로드 밸런싱과 함께 서비스 가용성 유지에 도움이 되며, Envoy 같은 새로운 제품은 서비스 검색 기능과 로드 밸런싱을 통합했다.

- **서비스 버전:** 서비스 고객을 확보하기 시작하면 새로운 기능과 변경 사항을 수용할 수 있도록 서비스 계약을 업그레이드해야 한다. 이 경우 여러 버전의 서비스를 실행하는 것이 가장 중요하며, 기존 고객이 새로운 버전의 서비스로 전환하도록 대책을 마련해야 한다.

- **모니터링:** 인프라 및 애플리케이션 서버 모니터링에 초점을 맞춘 기존의 일체형 모니터링과 달리 분산 아키텍처는 다양한 서비스 인스턴스를 엮는 트랜잭션 수준의 모니터링이 필요하다. AppDynamics, New Relic 등의 애플리케이션 성능 관리[APM, Application Performance Management] 도구로 트랜잭션을 모니터링한다.

- **이벤트 처리/메시징/비동기 통신:** 서비스는 점대점[point-to-point] 방식으로 통신하지 않고 서비스 간의 결합이 없는 이벤트 기반의 비동기 방식으로 통신한다. 서비스 사이의 비동기 통신을 위해 RabbitMQ, Kafka 등의 주요 메시징 도구를 사용한다.

- **논블로킹 I/O:** 기반 리소스에서 최대한의 성능을 얻기 위해서 서비스는 논블로킹 I/O 모델을 사용한다. 리액티브 아키텍처는 기반 서비스 구축을 위해 플레이 프레임워크[Play framework], 드롭위자드, 버텍스, 리액터[Reactor] 등의 마이크로서비스 프레임워크를 사용한다.

- **다중 언어:** API를 이용해서 분산형 애플리케이션을 통합하면 최고 수준의 기술로 서비스 인스턴스를 구축할 수 있다. 통합 모델이 HTTP 기반의 JSON이

라면 다중 언어^{polyglot}를 사용할 수 있으므로, 가장 적합한 기술을 사용해 서비스를 구축할 수 있다. 또한 서비스는 서비스 요구 사항에 맞춰서 다양한 데이터 저장소를 사용할 수 있다.

- **고성능 유지:** 자체 데이터 저장소가 있는 서비스의 읽기/쓰기 서비스는 대량의 동시 요청을 처리해야 한다. CQRS와 같은 패턴을 사용해서 읽기/쓰기 요청을 분리하고, 데이터 저장소를 결과적 일관성 모델로 변경한다.

- **API 관리:** 분산 아키텍처의 또 다른 핵심 요소는 서비스 조절, 인증/권한 부여, 변환, 역방향 프록시 등의 문제를 추상화해서 API 관리라는 외부 계층으로 옮겼다는 점이다.

- **상태 확인 및 복구:** 서비스는 상태 점검 및 복구 기능을 구현해서 로드 밸런서가 정상적인 서비스 인스턴스를 검색하고 비정상적인 인스턴스를 제거할 수 있게 한다. 서비스는 서비스 검색 메커니즘이 애플리케이션 환경에서 정상/비정상 서비스를 추적할 수 있게 하트비트^{heartbeat} 메커니즘을 구현한다.

- **서비스 간 보안:** 서비스 간 호출에는 보안이 필요하다. 데이터를 전송할 때는 보안 통신(HTTPS)을 사용하거나 데이터를 암호화해야 보호할 수 있다. 또한 서비스는 공개/개인 키를 사용해 어떤 클라이언트 서비스가 다른 서비스를 호출할 수 있는지 확인한다.

지금까지 분산형 애플리케이션 구축에 필요한 아키텍처 문제를 살펴봤다. 이제 마이크로서비스를 구축해 전체 애플리케이션 범위를 다루기 위해 다음과 같이 다양한 영역에 걸친 주요 아키텍처 문제를 살펴보자.

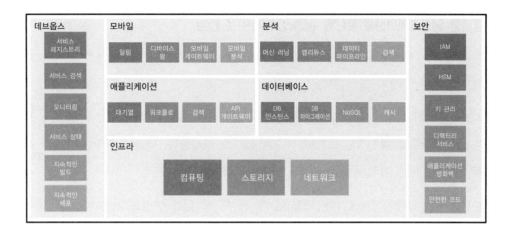

클라우드 네이티브 애플리케이션을 만들려면 클라우드 벤더에서 제공하는 SaaS/PaaS를 사용해서 애플리케이션을 구축하는 것이 중요하다. 이 모델을 사용하면 비즈니스 기능의 변혁에 초점을 맞춰 혁신의 흐름을 개선하고, 고객 경험을 향상시킬 수 있다. 기술이 조직의 핵심 차별화 요소가 아니라면 핵심 인프라 및 플랫폼 서비스의 운영은 전문가에게 맡겨야 한다. 클라우드의 탄력적인 스케일링 모델은 수요에 큰 변동이 있는 경우에 추진력을 제공한다. 클라우드 벤더를 위한 마케팅을 하고 싶지는 않지만, 인프라가 비즈니스의 중요한 측면이 아니라면 인프라를 직접 운영해선 안 된다.

유일한 단점은 클라우드 벤더가 제공하는 서비스에 묶인다는 점이다. 조직에서는 멀티클라우드 벤더 전략을 채택해서 애플리케이션을 확산하고, 클라우드 벤더의 주요 차별화 요소를 활용해야 한다. 예를 들면 GCP는 분석 작업 실행 및 의미 분석 기능과 더불어 풍부한 분석 및 머신 러닝^{ML, Machine Learning} 기능이 있는 라이브러리를 제공하며, 머신 러닝 모델에서는 최고 수준의 기능을 사용할 수 있다. 마찬가지로 AWS는 고객 대면 애플리케이션이 고객 중심의 솔루션을 시작하고 변화를 줄 수 있게 풍부한 PaaS 서비스를 제공한다.

일체형 애플리케이션을 분산형 애플리케이션으로 변환

이 절에서는 일체형 애플리케이션을 분산형 애플리케이션으로 재구성하려면 어떤 과정을 거쳐야 하는지 확인한다.

애플리케이션 서버에서 실행되는 전형적인 자바 애플리케이션이 클러스터링 모델을 사용해 확장하고 일반적인 RDBMS를 사용한다고 가정한다. 애플리케이션은 이미 운영 중이며, 분산 아키텍처로 리팩토링/마이그레이션해야 한다.

분산형 애플리케이션으로 리팩토링 및 롤아웃할 때 함께 병렬로 사용하는 몇 가지 트랙을 설명할 것이다. 개별 트랙을 먼저 다루고, 나중에 이를 취합해서 살펴보겠다. 조직에서는 트랙마다 팀을 별도로 구성하거나 한 팀에서 둘 이상의 트랙을 관리하게 할 수 있다. 일체형 애플리케이션을 분산형 애플리케이션으로 변환하는 실무 과정을 보여주기 위해 이런 방식을 택했다.

고객 여정을 도메인 주도 설계로 매핑

디지털 트랜스포메이션을 시작하는 핵심 동인은 새 고객 여정을 정의하고 새 고객 경험을 구축하는 것이다. 이런 고객 중심성이 사업부에서 디지털 트랜스포메이션 프로그램에 자금을 대는 이유다. 여기에서는 사업부가 디지털 트랜스포메이션 프로그램을 승인했다고 가정하고 진행한다.

서비스 분해는 다음과 같은 단계를 따른다.

432

- **고객 경험 여정 매핑:** 디지털 트랜스포메이션의 핵심 동인 중 하나는 새로운 고객 여정을 정의하는 것이다. 고객 경험 여정은 고객이 처음으로 접속하는 위치를 기록한 지도로, 프로세스 참여 모델로 만든다. 이 과정은 보통 전문가가 수행하며, 고객 중심 연구, 터치 포인트, 관계자, 관련 시스템, 비즈니스 요구 사항, 경쟁 분석 등을 모두 포함한다. 고객 여정은 보통 인포그래픽으로 만든다.

  고객 여정은 디바이스나 채널, 프로세스에 따라 달라지는 고객 상호작용을 찾아서 보완하고, 전반적인 고객 경험을 향상하는 수단 및 방법을 확인할 때 사용한다.

- **도메인 모델 도출:** 고객 경험 여정은 현재와 미래의 요구 사항에 대응하며, 이런 요구 사항이 사용자 스토리의 기반이 된다. 새 애플리케이션은 요구 사항이 시스템 기능을 분해하기 위한 기반이 될 수 있다. 기존 애플리케이션은 시스템이 이미 식별 가능한 도메인/하위 도메인으로 분해돼 있을 것이다.

  요구 사항이 정리되면 시스템 내의 다양한 하위 도메인을 식별할 수 있다. 도메인 모델은 유비쿼터스 언어를 사용해 문서화된다. 모든 아이디어에 비즈니스 팀과 기술 팀이 함께 이해할 수 있는 언어를 사용하는 것이다.

  도메인은 엔티티와 그 기능을 중심으로 모델링하며, 기능 간의 상호작용에서 발생하는 의존성을 고려한다. 보통 첫 단계에서는 모든 알려진 엔티티와 기능만 식별된 하나의 큰 덩어리 상태로 마무리한다. 규모가 작은 애플리케이션은 도메인 모델의 크기가 적당할 수 있지만, 커다란 애플리케이션의 경우에는 덩어리를 잘게 쪼개야 경계가 있는 컨텍스트가 나타난다.

- **경계가 있는 컨텍스트 정의:** 큰 덩어리는 다루기 쉽도록 작은 조각으로 나눠야 한다. 이런 작은 조각 각각이나 경계가 있는 컨텍스트에는 특정 영역을 책임지도록 자체 비즈니스 컨텍스트를 둔다. 팀 구성이나 기존 애플리케이션 코드의 구성 방식에 따라서 나누는 것도 좋다. 컨텍스트를 정의하는 방법을 규정한 규칙은 없지만 모든 관계자가 경계 조건을 이해하는 것은 매우 중요하다.

컨텍스트 맵을 만들어 도메인에 맞춰 배치해보면 경계가 있는 컨텍스트가 명확하게 정의되고 매핑됐는지 확인할 수 있다. 경계가 있는 컨텍스트를 준비할 때는 공유 커널^{Shared Kernel}, 순응주의자^{Conformist}, 고객/공급자^{Customer/Supplier} 등의 다양한 패턴을 적용할 수 있다.

- **서비스 분해:** 경계가 있는 컨텍스트를 사용하면 각각의 경계가 있는 컨텍스트를 담당할 팀을 식별할 수 있다. 팀은 경계가 있는 컨텍스트의 일부가 되는 기능을 제공하기 위해 생산/소비가 필요한 서비스에 초점을 맞춘다. 비즈니스 기능은 각각의 마이크로서비스로 분해되는데, 서비스는 다음과 같은 원칙에 따라 분해한다.

  - **단일 책임:** 가장 핵심적인 부분을 서비스 범위로 삼고 서비스의 기능으로 노출한다.

  - **독립적:** 기능 요구 사항의 변경은 하나의 서비스로 제한하며, 한 팀이 서비스를 담당해서 끝까지 책임진다.

  - **느슨한 결합:** 서비스가 느슨하게 결합해 서로 독립적으로 발전할 수 있다.

- **업스트림/다운스트림 서비스의 의존성 매핑:** 각 도메인의 서비스가 식별되면 의존성에 따라 서비스를 매핑할 수 있다. 레코드 시스템을 캡슐화하는 핵심 엔티티 서비스는 업스트림 서비스다. 업스트림 서비스에서 이벤트로 변경 사항을 게시하면 다운스트림 서비스가 이를 구독하거나 소비한다.

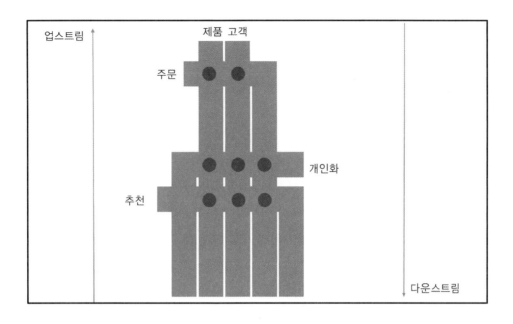

아키텍처 런웨이 정의

비즈니스 애플리케이션은 플랫폼 위에 구축되며, 비즈니스 및 애플리케이션 요구 사항에 따라 플랫폼을 구축하거나 가입해서 사용할 수 있다. 조직은 계획적으로 아키텍처 모델을 정의하고 팀이 주어진 기술적 제한 안에서 서비스를 만들게 범위를 지정한다. 이런 아키텍처는 플랫폼 팀이 관할하며, 공통 요소를 구축할 때 필요한 아키텍처 및 기술 컴포넌트도 플랫폼 팀이 선택한다. 구축한 공통 요소는 애플리케이션 서비스의 성공적인 실행을 위해 쓰인다.

- **플랫폼 아키텍처:** 성공적인 분산 아키텍처의 핵심 요소 중 하나는 기반 플랫폼이다. 기성 솔루션이나 오픈소스, 상용 소프트웨어(레드햇 오픈스택, 클라우드 파운드리 등)를 사용해 플랫폼을 구축하거나, AWS, Azure 등의 전략적 클라우드 벤더를 선택해 플랫폼을 구축할 수 있다. 탄력적인 컴퓨팅, 네트워크, 스토리지 등의 기반 인프라가 플랫폼의 기반 컴포넌트가 된다.

- **기술 선택, 검증 및 통합:** 플랫폼 서비스를 구축하려면 여러 기술 집합을 평가해 어떤 것이 생태계에서 가장 잘 동작할 수 있을지 판단해야 한다. 기술 스택 평가는 보통 요구 사항을 사용 가능한 기술/제품에 매핑하는 여러 단계에 걸친 프로세스며, 검증을 위한 일련의 세부 단계를 수행해 기술을 통합하기 위한 메트릭을 생성한다.

- **설계 결정:** 기술 평가 결과를 기본 요구 사항에 매핑하면 메트릭이 된다. 이 메트릭은 가장 잘 맞는 것을 정하고 설계 결정을 내리는 데 사용한다. 이 단계는 이전 단계와 긴밀하게 연동된다.

- **환경 설정:** 주요 설계 결정이 내려지면 환경 설정부터 시작한다. 온프레미스나 클라우드 중 어느 것을 선택했는지에 따라 설정과 절차가 달라진다. 개발, 테스트, 운영 준비, 운영 환경을 설정하는 것부터 시작한다. 환경은 복잡도 순으로 설정하며, 초기에는 수작업으로 진행하지만 여러 번의 반복을 거치면서 스크립트로 정리하거나 자동화한다.

- **데브옵스/메이븐 아키타입:** 애플리케이션을 빌드 및 배포하기 위한 CI^{Continuous Integration}/CD^{Continuous Deployment} 작업을 살펴보자. CI/CD 모델은 애자일 방법론으로 개발되는 애플리케이션이 하루에도 몇 번씩 배포할 수 있게 지원하며, 전체 프로세스의 속도를 높인다. CI/CD 프로세스를 지원하는 가속 장치를 개발할 수도 있다. 예를 들면 배포 가능한 아티팩트를 만들기 위한 바인딩을 포함한 메이븐 아키타입이 있다.

- **플랫폼 서비스 빌드:** 플랫폼에서 사용자에게 제공하는 플랫폼 서비스를 살펴보자. 서비스로는 애플리케이션 개발(예: 대기열, 워크플로, API 게이트웨이, 이메

일 서비스 등), 데이터베이스(예: NoSQL, RDBMS, 캐시 등), 데브옵스^{DevOps} 도구(예: CI/CD 도구, 서비스 레지스트리, 코드 리포지토리 등), 보안(디렉터리 서비스, 키 관리 서비스, 인증서 관리 서비스, 하드웨어 보안 모듈^{HSM, hardware security module} 등), 데이터 분석(예: 인지 서비스, 데이터 파이프라인, 데이터 레이크 등) 등을 지원한다. 다양한 벤더(예: PCF에서 제공하는 Tiles, Iron.io 플랫폼)에서 서비스를 구입하거나, 클라우드 벤더가 제공하는 서비스에 가입하거나, 제품 위에 자체 플랫폼 서비스를 만들 수 있다.

- **비기능적 요구 사항**^{NFR, Non-functional requirements} **처리:** 핵심적인 플랫폼 서비스가 갖추어지고 첫 애플리케이션군이 플랫폼에 탑재되기 시작하면 애플리케이션의 NFR 문제를 처리할 방법을 고민해야 한다. 유입되는 부하에 맞춘 애플리케이션 스케일링, 실패 감지, 애플리케이션의 최소 임계 값 유지 등의 NFR 문제가 있으며, 이런 NFR 관련 문제를 해결해 주는 기존 제품을 사용 중인 플랫폼에 도입하는 것도 좋은 방법이다.

- **운영 고려 사항:** 마지막으로 서비스 관리, 모니터링, 보안 등의 운영 관련 문제를 고민할 필요가 있다. 운영 관점에서 서비스 및 필수 포털을 구축해 모니터링과 결함 탐지를 수행하며, 정의된 규정을 벗어나는 경우에는 적절한 조처를 한다. 서비스는 대개 조직 표준을 고려해서 구축되며, 유스케이스가 많이 확인될수록 더 완숙해진다. 가능한 모든 작업을 자동화해서 플랫폼이 사람의 개입 없이도 언제나 잘 돌아가게 확실히 하는 것이 좋다.

개발자 빌드

디지털 트랜스포메이션의 핵심 요소 중 다른 하나는 기존 애플리케이션을 관리 및 유지 보수하는 기존 팀에 집중하는 것이다. 기존 애플리케이션을 분산형 애플리케이션으로 리팩토링/빌드/배포할 수 있게 팀은 역량과 기술 측면에서 업그레이드해야 한다. 팀이 분산형 애플리케이션 변환 작업을 수행할 수 있도록 기술을 교육하기 위해 필요한 단계를 알아본다.

새 기술 교육 　 개발용 컴퓨터　 개념 증명/실습　 코드 분기 및 구성　 마이크로서비스　 마이크로서비스의　 기능/통합 테스트
　　　　　　업그레이드 및 설정　　　　　　　　　　　　　　　개발/구축　　　CI/CD 프로세스

- **새 기술 교육:** 무엇보다도 개발자에게 애플리케이션 아키텍처와 디자인 패턴에 관한 새 기술을 가르치는 것이 중요하다. 이는 강의실 교육, 온라인 기술 교육, 벤더 제품에 관한 세션 및 교육 등을 의미한다. 팀의 기술을 향상시키는 또 다른 방법은 관련 기술을 가진 사람을 고용하고 기존 개발 팀의 지원을 받아 전반적인 개발을 이끌게 하는 것이다.

  때로는 팀을 나눠 비즈니스를 변환하는 팀과 기존 비즈니스를 운영하는 팀으로 운영하는 게 나을 수도 있다. 이런 경우에는 첫 번째 팀에게 새 기술을 교육하고, 다른 비즈니스 팀은 변환 기간 동안 기존 애플리케이션을 관리하고 운영하게 한다.

- **개발용 컴퓨터 업그레이드 및 설정:** 새로운 기술 스택을 쓰려면 개발자 컴퓨터의 업그레이드가 필요하다. 컴퓨터의 램이 4GB라면 가능하면 16GB로 업그레이드하는 것이 좋으며, 최소한 8GB로는 업그레이드해야 한다. 새로운 스택에는 개발 및 단위 테스트를 위한 가상 머신, 도커 엔진, IDE, 기타 소프트웨어가 필요하다. 컴퓨터가 느리면 코드 작성과 테스트 시간이 오래 걸리기 때문에 충분한 성능을 갖춘 개발 장비가 없으면 개발자의 생산성은 떨어진다.

- **개념 증명/실습:** 개발자 교육과 컴퓨터 업그레이드가 완료되면 개발자는 새 기술 스택을 사용해 실습이나 개념 증명을 시작하면서 새 개발 기술을 익힐 수 있다. 개발자는 소규모 프로젝트를 담당하거나 스택 평가에 참여해서 기술 스택에 익숙해질 수 있다.

  개발 팀이 수행한 작업은 해당 분야의 전문가가 평가해 무엇이 잘못됐는지, 이를 수행하는 올바른 방법은 무엇인지 지적해야 한다. 벤더의 컨설턴트 팀이나 전문가 등 외부 인사를 초빙하면 개념 증명 및 실습에 도움이 된다.

- **코드 분기 및 구성:** 개발 팀이 분산형 애플리케이션을 개발할 준비가 되면 다음 단계는 일체형 애플리케이션에서 코드를 분기하는 것이다. 분기 후에도 기존 애플리케이션의 유지 보수는 메인 코드 트렁크에서 계속된다. 구성 데이터도 분기할 수 있으며, 분기된 버전은 코드를 리팩토링하는 데 사용한다. 다음 절에서 자세히 살펴보겠다.

- **마이크로서비스 개발/빌드:** 코드 분기 및 리팩토링까지 완료되면 개발자는 코드를 마이크로서비스로 패키징해야 한다. 또한 개발 팀은 새 애플리케이션 요구 사항에 대응하는 새 마이크로서비스를 만들어야 할 수도 있다. 브랜치의 코드는 트렁크에서 주기적으로 동기화해 트렁크의 변경 사항을 브랜치 코드에서도 사용할 수 있게 한다.

  클라우드 벤더가 제공하는 특정 PaaS 서비스로 이동하는 것도 이 단계에서 수행한다. 대기열이나 알림 등의 서비스를 사용하고 싶다면 이 단계에서 관련된 변경 사항을 적용한다.

- **마이크로서비스의 CI/CD 프로세스:** 개발 팀은 마이크로서비스를 지속적으로 통합하고 배포하기 위한 파이프라인을 만든다. 파이프라인은 서비스 의존성을 고려해서 계획하며, CI 프로세스의 일부로 다양한 코드 분석 검사를 실행해 코드의 품질을 보장한다. 파이프라인의 각 단계에 추가적인 서비스 관리 프로세스를 넣을 수도 있다.

- **기능/통합 테스트:** 개발 팀은 기능 및 통합 테스트 스위트를 작성해서 서비스의 정확성을 검증하며, 이 테스트 스위트는 CI 파이프라인의 일부로 통합된다. 새로운 코드가 배포되면 기능의 정확성을 보장하기 위해 회귀 테스트의 일부로 이 테스트를 실행한다.

일체형 애플리케이션 분해

디지털 트랜스포메이션의 핵심 단계 중 하나는 일체형 애플리케이션의 리팩토링이다. 여기에서는 리팩토링 및 분산형 애플리케이션으로 분리할 필요가 있는 자바 기반 애플리케이션이 있다고 가정한다.

- **초기 상태:** 시작하기 전에 일체형 애플리케이션의 초기 상태를 살펴보자. 초기 상태의 일체형 애플리케이션은 내부적으로 여러 개의 JAR 파일로 구성되며, 배포 단위인 WAR 파일로 묶여있다. 코드는 프레젠테이션, 비즈니스, 데이터 계층 전반에 걸쳐서 비슷한 논리 구조를 갖도록 논리적으로 배치된다. 각 계층은 모듈이나 모듈을 기반으로 모델링된 서브패키지에 의해 나뉘며, 이외의 경우에는 클래스 이름을 기준으로 모듈을 구별한다. 애플리케이션 구성은 여러 개의 외부 속성 파일로 저장돼 있다. 코드 커버리지는 60% 이상으로 적절한 수준이며, 테스트 케이스는 더 작성할 필요가 있다.

- **코드 리팩토링:** 다음 단계는 일체형 애플리케이션의 코드 중에서 앞으로 계속 사용할 만한 부분을 나누는 것이다. 예를 들면 모듈에 속한 전체 클래스를 별도의 자바 프로젝트로 패키징할 수 있으며, 공통된 파일이나 유틸리티 클래스는 별도의 JAR로 패키징할 수 있다. 단일 코드 프로젝트의 코드를 리팩토링하면 상호의존적인 여러 개의 자바 프로젝트를 만들 수 있다. JAR 파일은 커다란 WAR나 EAR 파일의 일부로만 패키징한다. 작업은 코드 베이스의 마스터 트렁크에서 진행하며, 변경 내용은 통합된 후에 분기 코드로 동기화된다. 애플리케이션 구성도 리팩토링이 필요하다. 코드를 리팩토링할 때는 각 자바

440

프로젝트에 맞게 구성 정보를 매핑한다. 구성은 특정 프로젝트나 모듈에 종속될 수 있으며, 여러 모듈에서 공유하거나 전역으로 애플리케이션 전체에서 사용할 수도 있다.

- **빌드 프로세스 업데이트:** 코드 리팩토링 작업을 하면서 작고 독립적인 자바 프로젝트를 만들 때는 프로젝트 빌드 프로세스도 함께 업데이트해야 한다. 자바 프로젝트는 서로 의존하는 순서대로 빌드해야 하며, 프로젝트를 분리할 때마다 빌드 프로세스를 반복한다. 코드 리팩토링 단계를 거치면서 빌드 프로세스 또한 업데이트한다.

  코드 리팩토링이 완료되면 업데이트된 WAR/EAR을 운영 환경에 배포해서 코드 리팩토링과 코드 커버리지, 단위 테스트, 회귀 테스트 등의 메트릭이 잘 반영됐는지 확인한다. 이렇게 하면 지금까지 수행한 작업이 운영 환경에 매일 통합된다.

- **자바 버전 업데이트:** 프로젝트에서 사용 중인 JVM이 최신 버전이 아닌 경우를 여러 번 봤다. 새로운 리액티브 프레임워크는 대개 자바 1.7 이상에서 작동한다. 즉, 기본 JVM 버전을 업그레이드해야 하며, 이로 인해 사용할 수 없게 된 기능을 대체하기 위해 애플리케이션 코드를 리팩토링해야 할 수 있으며, 새 기능을 사용하기 위해 코드의 일부를 업그레이드해야 할 수도 있다. 리팩토링한 코드는 업그레이드 버전의 JVM과 함께 운영 환경에 배포돼야 한다.

- **서킷 브레이커/리액티브 패턴 적용:** 코드 리팩토링의 다음 단계는 복원^{resiliency} 패턴을 적용할 수 있게 코드를 업그레이드하는 것이다. 히스트릭스 같은 자바 라이브러리를 사용하면 서킷 브레이커 등의 복원 패턴을 도입할 수 있다. 또한 스프링 부트, 버텍스, 드롭위자드 등의 리액티브 프레임워크와 Akka, RxJava 등의 동시성 개선 프레임워크를 도입하고, 비동기 메시징을 구현해서 모듈 간의 결합을 느슨하게 하면 모듈 전반에 걸쳐서 코드를 개선할 수 있다.

- **기능 플래그 구현:** 브랜치 코드를 병합할 때 병합한 코드 중 일부를 동작하지 않게 하고 싶을 때가 있다. 이럴 때는 기능 플래그를 코드에 넣어서 구성에

따라 제어할 수 있게 하면 코드를 운영 환경에 배포하더라도 해당 기능이 준비될 때까지 코드를 죽일 수 있다.

- **지속적인 기능 업데이트**: 애플리케이션은 정기적으로 기능 변경 및 업데이트를 받는다. 변경 사항은 코드에 반영되고, 이는 일반적으로 브랜치에 동기화된다.

변환 과정 정리

지금까지 네 개의 트랙이 애플리케이션의 각 영역에서 어떻게 동작하는지 살펴봤다. 이제 네 트랙이 모두 함께 동작할 수 있게 결합한다. 일체형 애플리케이션을 변환하면서 각 트랙은 경계가 있는 컨텍스트 및 관련된 마이크로서비스로 나누기 위한 기반 플랫폼을 준비했다.

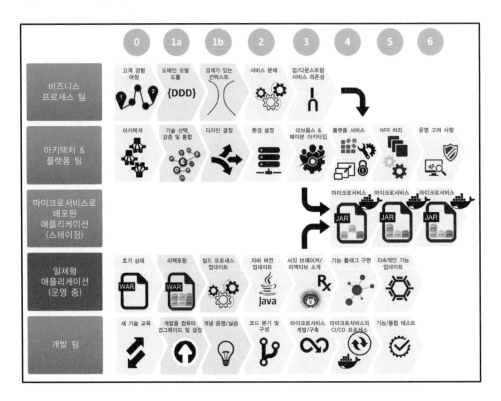

두 개의 트랙이 어떻게 비즈니스를 바꾸고, 비즈니스 중복을 없애고, 일체형 모델에서 분산형 애플리케이션 모델로 마이그레이션할 수 있는 완벽한 균형을 제공하는지 확인할 수 있다.

▌ 자체 플랫폼 서비스 구축(제어 혹은 위임)

기업이 해야 하는 또 다른 중요한 결정은 플랫폼 선택이다.

- 플랫폼을 직접 구축해야 하는가?
- 기존 플랫폼에 가입해서 이를 기반으로 애플리케이션을 개발할 것인가?

이 결정은 결국 기업이 기술을 보는 관점에 대한 것으로, 기술을 직접 실현(제어)할지 차별화 요소로 볼 것(위임)인지 결정해야 한다.

핵심은 모두가 기술 회사인 상황에서 직접 기술을 제어하면 경쟁에서 우위를 점하거나 새로운 경쟁업체가 진입하는 것을 방지할 수 있는가의 여부다. 몇 가지 예를 들고 어떻게 해야 할지 살펴보자.

- 소매 업계에서 아마존 같은 회사와 경쟁할 계획이라면 자금이 풍부해야 한다. 소매 회사 아마존의 저마진 사업은 수익성이 높은 AWS 사업에서 자금을 지원받는다. 따라서 자금줄이나 대체 수익 모델이 없다면 아마존과 경쟁하기는 쉽지 않을 것이다. 자금이 풍부하고 AWS나 다른 클라우드 제공자를 이용해서 소매 플랫폼 구축을 시작할 수 있다면 우선 공개 클라우드 플랫폼으로 사업을 시작하고 예측 가능한 수요가 발생하면 사설 클라우드 모델로 이동한다. 이 모델로 초기 비용을 절약할 수 있다.
- 실제 제품을 판매하는 제조 도메인의 예를 보자. 제품의 성능과 사용에 대한 데이터 스트림을 정기적으로 제공하는 **사물 인터넷**IoT, Internet of Things 장치를 이

용하면 제품의 품질을 향상할 수 있다. 회사에선 데이터를 수집해서 이런 제품과 관련된 예측 서비스 등의 분석 서비스를 디지털 서비스로 제공한다. 요즘에는 어떤 클라우드 제공자를 이용하더라도 분석 모델의 모델링과 빌드가 가능하다. 플랫폼은 인지 능력이나 데이터 전환 능력 중 하나를 선택해서 결정한다. 플랫폼의 인지 서비스를 사용할 수도 있고, 직접 인지 서비스를 만들 수도 있다. 기반 플랫폼의 기능은 클라우드 제공자에게 위임하고, 사용자는 예측 가능한 올바른 모델을 만드는 데 집중한다.

옳거나 그른 플랫폼 모델은 없다. 치음에는 공개 클라우드 벤더를 이용하는 위임 방식으로 시작하고, 애플리케이션 기능을 완벽하게 제어할 수 있는 제어 모델(사설 클라우드)로 이동할 수 있다. 클라우드 제공자는 많은 초기 투자나 자물쇠 효과^{lock in} 없이 쉽게 전환할 수 있으므로, 어느 쪽에 더 차별화 요소가 있는지가 중요하다.

▋ 요약

이제 디지털 트랜스포메이션에 관해 설명한 마지막 장이 끝났다. 변환 기준을 알기 위해 애플리케이션 포트폴리오를 평가하는 방법을 살펴봤으며, 일체형 애플리케이션이 비즈니스 목표를 달성하는 데 방해가 되는 이유를 확인했다.

일단 변환 기준이 확인되면 기존의 일체형 애플리케이션을 분산형 애플리케이션 모델로 전환할 수 있다. 기술 수준과 사람, 프로세스에 걸쳐서 선택이 필요한 다양한 단계를 살펴봤다.

12장을 끝으로 이 책의 모든 여정 또한 끝난다. 새로운 시대의 마이크로서비스 기반 애플리케이션을 구축하기 위한 다양한 도구와 기술, 구축 방법, 애플리케이션을 운영 환경에 배포하는 방법, 애플리케이션을 모니터링하는 방법, AWS, Azure 등의 클라우드 제공자에 맞도록 이런 애플리케이션을 만드는 방법을 살펴봤다. 또한 API 기반 플랫폼을 구축할 때 유용한 모범 사례와 기존 일체형 애플리케이션을 분산 마이크로서비스 기반 애플리케이션으로 전환하는 방법을 살펴봤다.

ㅈ

에이콘출판의 기틀을 마련하신 故 정완제 선생님 (1935-2004)

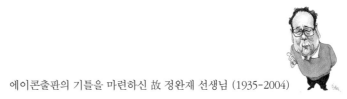

클라우드 네이티브 스프링

클라우드 플랫폼을 위한 자바 마이크로서비스

발 행 | 2019년 1월 2일

지은이 | 아제이 마하잔 · 무니쉬 쿠마르 굽타 · 시암 순다르
옮긴이 | 박 규 태

펴낸이 | 권 성 준
편집장 | 황 영 주
편 집 | 조 유 나
디자인 | 박 주 란

에이콘출판주식회사
서울특별시 양천구 국회대로 287 (목동)
전화 02-2653-7600, 팩스 02-2653-0433
www.acornpub.co.kr / editor@acornpub.co.kr

한국어판 ⓒ 에이콘출판주식회사, 2019, Printed in Korea.
ISBN 979-11-6175-245-7
ISBN 978-89-6077-210-6 (세트)
http://www.acornpub.co.kr/book/cloud-native-java

이 도서의 국립중앙도서관 출판시도서목록(CIP)은 서지정보유통지원시스템 홈페이지(http://seoji.nl.go.kr)와
국가자료공동목록시스템(http://www.nl.go.kr/kolisnet)에서 이용하실 수 있습니다.(CIP제어번호: CIP2018037211)

책값은 뒤표지에 있습니다.